浙江省哲学社会科学优势学科重大项目（20YSXK01ZD）
浙江省高校重大人文社科项目攻关计划资助
中央高校基本科研业务费专项资金资助
浙江大学文科精品力作出版资助计划资助

| 博士生导师学术文库 |
A Library of Academics by
Ph.D.Supervisors

后追赶时代浙江制造企业
海外并购整合与创新能力研究

陈菲琼 等 著

光明日报出版社

图书在版编目（CIP）数据

后追赶时代浙江制造企业海外并购整合与创新能力研究 / 陈菲琼等著. -- 北京：光明日报出版社，2022.12
ISBN 978-7-5194-7063-0

Ⅰ.①后… Ⅱ.①陈… Ⅲ.①制造工业—企业兼并—跨国兼并—经济绩效—研究—中国 Ⅳ.①F426.4

中国版本图书馆 CIP 数据核字（2022）第 253448 号

后追赶时代浙江制造企业海外并购整合与创新能力研究
HOU ZHUIGAN SHIDAI ZHEJIANG ZHIZAO QIYE HAIWAI BINGGOU ZHENGHE YU CHUANGXIN NENGLI YANJIU

著　　者：陈菲琼　等	
责任编辑：刘兴华	责任校对：赵海霞
封面设计：一站出版网	责任印制：曹　诤

出版发行：光明日报出版社
地　　址：北京市西城区永安路 106 号，100050
电　　话：010-63169890（咨询），010-63131930（邮购）
传　　真：010-63131930
网　　址：http://book.gmw.cn
E - mail：gmrbcbs@ gmw.cn
法律顾问：北京市兰台律师事务所龚柳方律师
印　　刷：三河市华东印刷有限公司
装　　订：三河市华东印刷有限公司
本书如有破损、缺页、装订错误，请与本社联系调换，电话：010-63131930

开　　本：170mm×240mm	
字　　数：238 千字	印　　张：15
版　　次：2023 年 5 月第 1 版	印　　次：2023 年 5 月第 1 次印刷
书　　号：ISBN 978-7-5194-7063-0	
定　　价：95.00 元	

版权所有　　翻印必究

前　言

一、研究背景与意义

浙江制造业经历了早期粗放式快速发展,完成了基本技术能力的积累。面临大而不强的发展瓶颈,伴随生产要素成本的提升以及全球产业竞争格局的调整,浙江制造业进入"后追赶时代"的新阶段。后追赶时代产业结构的扩展和升级需要依靠浙江制造业产业创新能力的提升,原有内源式创新的单一模式和技术引进、模仿、改良的渐进式积累框架亟须突破。《中国制造2025浙江行动纲要》提出"到2025年,建成国内领先、有国际影响力的制造强省"的总体目标,指出"浙江省将集聚国内外高端创新要素,突破发展一批优势和战略性制造产业,着力提升传统优势制造产业智能化水平,抢占未来产业竞争制高点"[①]。浙江转型升级和跨越发展的任务紧迫而艰巨,应提高技术创新能力打造浙江制造业竞争实力,实现"浙江制造"向"浙江创造"的转变。

国务院颁布的《中国制造2025》指出"支持发展一批跨国公司,通过全球资源利用、业务流程再造、产业链整合、资本市场运作等方式,加快提升核心竞争力"[②]。《中华人民共和国国民经济和社会发展第十四个五年规划和2035年远景目标纲要》指出"坚持引进来和走出去并重,以高水平双向投资高效利用全球资源要素和市场空间,完善产业链、供应链保障机制,推动产业竞争力提升"[③]。因此,通过海外并购从外部获取战略资源和核心能力,是提升浙江制造企业创

[①] 浙江省人民政府关于印发中国制造2025浙江行动纲要的通知[EB/OL]. 2016-01-19.
[②] 国务院关于印发《中国制造2025》的通知[EB/OL]. 2015-05-19.
[③] 中华人民共和国国民经济和社会发展第十四个五年规划和2035年远景目标纲要[EB/OL]. 2021-03-13.

新能力的重要途径。

浙江制造业海外并购具有以下三点优势特征。优势特征一：技术获取型海外并购一马当先，技术创新与转型升级是浙江制造企业海外并购的最重要的动因。浙江制造企业海外并购中技术获取型占比49.21%，高于广东的31.18%以及北京的29.41%。优势特征二：制造业海外并购提升浙江制造企业创新能力，浙江制造企业海外并购数量居全国首位。浙江制造企业海外并购极大地促进了制造业企业获取全球尖端技术实现技术升级，如万向集团（以下简称"万向"）并购美国A123系统公司（A123 Systems，以下简称"A123"）获得新能源汽车领域最前沿的锂电池技术，形成新能源汽车完整产业链。优势特征三：浙江制造企业海外并购兼具高完成率，浙江制造企业海外并购完成率（65.08%）领先于广东（63.83%）以及北京（50%）。研究发现，并购方能否获取"1+1>2"的协同效应提升创新能力最终取决于整合。以获取先进技术为目的的海外并购被视为制造业企业获取全球创新资源的重要途径，而恰当的海外并购整合，是推动创新能力的重要力量。通过海外并购整合提升后追赶时代浙江制造企业创新能力具有以下四个重要的理论与现实意义。

（一）后追赶时代浙江制造企业海外并购整合是突破浙江制造企业创新能力锁定的重要源泉

后追赶时代浙江制造企业海外并购整合是浙江制造企业整合国际创新资源、依靠外部获取战略资源和研发核心能力的有效途径。资源和能力瓶颈限制了浙江制造企业通过自我积累实现技术快速提升的可能性。因此充分利用资本优势和本土市场优势，对全球同类产业中的技术先进企业进行海外并购整合，在提升生产函数、突破技术锁定方面作用巨大，是浙江制造企业创新能力提升的重要技术来源。

（二）后追赶时代浙江制造企业海外并购整合是嵌入全球创新网络实现提升创新能力的重要途径

后追赶时代浙江制造企业海外并购整合通过嵌入全球创新网络，将提高后追赶时代浙江制造企业在国际产业价值链中的地位，实现后追赶时代浙江制造企业创新能力的提升。创新网络是掌握着异质性创新资源的不同企业主体之间超越自身组织边界、从外部获取技术和创新资源的重要方式。从全球创新网络获取战略资源与核心技术是后追赶时代浙江制造企业提升创新能力的关键手段,恰当的并购整合策略能够提升并购方在全球创新网络的位置,提升对全球创新资源与异质性信息的集聚与扩散能力,强化向本土产业的研发反馈和技术溢出。后追赶时代浙江制造企业海外并购整合是嵌入全球创新网络并提升创新能力的重要途径。

(三)后追赶时代浙江制造企业海外并购整合是实现"浙江制造"向"浙江创造"转型的核心引擎

伴随生产要素成本的提升以及全球产业竞争格局的调整,后追赶时代浙江制造企业正面临生产技术锁定和成本冲击的双重挑战。与世界先进水平相比,浙江制造企业仍然大而不强,在自主创新能力、资源利用效率、产业结构水平、信息化程度、质量效益等方面差距明显,转型升级和跨越发展的任务紧迫而艰巨。国务院颁布的《中国制造业2025》强调以促进制造业创新发展为主题,坚持把创新摆在制造业发展全局的核心位置,提高制造业国际化发展水平,支持发展一批跨国公司,通过全球资源利用、业务流程再造、产业链整合、资本市场运作等方式,加快提升核心竞争力。[①] 恰当的海外并购整合策略通过实现资源高效配置、市场的深度融合,是后追赶时代浙江制造企业在未来能否培育有全球影响力的先进制造基地和经济区的重要影响因素,是实现"浙江制造"向"浙江创造"的转型升级的核心引擎。

(四)后追赶时代浙江制造企业海外并购整合是实现浙江制造企业技术后发赶超的有利机遇

新一轮科技革命和产业变革与我国加快转变经济发展方式形成历史性交汇,国际产业分工格局正在重塑。后追赶时代浙江制造企业必须紧紧抓住这一重大历史机遇,通过对全球同类产业中的技术先进企业进行海外并购整合,有效带动后追赶时代浙江制造企业在国际产业价值链中的地位,实现技术后发赶超。本研究有助于后追赶时代浙江制造企业选取有效的海外并购整合策略,把握海外并购机遇提升全球创新网络地位,提高后追赶时代浙江制造企业国际产业价值链地位,缩小与发达国家差距,实现后追赶时代浙江制造企业创新能力提升和技术后发赶超。

---

① 国务院关于印发《中国制造2025》的通知[EB/OL]. 2015-05-19.

二、研究范围与目标

与以往关注海外并购对企业绩效影响的研究不同,本研究关注后追赶时代浙江制造企业海外并购整合对产业创新能力的影响。本研究以资源相似性、互补性与整合程度的匹配关系为核心,沿"企业海外并购整合—企业创新网络位置—产业创新能力"的逻辑链条,开展后追赶时代浙江制造企业海外并购整合并促进产业创新能力的研究。结合文献研究法、数理建模、数值分析、仿真实验、统计实证、案例研究等多个方法,本研究有条理地梳理企业海外并购整合影响产业创新能力的理论并加以检验,对后追赶时代浙江制造企业海外并购整合带动产业创新能力提供理论依据与实践指导。

具体的研究范围包含以下六个方面:(1)研究后追赶时代浙江制造企业海外并购整合提升创新能力的基本理论与数理模型;(2)开展后追赶时代浙江制造企业海外并购整合提升创新能力的动态演化研究;(3)通过构建企业层次、跨层次和产业层次的多层次分析框架,探索后追赶时代浙江制造企业海外并购整合提升创新能力的传导机制;(4)从制度视角出发,进行后追赶时代浙江制造企业海外并购整合提升创新能力的国际比较研究;(5)开展后追赶时代浙江制造企业海外并购整合提升创新能力的案例研究;(6)基于浙江省海外并购发展与产业水平现状,结合研究结论,从企业、产业与政府三个层面,提出后追赶时代浙江制造企业海外并购整合提升创新能力的路径与对策,为提升后追赶时代浙江制造企业创新能力、实现"浙江制造"向"浙江创造"转型升级提供理论支撑。

三、研究思路与总体方案

(一)研究思路

1. 后追赶时代浙江制造企业海外并购整合提升创新能力的基本理论

本研究首先建立研究的理论背景与数理模型,为后追赶时代浙江制造企业海外并购整合提升创新能力的研究奠定基础。主要内容:(1)后追赶时代浙江制造企业海外并购整合提升创新能力的基本理论;(2)基于并购双方特征的浙江制造企业海外并购整合提升创新能力的数理模型;(3)基于创新网络的浙江制造企业海外并购整合提升创新能力的数理模型。

2. 后追赶时代浙江制造企业海外并购整合提升创新能力的动态演化研究

本研究关注后追赶时代浙江制造企业海外并购整合对创新能力的动态演化机理,尝试基于数理模型,归纳影响后追赶时代浙江制造企业海外并购整合影响创新能力的各要素,并进而对各要素海外并购整合提升创新能力的动态演化进行仿真分析,识别影响制造业海外并购整合对创新能力动态演化中的重点影响因素和作用机制。本研究关注后追赶时代浙江制造企业海外并购整合提升创新能力的动态演化,主要内容有:(1)海外并购整合提升创新能力微观动态演化研究;(2)基于创新网络嵌入的海外并购整合提升创新能力跨层次动态演化研究。

3. 后追赶时代浙江制造企业海外并购整合提升创新能力的传导机制研究

考察后追赶时代浙江制造企业海外并购整合如何促进浙江制造企业创新能力是本研究的重点。以资源基础观为切入点,基于对传导机制的理论分析,通过实证方法检验后追赶时代浙江制造企业海外并购中,不同的整合策略通过创新网络对创新能力的跨层次传导机制的不同点,分析其影响因素及其影响效果的差异。主要内容:(1)基于创新网络的海外并购整合提升创新能力传导理论机制研究;(2)基于创新网络的海外并购整合提升创新能力传导的实证研究:资源配置视角。

4. 后追赶时代浙江制造企业海外并购整合提升创新能力:制度视角的国际比较

本研究从制度视角出发,选取美国与韩国作为发达市场及新兴市场国家的代表,与浙江进行国际比较研究,探讨在不同制度环境下制造业技术获取型海外并购整合提升创新能力的影响因素与传导机制。主要内容:(1)后追赶时代浙江制造企业海外并购整合提升创新能力:制度视角的中美实证比较;(2)后追赶时代浙江制造企业海外并购整合提升创新能力:制度视角的中韩实证比较。

5. 后追赶时代浙江制造企业海外并购整合提升创新能力的案例分析

通过典型案例分析,本研究分析不同类型的后追赶时代浙江制造企业的海外并购整合提升创新能力,更直观地聚焦于典型案例,检验理论机理。分传统产业、支柱产业、新兴产业,选择5个案例进行了分析,主要内容:(1)传统产业海外并购整合提升创新能力案例:万向并购美国A123;(2)传统产业海外并购整合提升创新能力案例:浙江吉利控股集团有限公司(以下简称"吉利")并购瑞典沃尔沃轿车公司(Volvo Car Corporation,以下简称为"沃尔沃");(3)支柱产业海外并购整合提升创新能力案例:浙江日发精密机械股份有限公司(以下简称"日发精机")并购意大利 MCM 公司(Machining Centers Manufacturing S. p. A.,以下简称为"MCM");(4)新兴产业海外并购整合提升创新能力案例:浙江万丰科技开发股份有限公司(以下简称"万丰科技")并购美国帕斯林公司(The Paslin Company,以下简称"帕斯林");(5)新兴产业海外并购整合提升创新能力案例:杭州泰格医药科技股份有限公司(以下简称"泰格医药")并购美国方达医药公司(Frontage Laboratories,Inc.,以下简称"方达医药")。

6. 后追赶时代浙江制造企业海外并购整合提升创新能力的路径与对策

本研究从企业、产业、政府部门三个层面构建多维度的海外并购整合提升创新能力的保障体系,为通过海外并购整合推进后追赶时代浙江制造企业产业技术竞争力提供路径与对策建议。主要内容:(1)企业层面的后追赶时代浙江制造企业海外并购整合提升创新能力的途径建议;(2)产业层面的后追赶时代浙江制造企业海外并购整合提升创新能力的途径建议;(3)政府层面的后追赶时代浙江制造企业海外并购整合提升创新能力的途径建议。

(二)研究总体方案

1. 后追赶时代浙江制造企业海外并购整合提升创新能力的基本理论研究

首先,采用定性方法,分新兴产业、支柱产业、传统产业三类,分析浙江制造企业海外并购整合提升创新能力的现状。其次,采用文献分析法,总结归纳以往学者的研究观点与结论,为本研究的开展打好基础。然后,构建数理模型,基于博弈论对并购决策阶段、并购整合阶段合理地建模,并在模型均衡分析的基础上进行数值模拟分析,研究基于并购双方特征的后追赶时代浙江制造企业海外并购整合提升创新能力的过程。最后,构建数理模型,借鉴戈亚尔和乔希(Goyal and Josh,2003)的研发网络与市场竞争模型,研究基于创新网络的后追赶时代浙江制造企业海外并购整合提升创新能力的过程。

2. 后追赶时代浙江制造企业海外并购整合提升创新能力的动态演化研究

在机制探讨和数理模型研究的基础上,本研究采用多主体仿真方法(Multi-agent Based Simulation)和自下而上的策略,采用 Netlogo 仿真软件,模拟海外并购整合对产业创新网络的演化过程。仿真过程中,引入资源相似性、资源互补性、网络连接与创新网络的交互作用、创新网络中的创新知识扩散与知识溢出等,尽可能真实而全面地刻画海外并购整合提升创新能力的过程。

3. 后追赶时代浙江制造企业海外并购整合提升创新能力的传导机制研究

通过文献分析法,基于创新网络中心性与结构洞这两个关键指标,分析海外并购整合提升创新能力的传导机制。基于理论分析,由 BvD-Zephyr 全球并购交易分析库、SDC 全球并购数据库、万得数据库(Wind)以及国泰安数据库(China Stock Market & Accounting Research Database,CSMAR)等海外并购数据库中选取中国制造企业海外并购案例作为定量评估数据来源的样本集合。以产业专利创新和产业新产品创新两个维度衡量产业技术创新。研究方法上,利用结构方程模型(Structural Equation Modeling,SEM)实证检验理论假设。

4. 后追赶时代浙江制造企业海外并购整合提升创新能力:制度视角的国际比较

选取美国与韩国作为发达国家与新兴国家的代表,与浙江海外并购整合对创新能力的影响形成国际比较。利用 BvD-Zephyr 全球并购交易分析库与 SDC 全球并购数据库采集样本,从商业法规健全度、市场化制度与产权保护度三方面衡量制度完善性,实证地比较不同制度环境下,浙江与美国、韩国在海外并购整合提升创新能力方面的差异,对政府的制度建设、制度完善方向形成参考。

5. 后追赶时代浙江制造企业海外并购整合提升创新能力的案例分析

聚焦于浙江传统产业、支柱产业与新兴产业的 5 个具有代表性的海外并购案例,按照海外并购背景、并购双方资源联系性、并购整合策略、并购前后创新网络位置、并购整合对产业创新能力的促进作用的顺序,有条理地分析浙江制造企业海外并购整合对创新能力的影响。通过案例分析,以更直观的方式呈现浙江制造企业海外并购整合提升创新能力的过程。

6. 后追赶时代浙江制造企业海外并购整合提升创新能力的路径与对策

基于前面的研究现象与结论,从企业、产业与政府三个层面,有针对性地提出浙江制造企业海外并购整合提升创新能力的路径与对策建议。本研究以提高海外并购协同效应,增强技术创新能力为目标,就如何推动浙江制造企业海外并购、如何选择有效的并购整合战略、如何把握海外并购机遇提升收购方创新网络地位、如何依托海外并购整合吸纳全球创新资源、如何将海外先进技术高效地向本土有序溢出等问题,提出有可操作性的指导建议,以期为浙江省企业和政府部门通过海外并购整合提升创新能力提供有益的参考和借鉴。

本书为笔者所主持的浙江省哲学社会科学优势学科重大项目:"后追赶时代浙江制造企业海外并购整合与创新能力研究(20YSXK01ZD)"的主要研究成果。研究设计及具体实施由笔者负责,研究采取了团队合作分步推进的方式。其他人员包括:李飞、孟巧爽、李雪莹、刘慧倩、葛宇昊、朱洁如、王文静、徐淼淼、张趁如。

对本书存在的不足之处,敬请读者和学术界的同人不吝指正。

陈菲琼
2022 年 6 月

目 录
CONTENTS

**第一章　后追赶时代浙江制造企业海外并购整合提升
　　　　创新能力的基本理论** ·················· 1

　第一节　后追赶时代浙江制造企业海外并购整合提升
　　　　　创新能力的基本理论 ·················· 1

　第二节　基于并购双方特征的浙江制造企业海外并购整合提升
　　　　　创新能力的数理模型 ·················· 6

　第三节　基于创新网络的浙江制造企业海外并购整合提升
　　　　　创新能力的数理模型 ·················· 27

**第二章　后追赶时代浙江制造企业海外并购整合提升
　　　　创新能力的动态演化研究** ················ 47

　第一节　海外并购整合提升创新能力微观动态演化研究 ········ 47

　第二节　基于创新网络嵌入的海外并购整合提升
　　　　　创新能力跨层次动态演化研究 ·············· 59

**第三章　后追赶时代浙江制造企业海外并购整合提升
　　　　创新能力的传导机制研究** ················ 79

　第一节　基于创新网络的海外并购整合提升
　　　　　创新能力传导理论机制研究 ··············· 79

第二节 基于创新网络的海外并购整合提升创新能力传导的实证研究：
　　　　资源配置视角 ·· 88

第四章 后追赶时代浙江制造企业海外并购整合提升创新能力：
　　　　制度视角的国际比较 ·· 105

第一节 后追赶时代浙江制造企业海外并购整合提升创新能力：
　　　　制度视角的中美实证对比 ·· 105

第二节 后追赶时代浙江制造企业海外并购整合提升创新能力：
　　　　制度视角的中韩实证对比 ·· 120

第五章 后追赶时代浙江制造企业海外并购整合
　　　　提升创新能力的案例分析 ·· 136

第一节 传统产业海外并购整合提升创新能力案例：
　　　　万向并购美国 A123 ·· 136

第二节 传统产业海外并购整合提升创新能力案例：
　　　　吉利并购瑞典沃尔沃 ·· 145

第三节 支柱产业海外并购整合提升创新能力案例：
　　　　日发精机并购意大利 MCM ·· 154

第四节 新兴产业海外并购整合提升创新能力案例：
　　　　万丰科技并购美国帕斯林 ·· 163

第五节 新兴产业海外并购整合提升创新能力案例：
　　　　泰格医药并购美国方达医药 ·· 170

第六章 后追赶时代浙江制造企业海外并购整合
　　　　提升创新能力的路径与对策 ·· 180

第一节 企业层面的后追赶时代浙江制造企业海外并购整合
　　　　提升创新能力途径建议 ·· 180

第二节 产业层面的后追赶时代浙江制造企业海外并购整合
　　　　提升创新能力途径建议 ·· 181

第三节　政府层面的后追赶时代浙江制造企业海外并购整合提升创新能力途径建议 …………………………………… 182

第七章　结论 …………………………………………………… 184
第一节　研究路线与主要结论 …………………………………… 184
第二节　理论进展与现实意义 …………………………………… 187
第三节　研究局限与未来研究方向 ……………………………… 189

参考文献 …………………………………………………………… 190
附录 ………………………………………………………………… 206
　　附录A1　第二章仿真程序源代码 …………………………… 206
　　附录A2　第二章仿真初始网络世界数据 …………………… 217

第一章

后追赶时代浙江制造企业海外并购整合提升创新能力的基本理论

第一节 后追赶时代浙江制造企业海外并购整合提升创新能力的基本理论

一、基于并购双方特征的海外并购整合提升创新能力机制研究

在全球技术快速变化及国际竞争日益激烈的背景下,海外并购成为获取外部先进技术能力与核心创新资源的有效途径,是内部技术研发的重要补充(Yoon and Lee,2015)。技术获取型海外并购使企业能够在技术快速变化的行业中缩短研发时间(Sears and Hoetker,2014)。发达国家有更先进的知识基础,因此发展中国家的企业可以使用技术获取型海外并购进行追赶(Kuemmerle,1999)。技术快速变化,复杂性不断增加,产品的生命周期缩短促使企业放弃内部技术研发转而选择外部技术获取策略(Bannert and Tschirky,2004)。特别是20世纪80年代以来,许多发展中国家通过进行以技术获取为目的的海外并购,获得了关键性的技术,实现了对发达国家的技术追赶与跨越,技术丰富的目标企业为并购方提供组织学习的机会。本研究关注浙江省制造业以获取更高水平的技术为目的的追赶式技术获取型海外并购。这类海外并购可以为并购方提供海外企业独有的隐性资源,如先进的技术和研发过程的管理(Georgopoulos and Preusse,2009)。

并购后整合是并购双方的资源要素结合实现协同效应的复杂过程。整合程度指将目标方的功能活动合并到并购方的组织层级的程度(Zaheer,Castañer,and Souder,2013)。并购后整合阶段被认为对并购价值创造有重要的影响

(Homburg and Bucerius,2006)。然而,已有研究对于整合程度与并购后技术创新的关系,并没有得到一致的结论。一方面,深度整合通过结合并购双方必要的资源、创造社交联系和构建共同的认知对协同效应的潜在实现十分重要。缺乏整合,资源的重新配置与利用,以及赘余资源的消除都无法实现(Cording, Christmann, and King,2008;Homburg and Bucerius,2006)。同时,另一方面,在采取高度整合过程中,并购双方已建立的运营流程与模式会部分或全部改变(Bauer,Degischer,and Matzler,2013)。由于两个之前独立的公司之间的不匹配,整合过程可能产生未曾预料的成本。因此,高度的整合带来更多的改变以及由员工抗拒和文化冲突带来的协调成本(Slangen,2006;Teerikangas and Very, 2006)。特别是在技术获取型并购中,高度整合有可能损害当初吸引并购方的目标方的创新能力(Puranam,Singh,and Zollo,2006)。

大量研究已证实资源相似性是并购后价值创造的重要因素(Slangen, 2006)。并购双方间的资源相似性是提升并购后业绩的战略匹配的基本方式(Altunbaş and Marqués,2008)。并购双方的资源相似性能够促进相互理解以及对已有知识的分享(Cohen and Levinthal,1990)。资源相似性通常能够提供以潜在的效率提升为主的协同,产生的规模经济能够让并购后公司进行更具投入产出比的经营活动。然而,资源相似性过强也同时会降低学习的机会,导致并购后企业研发投入降低(Cassiman et al.,2005)。

一些研究指出资源互补性是另一个维度的资源联系性,对并购后技术创新十分重要(Wang and Zajac,2007)。并购双方的互补性资源能够提供资源重新配置的价值强化的机会。资源互补性最本质的特点是,当增加一种资产的数量会带来另外一种资产的超额回报,两种资源组合的价值超过其单独价值的加总(Kim and Finkelstein,2009)。资源互补性能够带来不同的组织元素产生收益增强的协同。在技术获取型海外并购中,资源互补性应与低程度整合进行匹配,才产生较高的并购技术创新绩效。尽管为实现资源互补性带来的增长性协同效应,两个企业需要合作使互补性元素有效结合,因此会采取一定程度的整合(Zollo and Singh,2004),但资源互补性的潜力来源于目标方拥有并购方所不熟悉的元素,高程度整合将带来较高的摩擦成本,破坏目标方的任务环境和降低目标方的研发效率,无法达到技术创新的并购目标。

已有研究运用发达国家样本,研究资源相似性、互补性与整合策略的匹配对技术创新的影响(Bauer, Degischer, and Matzler, 2013; Colombo and Rabbiosi, 2014; Zaheer, Castañer, and Souder, 2013)。同时,学者从资源相似性、互补性视角出发,开展了中国企业以技术获取为目的的海外并购整合策略的实证研究(Chen and Wang, 2014; Chen, Li, and Meng, 2017)。王寅(2013)探讨资源相似性、互补性与整合策略的匹配,通过摩擦效应和协同效应,来提升技术获取型海外并购整合收益。钟芳芳(2015)将目标方自主性纳入整合策略的研究框架,关注资源联系性、整合策略与并购方技术创新之间的传导机制。陈菲琼、陈珧和李飞(2015)采用基于偏最小二乘法(Partial Least Square, PLS)方法的结构方程模型,探究了技术获取型海外并购双方资源相似性、互补性及其交互作用通过并购整合程度对并购方技术创新产生影响的内在机制及传递路径。有些学者探索不同资源相似性和互补性条件下如何选择合适的整合模式,以实现并购的潜在协同效应。还有些学者基于潜在创新收益信号进行数学建模与均衡分析,研究资源相似性、互补性对并购整合决策以及收购方并购整合后技术创新表现的影响。

二、基于创新网络的海外并购整合提升创新能力机制研究

(一)基于创新网络嵌入理论的企业合作行为与产业技术创新

弗里曼(Freeman, 1991)认为创新网络是企业超越自身组织边界,从外部获取技术和创新资源的重要方式。古拉蒂和瑟奇(Gulati and Sytch, 2007)指出关系性嵌入和结构性嵌入的视角是影响创新网络中节点对网络中知识传递和学习的重要因素。关系性嵌入体现为优质信息的直接关联关系,结构性嵌入关注一个节点在创新网络结构中的位置。通过对创新网络嵌入与网络特征的探讨,分析了企业特征与网络演化对企业效率和产业创新的影响(Wassmer and Dussauge, 2012; Zhang and Li, 2010)。哈纳基、纳卡基玛和奥古拉(Hanaki, Nakajima, and Ogura, 2010)指出产业组织理论发现企业研发规模相似性、区位相似性以及网络拓扑结构是研发网络连接形成的决定因素。彼得罗贝利和热贝罗蒂(Pietrobelli and Rabellotti, 2011)提出加入全球网络实现国内产业结构优化已成为制造业发展的趋势之一,发展中国家制造业可以从全球网络与全球价值链中获取产业发展所需的知识技能,提高创新能力。赫里格尔、维特克和活

斯坎普(Herrigel,Wittke,and Voskamp,2013)发现中国制造业部门通过嵌入全球网络,与国外企业相互学习、展开互动,有助于实现制造业部门的转型升级。柯派布恩和琼瓦尼奇(Kohpaiboon and Jongwanich,2014)也发现在泰国的汽车行业和电脑硬盘生产行业存在通过融入全球制造网络成功进行产业技术升级的现象。瓦斯米和迪索热(Wassmer and Dussauge,2012)运用全球航空运输产业数据和事件分析法,发现市场会奖励嵌入网络的企业,网络内企业可以贡献创新资源,实现自身资源与网络内资源的协同性结合;有些学者认为网络资源通过提升外部知识搜寻的维度以及降低搜寻成本为企业带来价值创造。兹茹利亚(Zirulia,2012)构建网络溢出模型,认为溢出是不完全的,受到隐性知识、技术距离的影响,并发现企业通过嵌入创新网络获得比较优势、不对称性网络优势以及技术能力。加莱奥蒂、戈亚尔、杰克逊等人(Galeotti,Goyal,and Jackson et al. ,2010)构建不完全信息下的网络博弈模型,刻画网络结构、主体的网络位置在不同博弈特征(战略替代与战略互补)条件,如何影响主体的信息获取与回报,并指出不完全信息条件可有效解决网络博弈的多重均衡问题,创新网络中的主体在对初始网络结构和网络位置具有不完全信息的条件下进行战略互动。戈亚尔乔希(Goyal and Joshi,2003)首次将创新网络与市场竞争相结合,共同投入资源进行生产成本降低型研发的协议,连接使企业在竞争中具有优势。有些学者构建了不完全信息网络博弈模型,证明网络中心的节点在技术扩散中最具影响力。

(二)围绕网络动力学的产业创新网络动态演化机制

网络动力学(Network Dynamic)解释了微观行为与宏观现象之间的关联,从而深化对网络演化背后推动因素的理解(Rowley and Baum,2008)。社会网络的同质性偏好效应提出,网络中的行为人倾向于搜寻匹配与其最为相似的行为人进行网络连接(Monge and Contractor,2003)。费弗尔和萨兰西克(Pfeffer and Salancik,2003)提出资源依赖理论,他们认为行为人在进行网络嵌入的过程中,将选择那些具有更丰富资源的行为人形成联结。

行为人倾向于与连接数量多的节点进行连接,成为偏好依附规则(Barabási and Albert,1999)。已有学者基于网络动力学与多主体动态仿真方法,从网络视角研究并购整合与知识扩散的动态演化过程(Kim and Park,2009;Parkhe,Wasserman,and Ralston,2006;Yamanoi and Sayama,2013)。网络资源(Wassmer and

Dussauge,2012)、网络连接(Capaldo,2007)和网络结构(Kim and Park,2009)是网络演化的核心推动因素。在非合作行为网络生成模型中,行为人的努力对网络的生成涌现具有极大的影响(Goyal and Vega-Redondo,2005),并影响网络动态演化中的网络密度、集聚性和网络规模(Vega-Redondo,2006)。米尔克(Mirc,2012)通过社会网络的方法对并购案例访谈数据构建网络,描述了合作网络在并购整合过程中不同时点的演化,分析了网络中心度、结构洞等指标在不同时点的变动。有些学者借助文化惯例的视角分析海外并购后文化整合,通过对三种不同文化适应性策略的描述,利用多主体仿真进一步分析了不同的网络路径长度和节点集中度对于并购文化整合中冲突者的产生概率。还有些学者运用社会网络方法与阈值模型,研究网络中的核心企业对网络内技术创新扩散的影响,仿真结果发现,社交性强的核心企业更有助于网络内技术创新的扩散速度,而中心度高的核心企业更有利于网络技术创新扩散的范围,同时这些影响依赖于社会网络和创新类型的特征。

(三)围绕创新网络位置的海外并购整合与产业技术创新

黛比和佩托(Degbey and Pelto,2013)指出,在网络环境下,海外并购整合后企业的行为人、行动和资源都发生改变,由于网络中企业的相互依赖性,并购双方整合的二元关系的改变将引发其网络合作伙伴做出直接反馈行为,进而这些改变会连锁传递到并购双方的间接关系产生更广泛的网络效应,改变网络结构与网络位置。钱锡红、杨永福和徐万里(2010)应用社会网络分析方法,以深圳市集成电路(Integrated Circuit,IC)产业为例进行实证分析,发现具有优势网络位置,如位于网络中心并占有丰富结构洞的企业在创新方面将更具有优势,而企业知识获取、消化、转换和应用能力能有效推动企业创新绩效的提升,并且知识获取和知识消化能力越强,则企业通过改善网络位置而获得的创新收益越大。王伟光、冯荣凯和尹博(2015)整合产业创新网络和知识溢出相关理论,分析产业创新网络中核心企业控制力对产业知识溢出效应的传导机制,以及吸收能力、关系质量、技术重叠和知识转移的中介作用。网络理论发现,占据优势网络位置的企业对资源控制能力更强,在进行创新活动时更具有优势(Lin,Peng,and Yang,2009),得到学界广泛研究并最能反映网络位置影响创新绩效的变量是中心度和结构洞(Zaheer and Bell,2005)。

创新网络中心度是指核心企业在与其他网络成员的关系中占据中心地位

的程度(Lin,Peng,and Yang,2009),有些学者研究发现位于网络中心位置的企业更能促进产业网络内新知识的扩散与新产品的采用。全球创新网络中心度高的并购方,承担着网络知识资源汇聚和扩散中心的功能(王伟光、冯荣凯、尹博,2015),相比网络边缘的企业更快地接收到新的知识(Borgatti and Halgin,2011),资源获取更有效率(Guan et al.,2016);全球创新网络中心度高的企业享有更高的地位与声誉(Koka and Prescott,2008);网络中心度高的企业对网络资源的控制力更强,并购方能以较低的搜寻成本对发达国家已掌握的关键技术片段进行学习渗透(Rowley and Baum,2008),网络中心度高的并购方拥有更为丰富的关系与社会资本、技术资本与商业资本(Vonortas,2009)。

结构洞是指在两个彼此不相连的网络之间起到桥梁作用的位置,拥有非冗余的异质性连接(Lin,Peng,and Yang,2009),占据结构洞地位的企业获得具有动态性、时效性和社会性特征的信息(Wang et al.,2014)。并购方恰当的整合策略,能够触及目标方创新网络的差异化的信息领域,具有异质性资源的合作伙伴进行连接(McEvily and Zaheer,1999)。伯特(Burt,1992)提出跨越结构洞的企业"有能力前瞻、有广阔的视角、能够在不同群体间传播知识",能够比其他企业更快地识别和把握技术发明潜在机会。结构洞丰富的企业,具有信息优势,能够获得发散性的信息以及汇聚非冗余的知识流,比较不容易受到已有技术认知框架的限制(Wang et al.,2014)。

第二节 基于并购双方特征的浙江制造企业海外并购整合提升创新能力的数理模型

一、并购决策阶段建模

在并购决策阶段,市场上存在有关并购整合后创新收益的不确定信息,记这一并购创新收益信息为 θ,θ 取决于双方企业的资源基础信息(资源相似性和资源互补性)。并购决策阶段,双方并不知道 θ 的真实值。现实中,并购双方可能利用管理咨询等机构为自己进行并购信息的收集,但是此类信息部分为并购双方的公共信息,部分信息为双方各自的私人信息,并购决策阶段的完全信息披露违反竞争法律(Banal-Estanol and Seldeslachts,2011)。设此公共信息服从正态分布,$\theta \sim N(y, \frac{1}{a})$。y 为 θ 的公共信号,a 为信号的噪声,a>0,并且 a 越大,公共信号越准确。收购方企业 A 向目标方企业 B 提出并购请求,企业 B 选择是否接受并购邀约。

在并购决策阶段,企业考虑并购后潜在的收益与不参与并购的独立收益的大小。设企业单位化后的单位资源的生产能力为 π^{si},单位化后的企业资源禀赋水平为 R^i,i=A,B。对收购方企业来说,不进行并购的独立收益为 $\pi^{sA}R^A$。若进行并购,则其收益为并购利润与并购整合利润的加总,其中并购利润来自预期的并购创新收益 θ_A,减去固定的并购成本 K,这里可理解为并购的竞标价格支付;并购整合利润来自对目标方资源进行并购整合的收益 $\pi^{sA}R^B\lambda(\theta)$,其中 $\lambda(\theta)$ 为对资源进行整合的概率,$\lambda(\theta) \in (0,1)$,减去并购整合中承诺给目标方一定自主性带来的成本,采用固定成本的形式,记为 C,其中 C>0,K>0。故并购的收益为 $\theta_A + \pi^{sA}R^B\lambda(\theta) - C - K$。

相应地,对目标方企业来说,并购的收益等于 $\theta_B + \pi^{sB}R^B w(\theta) + K$,令 $w(\theta)$ 代表企业 B 获得的自主性水平,$w(\theta) \in (0,1)$。

二、并购整合阶段建模

如果双方同意并购,则进入并购后整合阶段,整合阶段中双方知晓资源基础的真实值。并购双方获取有关于并购后收益的私人信号 $x_i = \theta + \varepsilon_i$,其中 $\varepsilon_i \sim N(0, \frac{1}{b})$,$\varepsilon_i$ 独立同分布。b 为私人信号的噪声,b>0,并且 b 越大,并购双方的私人信息越准确。

双方依据并购前获得的有关双方资源匹配的信息,选择是否进行并购整合努力。考虑到博弈的阶段性,企业在第一阶段并购决策阶段中已经考虑到未来整合阶段预期可能的整合程度或目标方自主性水平所造成的对并购收益的影响,企业第二阶段即并购整合决策阶段中仅仅考虑是否进行并购整合努力,即若给定并购整合可以获得一定水平的收益,并购整合努力是否会被激发,而未进行到选择整合程度的过程中,所以在是否投入并购整合努力的决策阶段,对并购整合收益采用一个固定水平进行分析。

承接法雷尔和沙博理(Farrell and Shapiro,2001)的分析,这里设定如果双方均进行并购整合,则会获得一个基础水平的并购整合收益 V,V>0。如果仅有一方进行并购整合,则只能获得非协同的整合收益 $\frac{V}{d}$,这里 d 为双方资源的互补性水平,d>2。

对收购方企业 A 来说,若进行并购整合努力,其收益为 V+kr-dt,其中 k 为资源相似性,$k \in (0,1)$,r 为单位相似性资源带来的规模效应收益,t 为互补性资源在并购整合过程中的单位摩擦(学习)成本,r>0,t>0。

对目标方企业 B 来说,其并购整合收益为 V-ke-dt+Mt,目标方考虑的一个主要方面是为了获取进入收购方市场以提升销售水平,这里令 M 代表市场互补性,令 Mt 代表互补性市场资源所带来的额外的并购整合收益。这里认为 M>d,即此类并购中目标方认为双方市场资源的互补性要明显高于平均意义上的资源互补性水平,海外企业更关注获取潜在的市场。e 为因资源相似性而在整合过程中被删减的资源的平均收益,伴随相似性的提升,整合过程中更多的资源将面临被收购方删减,例如,表现为相似技术人员的离职等,而这将造成一定的收益损失 ke。

设定 V+kr-dt>0,V+kr-2dt<0。这里设定不存在如下的情况,即收购方代替目标方进行互补性资源的学习转移。即保证如果收购方企业试图完全暂停目标方的生产,而完全依靠自身进行整合努力,支付 2dt 的整合成本,是无利可图的。

构造一个二值变量 m,若进行并购,m=1;若不进行并购,m=0,企业仅获得独立收益。在给定对方进行并购整合的情况下,企业 A 预期投入并购整合努力的收益为(V+kr-dt-K) Pr(m=1|xi,y),其中 Pr(m=1|xi,y)表示企业基于私人信号 xi 与公共信号 y 估计出的并购发生的概率。如果不进行整合,则预期的收益为 $\frac{V}{d}$-KPr(m=1|xi,y)。对企业 B,预期投入并购整合努力的收益为

(V-ke-dt+Mt+K) Pr(m=1|xi,y),如果不进行整合,则预期的收益为 $\frac{V}{d}$+KPr(m=1|xi,y)。构造二值变量 s,若进行并购整合努力,s=1;若不进行并购整合

努力,s=0。企业最优并购整合决策:

$$s_A^* = \arg\max \left\{ \begin{array}{l} s(V+kr-dt-K)\Pr(m=1|xi,y) \\ +(1-s)\left[\dfrac{V}{d}-K\Pr(m=1|xi,y)\right] \end{array} \right\} \quad (1-1)$$

$$s_B^* = \arg\max \left\{ \begin{array}{l} s(V-ke-dt+Mt+K)\Pr(m=1|xi,y) \\ +(1-s)\left[\dfrac{V}{d}+K\Pr(m=1|xi,y)\right] \end{array} \right\} \quad (1-2)$$

企业对并购决策阶段的预期收益为 πi,则双方的预期收益:

$$\pi A = m[\theta_A + \pi^{sA} R^B \lambda(\theta) - C - K] + (1-m)\pi^{sA} R^A \quad (1-3)$$

$$\pi B = m[\theta_B + \pi^{sB} R^B w(\theta) + K] + (1-m)\pi^{sB} R^B \quad (1-4)$$

则企业的最优并购决定决策: $m^* = \arg\max \pi$

最后技术创新生产阶段收购方企业主要运用有效并购整合资源参与技术创新产品的生产。并购博弈的时序如图1-1。

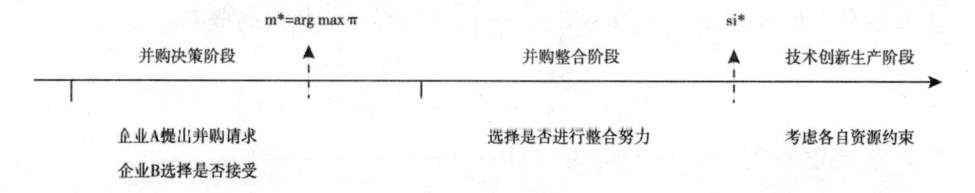

图1-1 博弈时序

三、均衡分析

本节给出资源相似性、资源互补性视角下的并购整合策略的均衡分析。以莫里斯和席思(Morris and Shin,2003)以及伯纳尔-伊斯诺尔和塞德斯拉奇兹(Banal-Estanol and Seldeslachts,2011)的分析框架为基础。对于企业 i,存在并购整合切换点 $\tilde{xI}$:若 $xi>\tilde{xI},s^*(xi)=1$;$xi<\tilde{xI},s^*(xi)=0$。存在并购决策切换点 $\tilde{\theta}i$:若 $\theta i>\tilde{\theta I},m^*(\theta i)=1$;$\theta i<\tilde{\theta I},m^*(\theta i)=0$。

给定私人信号 xi 以及公共信号 y,对于企业 A,$\theta i|xi,y \sim N\left(\dfrac{ay+bxi}{a+b},\dfrac{1}{a+b}\right)$。企业 A 认为并购发生的概率:

$$\Pr(m=1|xi,y) = \Pr(\theta_A \geq \tilde{\theta}_A|xi,y) = 1-\Phi\left[\sqrt{a+b}\left(\tilde{\theta}_A - \dfrac{ay+bxi}{a+b}\right)\right] \quad (1-5)$$

当私人信号 $xi = \tilde{x}_A$,是否投入并购整合努力为企业带来的收益相同,即

$$(V+kr-dt-K)\Pr(m=1|xi,y) = \frac{V}{d} - K\Pr(m=1|xi,y) \quad (1-6)$$

由式(1-5)和式(1-6),得到:

$$\tilde{x}_A = \frac{a+b}{b}\tilde{\theta}_A - \frac{a}{b}y - \frac{\sqrt{a+b}}{b}\Phi^{-1}\left[1 - \frac{V}{d(V+kr-dt)}\right] \quad (1-7)$$

当 $\theta_A = \tilde{\theta}_A$ 时,并购与不并购为企业带来的收益相同,即

$$\tilde{\theta}_A + \pi^{sA}R^B\lambda(\tilde{\theta}_A) - C - K = \pi^{sA}R^A \quad (1-8)$$

对式(1-8)进行变换得到:

$$\tilde{\theta}_A = \pi^{sA}R^A + C + K - \pi^{sA}R^B\lambda(\tilde{\theta}_A) \quad (1-9)$$

在并购整合阶段,由于并购已经发生,双方知晓有关收益 θ 的真实信号,企业 A 的私人信号的分布:$x_A|\theta \sim N\left(\theta_A, \frac{1}{b}\right)$,其进行并购整合的概率:

$$\lambda(\theta_A) = \Pr(x_A \geq \tilde{x}_A|\theta_A) = 1 - \Phi[\sqrt{b}(\tilde{x}_A - \theta_A)] \quad (1-10)$$

综合式(1-7)、式(1-9)与式(1-10),可得:

$$\tilde{\theta}_A = C + K + \pi^{sA}R^A$$
$$-\pi^{sA}R^B + \pi^{sA}R^B\Phi\left\{a\sqrt{\frac{1}{b}}(\tilde{\theta}_A - y) - \sqrt{1+\frac{a}{b}}\Phi^{-1}\left[1 - \frac{V}{d(V+kr-dt)}\right]\right\}$$
$$(1-11)$$

对于企业 B,并购发生的概率:

$$\Pr(m=1|xi,y) = \Pr(\theta_B \geq \tilde{\theta}_B|xi,y) = 1 - \Phi\left[\sqrt{a+b}\left(\tilde{\theta}_B - \frac{ay+bxi}{a+b}\right)\right] \quad (1-12)$$

当私人信号 $xi = \tilde{x}_B$ 时,是否投入并购整合努力为企业带来的收益相同,即

$$(V-ke-dt+Mt+K)\Pr(m=1|xi,y) = \frac{V}{d} + K\Pr(m=1|xi,y) \quad (1-13)$$

由式(1-12)和式(1-13),得到:

$$\tilde{x}_B = \frac{a+b}{b}\tilde{\theta}_B - \frac{a}{b}y - \frac{\sqrt{a+b}}{b}\Phi^{-1}\left[1 - \frac{V}{d(V-ke-dt+Mt)}\right] \quad (1-14)$$

当$\theta_B = \tilde{\theta}_B$时,并购与不并购为企业带来的收益相同,即

$$\tilde{\theta}_B + \pi^{sB} R^B w(\tilde{\theta}_B) + K = \pi^{sB} R^B \tag{1-15}$$

对式(1-15)进行变换得到:

$$\tilde{\theta}_B = \pi^{sB} R^B [1 - w(\tilde{\theta}_B)] - K \tag{1-16}$$

在并购整合阶段,由于并购已经发生,双方知晓有关收益θ的真实信号,企业 B 的私人信号的分布:$x_B | \theta \sim N\left(\theta_B, \frac{1}{b}\right)$。其只有在并购整合的过程中,才涉及目标方自主性的讨论,即目标方获得一定水平自主性的概率:

$$w(\theta_B) = \Pr(x_B \geq \tilde{x}_B | \theta_B) = 1 - \Phi[\sqrt{b}(\tilde{x}_B - \theta_B)] \tag{1-17}$$

综合式(1-14)、式(1-16)与式(1-17),可得:

$$\tilde{\theta}_B = -K + \pi^{sB} R^B \Phi \left\{ a\sqrt{\frac{1}{b}} (\tilde{\theta}_B - y) - \sqrt{1 + \frac{a}{b}} \Phi^{-1} \left[1 - \frac{V}{d(V - ke - dt + Mt)} \right] \right\} \tag{1-18}$$

命题 1-1(均衡唯一性):当$\pi^{sB} R^B < \frac{\sqrt{2b\pi}}{a}$时,存在如下唯一均衡解:

$$s^*(x_A) = \begin{cases} 1, x_A \geq \tilde{x}_A \\ 0, x_A < \tilde{x}_A \end{cases} \quad s^*(x_B) = \begin{cases} 1, x_B \geq \tilde{x}_B \\ 0, x_B < \tilde{x}_B \end{cases}$$

$$m^*(\theta_A) = \begin{cases} 1, \theta_A \geq \tilde{\theta}_A \\ 0, \theta_A < \tilde{\theta}_A \end{cases} \quad m^*(\theta_B) = \begin{cases} 1, \theta_B \geq \tilde{\theta}_B \\ 0, \theta_B < \tilde{\theta}_B \end{cases}$$

且$\frac{\partial \tilde{\theta}_A}{\partial k} < 0, \frac{\partial \tilde{\theta}_A}{\partial d} > 0; \frac{\partial \tilde{\theta}_B}{\partial k} > 0, \frac{\partial \tilde{\theta}_B}{\partial d} < 0$。

即对收购方企业来说,并购双方资源相似性越高,资源互补性越低,$\tilde{\theta}_A$越低,说明双方资源相似性的提升,使收购方更多的提供并购请求,并购意愿增强,但资源互补性的提升,将加大收购方提出并购请求的难度;对目标方来说,并购双方资源相似性越高,$\tilde{\theta}_B$越高,说明资源相似性的提升,并没有提高目标方

对并购决策的兴趣,相反,资源互补性提升,则有利于使目标方倾向同意并购邀约。通过综合对并购双方的分析可以发现,并购中的资源基础在并购决策中对收购方和目标方产生相反的影响。

进一步关注并购整合概率,可以得到以下引理:

引理 1-1: $\frac{\partial \lambda(\theta_A)}{\partial k} > 0, \frac{\partial \lambda(\theta_A)}{\partial d} < 0$。

伴随海外并购双方资源相似性的提升,收购方进行整合的概率得到提升;而伴随资源互补性的提升,收购方进行并购整合的概率不断降低。

基于信息不对称设定的视角,引理 1-1 给出了分析资源基础影响并购整合行为的新思路,给定收购方企业对并购收益和并购整合收益的预期,在并购后整合过程中,资源相似性和资源互补性将对企业投入并购努力行为的转化点产生影响:资源相似性的提升,投入并购整合努力行为的策略转换点不断降低,导致收购方企业进行并购整合努力行为的概率不断上升;相对地,资源互补性具有一个反向的机制,伴随资源互补性的提升,收购方企业给予双方资源基础进行并购整合努力的转换点不断上升,即进行并购整合行为需要建立在一个更高水平的价值评估过程,因此并购整合努力策略切换点值的提升导致收购方企业在资源互补性水平较高时,进行海外并购整合努力行为的概率较低。

当信号为 θ_A 时,整合的概率为 $\lambda(\theta_A)$,而在 θ_A 点整合的程度为信号从 0 到 θ_A 增大的过程中,所有信号点所对应整合概率的累积分布,即整合程度为 $I = \int_0^{\theta_A} \lambda(\theta_A) \, d\theta_A$。

由此,本章得到以下命题:

命题 1-2: $\frac{\partial I}{\partial k} > 0, \frac{\partial I}{\partial d} < 0$。

从命题 1-2 中,本章得到海外并购整合程度伴随资源相似性和资源互补性的变动趋势。为了最大化海外并购收益,并购双方资源相似性越高,应当选择更高的整合程度;而并购双方资源互补性越高,应当选择更低的整合程度。

对于并购整合策略的另一个重要方面,目标方自主性的选择在并购整合中也具有重要作用。(Haspeslagh and Jemison,1991)提出对于收购方管理团队不熟悉的资源,应保留目标公司一定的自主性。通过对目标方企业获取自主性概

率的分析,本章得到如下命题:

命题 1-3: $\dfrac{\partial w(\theta_B)}{\partial k}<0, \dfrac{\partial w(\theta_B)}{\partial d}>0$。

即海外并购中,伴随双方资源相似性的提升,目标方获得自主性的概率不断下降;而伴随双方资源互补性的提升,目标方获得自主性的概率不断上升。

相对于前文中对海外并购双方在并购决策和整合过程中资源相似性和资源互补性各自影响的分析,实际中我们认为并购双方的相似性资源和互补性资源之间对企业的并购、整合决策还存在交互影响机制。进而,本章得出如下命题:

命题 1-4: $\dfrac{\partial \widetilde{\theta}_A}{\partial k \partial d}<0, \dfrac{\partial \widetilde{\theta}_B}{\partial k \partial d}<0$。

命题 1-4 表明,在海外并购中,并购双方资源相似性和资源互补性之间存在交互作用。两者之间的交互影响降低了并购方和目标方企业决定进行并购的信号点,即 $\widetilde{\theta}_A$ 与 $\widetilde{\theta}_B$。表明并购双方资源相似性和资源互补性通过交互作用,提升了并购双方企业的并购意愿,以及将提升并购发生的可能性。

命题 1-5: $\dfrac{\partial \lambda(\theta_A)}{\partial k \partial d}>0, \dfrac{\partial w(\theta_B)}{\partial k \partial d}>0$。

命题 1-5 表明,并购双方资源相似性和资源互补性的交互作用对并购整合发生和目标方获得自主性的概率均具有正向影响。双方资源相似性和资源互补性通过交互作用,提升了并购整合发生的概率,提升了并购的整合程度;相应地,在资源相似性和资源互补性的交互作用下,并购方将给予目标方企业更高的自主性水平。

四、技术创新阶段建模

本节主要探讨并购整合之后的技术创新产出行为。本章中,技术创新的发生需要建立在并购整合的基础之上,而整合需要并购双方的努力,所以我们认为并购后的技术创新生产需要综合考虑并购方和目标方的资源约束条件。本章假设收购方生产创新产品需要两种资源投入:第一,从目标方处获得的有效整合的资源;第二,收购方企业原有的资源禀赋。假定创新产品的产出 Y 具有不变替代弹性(Constant Elasticity of Substitution,CES)生产函数形式。考虑双方资源约束,求解如下最优化问题:

$$Y = \pi^{sA}[\delta_1(R^A)^{-\rho} + \delta_2(\bar{R}^B)^{-\rho}]^{-\frac{1}{\rho}} \quad (1-19)$$

$$s.t. \ P_A R^A + P_B I R^B \leq W^A$$

$$P_B w R^B \leq W^B$$

其中 π^{sA} 为 A 企业的基础生产力水平,R^A 为生产中所投入的自身禀赋水平,$\bar{R}^B$ 为收购方企业能有效利用的并购整合资源量。这里令 $\bar{R}^B = I(1-w)R^B$,利用整合的概率并去除整合资源中具有目标方自主性的部分,得到收购方企业能够有效利用的整合资源数量 $\bar{R}^B$。P_A, P_B 代表并购发生之后,资源 A 和资源 B 的平均市场价格,W^A, W^B 分别代表并购后企业 A 和企业 B 生产过程中的现金约束量。$P_A, P_B, W^A, W^B > 0$。并购发生后,企业 B 对其依旧具有自主性的资源部分进行生产;企业 A 对原有资源禀赋 A 和并购整合后的资源量 IR^B 进行生产,这里 I 代表整合程度,w 代表目标方自主性水平,$I, w \in (0,1)$。δ_1, δ_2 为分配系数,$0 < \delta_1, \delta_2 < 1$,并且满足 $\delta_1 + \delta_2 = 1$;ρ 为替代参数,$-1 < \rho < \infty$。

利用拉格朗日方法求解,其中 μ_1, μ_2 为拉格朗日乘子,由于其与资源现金水平减生产成本的形式相乘,考虑其经济含义两个乘子均为正值。构建拉格朗日方程,得到式(1-20):

$$L = \pi^{sA}[\delta_1(R^A)^{-\rho} + \delta_2(\bar{R}^B)^{-\rho}]^{-\frac{1}{\rho}} + \mu_1(W^A - P_A R^A - P_B I R^B) + \mu_2(W^B - P_B w R^B)$$
$$(1-20)$$

分别对 R^A, R^B 求一阶条件,得到:

$$\frac{\partial L}{\partial R^A} = -\frac{1}{\rho}\pi^{sA}(M_1)^{-\frac{1}{\rho}-1}[-\rho\delta_1(R^A)^{-\rho-1}] - \mu_1 P_A = 0 \quad (1-21)$$

$$\frac{\partial L}{\partial R^B} = -\frac{1}{\rho}\pi^{sA}(M_1)^{-\frac{1}{\rho}-1}[-\rho\delta_2(\bar{R}^B)^{-\rho-1}I(1-w)] - (\mu_1 P_B I + \mu_2 P_B w) = 0$$
$$(1-22)$$

其中 $M_1 = \delta_1(R^A)^{-\rho} + \delta_2(\bar{R}^B)^{-\rho}$,$\frac{\partial L}{\partial \mu_1} = 0, \frac{\partial L}{\partial \mu_2} = 0$。将式(1-21)、式(1-22)相除,得到:

$$\frac{\delta_1}{\delta_2 I(1-w)}\left(\frac{R^A}{\bar{R}^B}\right)^{-\rho-1} = \frac{\mu_1}{\mu_1 I + \mu_2 w}\frac{P_A}{P_B} \quad (1-23)$$

均衡中,资源约束是紧的,对企业 A 的资源约束进行变化,得到 $R^A = \frac{W^A - P_B I R^B}{P_A}$,将 $\bar{R}^B$ 写为 $\bar{R}^B = I(1-w)R^B$ 形式,代入不变替代弹性(CES)生产函数中,得到以整合程度表示的创新生产函数:

$$Y = \pi^{sA} \left[\delta_1 \left(\frac{W^A - P_B I R^B}{P_A} \right)^{-\rho} + \delta_2 (I(1-w)R^B)^{-\rho} \right]^{-\frac{1}{\rho}} \quad (1-24)$$

对式(1-24)整合程度求偏导数,得到:

$$\frac{\partial Y}{\partial I} = -\frac{1}{\rho} \pi^{sA} (M_1)^{-\frac{1}{\rho}-1} \left\{ [-\rho \delta_1 (R^A)^{-\rho-1}] \left(-\frac{P_B}{P_A} R^B \right) - \rho \delta_2 (\bar{R}^B)^{-\rho-1}(1-w)R^B \right\} \quad (1-25)$$

对式(1-25)右侧提取公因式 $-\rho (\bar{R}^B)^{-\rho-1} R^B$,经过整理得到:

$$\frac{\partial Y}{\partial I} = (\bar{R}^B)^{-\rho-1} \pi^{sA} (M_1)^{-\frac{1}{\rho}-1} R^B \left[\delta_1 \left(\frac{R^A}{\bar{R}^B} \right)^{-\rho-1} \left(-\frac{P_B}{P_A} \right) + \delta_2 (1-w) \right] \quad (1-26)$$

将式(1-23)代入式(1-26)得到:

$$\frac{\partial Y}{\partial I} = (\bar{R}^B)^{-\rho-1} \pi^{sA} (M_1)^{-\frac{1}{\rho}-1} R^B \left[\delta_2 (1-w) \left(1 - \frac{\mu_1 I}{\mu_1 I + \mu_2 w} \right) \right] \quad (1-27)$$

$I, w \in (0, 1)$,$\mu_1, \mu_2 > 0$,易知 $\frac{\partial Y}{\partial I} > 0$。因此,我们得到以下命题:

命题 1-6:$\frac{\partial Y}{\partial I} > 0$,海外并购双方整合程度与技术创新产出呈正相关。

在分析完海外并购整合对技术创新产出的影响之后,我们进而分析海外并购整合对技术创新增速的影响。在不变替代弹性(CES)函数中,投入资源之间的要素替代弹性 $\sigma = \frac{1}{1+\rho}$,$\sigma > 0$,其经济意义为收购方企业自身资源禀赋对整合的目标方资源在创新生产中的替代能力。

对式(1-19)在 $\rho = 0$ 处进行二阶泰勒展开,得到下式:

$$\frac{Y}{Y} = \frac{\pi^{sA}}{\pi^{sA}} + \delta_1 \frac{R^A}{R^A} + \delta_2 \frac{R^B}{R^B} - 0.5 \rho \delta_1 \delta_2 \left[\ln \left(\frac{R^A}{R^B} \right) \right]^2 + 0 \quad (1-28)$$

根据式(1-28),海外并购中目标方资源整合对收购方企业创新产出增速的影响主要来自两方面:第一,$\delta_2 \frac{R^B}{R^B}$,即有效整合资源的影响;第二,$-0.5 \rho \delta_1 \delta_2$

$\left[\ln\left(\frac{R^A}{\overline{R}^B}\right)\right]^2$,即资源替代弹性与资源势差的交互作用。这里定义资源势差为$|R^A-\overline{R}^B|$。

首先,对有效整合的创新增速进行比较静态分析。$\overline{R}^B=I(1-w)R^B$,$\frac{\partial \overline{R}^B}{\partial k}=\frac{\partial I}{\partial k}[1-w(\theta_B)]-I\frac{\partial w(\theta_B)}{\partial k}$,根据前文结论,易知$\frac{\partial \overline{R}^B}{\partial k}>0$。对资源互补性d求偏导,得到$\frac{\partial \overline{R}^B}{\partial d}=\frac{\partial I}{\partial d}[1-w(\theta_B)]-I\frac{\partial w(\theta_B)}{\partial d}<0$,即海外并购双方资源相似性越大,资源互补性越低,越有利于收购方对并购资源整合的有效利用。另外,创新产品生产中,对并购整合资源$\overline{R}^B$的使用比例越大,即不变替代弹性(CES)生产函数中δ_2越高,并购整合对创新增速的贡献越为明显。

其次,分析资源替代弹性与资源势差的交互影响。这里从三种不同的资源相似性、资源互补性并购组合入手。

(一)资源相似性高,资源互补性低

在此种情况中,并购双方的资源相似性较大,功能相似的资源比例很大,而互补性低,表明两者之间的协同依赖较低。由此,收购方的自身资源对并购资源的替代能力较强,$\sigma>1$,即$\rho>0$。此时,替代弹性与资源势差对创新增速的交互影响效应为负向。创新增速的影响还取决于$\left|\ln\left(\frac{R^A}{\overline{R}^B}\right)\right|$的大小。根据$\ln(.)$函数的性质,易知在资源势差较大时,$\left|\ln\left(\frac{R^A}{\overline{R}^B}\right)\right|$值越大,并且若给定资源势差的情况下,$R^A<\overline{R}^B$时,$\ln\left(\frac{R^A}{\overline{R}^B}\right)$的取值更大,这一负向影响越大。所以在资源相似性高,资源互补性低的并购组合中,两者资源势差越大,越不利于创新增速。

(二)资源相似性低,资源互补性高

此种情况与上面的分析相反,并购创新更多地依托于不同资源之间的协同合作,所以资源之间的替代能力较低,$\sigma<1$,即$-1<\rho<0$。此时替代弹性与资源势差对创新的增速影响效应为正向。类似上文分析,易知在资源势差较大时,$\left|\ln\left(\frac{R^A}{\overline{R}^B}\right)\right|$的值越大,且给定资源势差的情况下,$R^A<\overline{R}^B$时,$\ln\left(\frac{R^A}{\overline{R}^B}\right)$的取值更大,

这一正向影响越大。故在资源相似性低,资源互补性高的并购组合中,两者资源势差越大,越利于创新增速。而在资源势差趋向于零时,交互作用对创新增速的作用几近消失,不利于创新的增速。此种情况中,具有一定资源势差,将提升创新的增速。

(三)资源相似性高,资源互补性高

此种情况中资源之间的相似替代与互补差异对协同的影响势均力敌。两者之间的替代能力适中,即 $\sigma \to 1, \rho \approx 0$。此时替代弹性与资源势差的交互影响作用趋近于0,创新增速的影响主要来自对并购整合资源的有效利用能力。

表1-1给出了对于以上三种组合创新增速的分析效应。其中,+号表示正向影响,-号为负向影响。交互作用为资源替代弹性与资源势差的交互作用。

表1-1 不同资源基础组合下创新增速分析

分组	整合程度	有效整合效应	交互作用	最佳资源势差	综合创新增速
高相似、低互补	高	++	-	$R^A = \bar{R}^B$	中高
低相似、高互补	低	--	+	$R^A < \bar{R}^B$	低
高相似、高互补	中	+-	0	/	高

五、数值模拟

(一)数值模拟参数设置

首先对于全局博弈模型进行数值模拟的参数构建。

对于企业单位化生产力水平 π^{sA} 和 π^{sB},以及资源基础 R^A 和 R^B,鉴于本章刻画的新兴市场海外并购中,收购方企业的生产力水平相对于目标方企业具有劣势,故我们考察 $\pi^{sA} < \pi^{sB}$ 以及 $R^A < R^B$ 的情况。这里设定 $\pi^{sA} = 0.5, \pi^{sB} = 1; R^A = 1 > R^B = 2$。

信号参数设定如下:对于公共信号的均值,这里设定 $y = 1$;对于公共信号噪声 a 以及私人信号噪声 b 参数构建如下:基于现有文献(Morris and Shin,2003),其中对于公共信号噪声的参数设定范围为0.2至1的常数,文本选择公共信号噪声为 $\frac{1}{a} = 0.25$,即 $a = 4$。根据私人信号噪声设定,联系均衡解唯一性条件 π^{sB}

$R^B < \frac{\sqrt{2b\pi}}{a}$,设定 b=16。

企业资源属性中,根据本章模型的设定,资源相似性取值 $k \in (0,1]$,根据(Banal-Estanol and Seldeslachts,2011) $d \in (2,4]$ 设定,以及考虑资源相似性波动区间,本章数值模拟中将资源互补性取值设定为 $d \in (2,3)$。

模型中各种成本项 t,e,r,C,K 均取值为 1;整合收益 V=4;市场资源互补性 M=5。

其次构建技术创新生产函数的参数设置。

为了检验生产函数中有效整合占比 δ_2 越高,并购整合对创新增速的贡献越为明显,这里选择三组 δ_1, δ_2 的值:$\delta_1, \delta_2 \in \{(0.8,0.2),(0.5,0.5),(0.2,0.8)\}$。

对应于三组不同资源相似性、资源互补性组合下的替代弹性,选择 $\rho=0.5$,$\rho=-0.5$ 以及 $\rho=0.01$ 对应于高相似、低互补,低相似、高互补,高相似、高互补三种资源组合。

(二)数值模拟结果

在公共信息服从正态分布 N(1,0.25) 情况下,计算得到收购方企业进行收购决策的转化点 $\widetilde{\theta}_A = 0.4886$,目标方企业进行收购决策的转化点 $\widetilde{\theta}_B = 1$;即收购方企业在预估其并购后创新产出高于 0.4886 的时候即会提出并购邀约,有并购的动机;但是相对而言,目标方企业在接受并购邀约时更加谨慎。

进一步重点关注企业投入并购整合努力转化点 $\widetilde{x}_A, \widetilde{x}_B$ 的情况。表 1-2 和表 1-3 分别报告了伴随资源相似性和资源互补性变动,并购双方企业进行海外并购整合决策转化点、目标方自主性概率以及有效整合资源的数值。

表 1-2 数值模拟结果——伴随资源相似性波动

k	$\widetilde{x}_A$	$\widetilde{x}_B$	$w(\theta_B)$	$\overline{R}^B$
		d=2.25		
0.05	-0.576750	0.787500	0.802337	1.604659
0.15	-0.108000	0.796875	0.791748	1.570024
0.25	-0.014250	0.806250	0.780830	1.527083

续表

k	\~x_A	\~x_B	w(θ_B)	R̄^B
\multicolumn{5}{c}{d = 2.25}
0.35	0.0482500	0.818750	0.765774	1.471687
0.45	0.1107500	0.818750	0.765774	1.431472
0.55	0.126375	0.821875	0.761922	1.411564
0.65	0.157625	0.825000	0.758036	1.375429
0.75	0.188875	0.828125	0.754116	1.334358
0.85	0.220125	0.831250	0.750162	1.288128
0.95	0.235750	0.840625	0.738100	1.246043
1	0.251375	0.850000	0.725747	1.202801

观察表1-2,伴随资源相似性的增长,收购方企业并购整合决策转化点值不断升高,即表明在双方企业资源相似性较高时,只有在预期并购后具有更高的创新产出时才会投入整合努力。目标方选择进行整合努力需要更高的预期创新收益值。另外,目标方自主性伴随资源相似性的提升而不断降低;有效整合资源水平亦不断降低,这表明由于相似性资源所导致的资源重叠,在收购方进行资源整合后对于创新产出的作用不明显,资源相似性水平越高,这种资源重叠在并购整合过程中越不利于技术创新的产出。

表1-3 数值模拟结果——伴随资源互补性波动

d	$\tilde{x}_A$	$\tilde{x}_B$	w(θ_B)	R̄^B
\multicolumn{5}{c}{k = 0.15}
2.1	-0.076750	0.831250	0.750162	1.247145
2.2	-0.108000	0.818750	0.765774	1.253955
2.3	-0.139250	0.806250	0.780830	1.259089
2.4	-0.170500	0.793750	0.795314	1.262561
2.5	-0.201750	0.787500	0.802337	1.263681
2.6	-0.264250	0.781250	0.809213	1.264395

观察表1-3,伴随资源互补性的增长,收购方企业并购整合决策转化点值

不断降低,即表明伴随资源互补性的提升,双方企业越发地关注于如何更好地进行对于互补性资源的整合努力。另外,目标方自主性伴随资源互补性的提升而不断提升;有效整合资源水平亦不断提升,这表明由于互补性资源的潜在协同价值创造,资源互补性水平越高,这种潜在协同效应越能够通过并购整合作用于技术创新产出。

图1-2报告了基于数值模拟结果的收购方资源有效整合对技术创新产出的影响。如图1-2,伴随资源有效整合水平的提升,企业的技术创新产出不断上升,支持了命题1-6。进一步,图1-2为我们提供了分析创新总产出的视角,其中$\rho=0.5$所代表的高相似、低互补并购组合并购整合对于技术创新产出的影响最低;$\rho=-0.5$代表的低相似、高互补并购组合并购整合对于技术创新产出的作用适中;而$\rho=0.01$对应的高相似、高互补并购组合并购整合对于技术创新产出的作用最明显,与表1-4中技术创新增速的结果相一致。

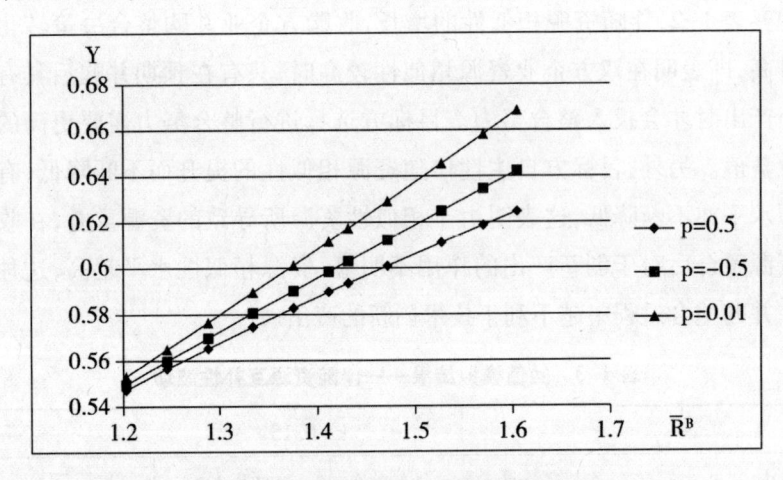

图1-2 不同资源组合下技术创新产出

表1-4给出了有效资源整合在收购方企业技术创新产出中不同占比对技术创新产出的影响。伴随收购方企业利用有效整合资源投入技术创新生产能力的提升($\delta_2=0.2,0.5,0.8$),在δ_2最大的组,其技术创新产出水平最高。

表 1-4 数值模拟结果——不同有效整合占比

d=2.25	(δ_1,δ_2)		
k	(0.8,0.2)	(0.5,0.5)	(0.2,0.8)
0.05	0.544934	0.624604	0.723114
0.15	0.542969	0.618602	0.711214
0.25	0.540456	0.611006	0.696329
0.35	0.537080	0.600940	0.676906
0.45	0.534529	0.593436	0.662645
0.55	0.533233	0.589657	0.655534
0.65	0.530822	0.582685	0.642538
0.75	0.527984	0.574579	0.627626
0.85	0.524658	0.565211	0.610654
0.95	0.521500	0.556447	0.595028
1	0.518116	0.547194	0.578791

六、命题与引理证明

(一)命题 1-1 的证明

构建函数：

$$h(\tilde{\theta}_A) = \tilde{\theta}_A - C - K - \pi^{sA}R^A + \pi^{sA}R^B$$
$$- \pi^{sA}R^B \Phi \left\{ a\sqrt{\frac{1}{b}}(\tilde{\theta}_A - y) - \sqrt{1+\frac{a}{b}}\Phi^{-1}\left[1-\frac{V}{d(V+kr-dt)}\right] \right\}$$

等式对 $\tilde{\theta}_A$ 求偏导数，得到：

$$\frac{\partial h(\tilde{\theta}_A)}{\partial \tilde{\theta}_A} = 1 - \pi^{sA}R^B \frac{a}{\sqrt{b}}\emptyset(z1) \qquad (1-29)$$

其中，$z1 = a\sqrt{\frac{1}{b}}(\tilde{\theta}_A - y) - \sqrt{1+\frac{a}{b}}\Phi^{-1}\left[1-\frac{V}{d(V+kr-dt)}\right]$，$\emptyset$ 为正态分布密度函数。$\emptyset(z1) \leq \frac{1}{\sqrt{2\pi}}$ 恒成立，所以当 $\pi^{sA}R^B < \frac{\sqrt{2b\pi}}{a}$，$\frac{\partial h(\tilde{\theta}_A)}{\partial \tilde{\theta}_A} > 0$ 恒成立，即存在唯

一解。

同理,构造关于$\tilde{\theta}_B$的函数:

$$g(\tilde{\theta}_B) = \tilde{\theta}_B + K - \pi^{sB}R^B\Phi\left\{a\sqrt{\frac{1}{b}}(\tilde{\theta}_B - y) - \sqrt{1+\frac{a}{b}}\Phi^{-1}\left[1 - \frac{V}{d(V-ke-dt+Mt)}\right]\right\}$$

$$z11 = a\sqrt{\frac{1}{b}}(\tilde{\theta}_B - y) - \sqrt{1+\frac{a}{b}}\Phi^{-1}\left[1 - \frac{V}{d(V-ke-dt+Mt)}\right]$$

$$\frac{\partial g(\tilde{\theta}_B)}{\partial \tilde{\theta}_B} = 1 - \pi^{sB}R^B\frac{a}{\sqrt{b}}\emptyset(z11) \qquad (1-30)$$

所以当$\pi^{sB}R^B < \frac{\sqrt{2b\pi}}{a}$,$\frac{\partial g(\tilde{\theta}_B)}{\partial \tilde{\theta}_B} > 0$恒成立。因为在海外并购中,企业 A 的生产力水平低于企业 B,故$\pi^{sB} > \pi^{sA}$,所以当$\pi^{sB}R^B < \frac{\sqrt{2b\pi}}{a}$,一定有$\pi^{sA}R^B < \frac{\sqrt{2b\pi}}{a}$。

综上所述,当$\pi^{sB}R^B < \frac{\sqrt{2b\pi}}{a}$,企业 A 和企业 B 的相关均衡存在唯一解。

对式(1-11)、式(1-18)分别对 k 和 d 求偏导数,经整理可得:

$$\frac{\partial \tilde{\theta}_A}{\partial k} = -\frac{\pi^{sA}R^B\emptyset(z1)\sqrt{1+\frac{a}{b}}\frac{1}{\emptyset[\Phi^{-1}(z2)]}\frac{Vdr}{[d(V+kr-dt)]^2}}{1 - \pi^{sA}R^B\frac{a}{\sqrt{b}}\emptyset(z1)} \qquad (1-31)$$

其中$z2 = 1 - \frac{V}{d(V+kr-dt)}$,当$\pi^{sA}R^B < \frac{\sqrt{2b\pi}}{a}$时,$\frac{\partial \tilde{\theta}_A}{\partial k} < 0$。

$$\frac{\partial \tilde{\theta}_A}{\partial d} = -\frac{\pi^{sA}R^B\emptyset(z1)\sqrt{1+\frac{a}{b}}\frac{1}{\emptyset[\Phi^{-1}(z2)]}\frac{V(V+kr-2dt)}{[d(V+kr-dt)]^2}}{1 - \pi^{sA}R^B\frac{a}{\sqrt{b}}\emptyset(z1)} \qquad (1-32)$$

因为$V+kr-2dt<0$,当$\pi^{sA}R^B < \frac{\sqrt{2b\pi}}{a}$时,$\frac{\partial \tilde{\theta}_A}{\partial d} > 0$。

$$\tilde{\theta}_B = -K + \pi^{sB}R^B\Phi\left\{a\sqrt{\frac{1}{b}}(\tilde{\theta}_B - y) - \sqrt{1+\frac{a}{b}}\Phi^{-1}\left[1 - \frac{V}{d(V-ke-dt+Mt)}\right]\right\}$$

$$\frac{\partial \tilde{\theta}_B}{\partial k} = -\frac{\pi^{sB} R^B \emptyset(z11) \sqrt{1+\frac{a}{b}} \frac{1}{\emptyset[\Phi^{-1}(z22)]} \frac{-Vde}{[d(V-ke-dt+Mt)]^2}}{1-\pi^{sB} R^B \frac{a}{\sqrt{b}} \emptyset(z11)} \quad (1-33)$$

此处，$z11 = a\sqrt{\frac{1}{b}}(\tilde{\theta}_B - y) - \sqrt{1+\frac{a}{b}}\Phi^{-1}\left[1-\frac{V}{d(V-ke-dt+Mt)}\right]$，$z22 = 1-\frac{V}{d(V-ke-dt+Mt)}$

$$\frac{\partial \tilde{\theta}_B}{\partial d} = -\frac{\pi^{sB} R^B \emptyset(z11) \sqrt{1+\frac{a}{b}} \frac{1}{\emptyset[\Phi^{-1}(z22)]} \frac{V[V-ke+2(M-d)t]}{[d(V-ke-dt+Mt)]^2}}{1-\pi^{sB} R^B \frac{a}{\sqrt{b}} \emptyset(z11)} \quad (1-34)$$

因此 $\frac{\partial \tilde{\theta}_B}{\partial k} > 0$。因为采用整合努力的整合收益 $V-ke-dt+Mt > \frac{V}{d} > 0, M > d$，故 $V-ke+2(M-d)t > 0$。所以 $\frac{\partial \tilde{\theta}_B}{\partial d} < 0$。

(二) 引理 1-1 的证明

由式 (1-7) 和式 (1-10) 可得:

$$\frac{\partial \lambda(\theta_A)}{\partial k} = -\emptyset(z1)\left\{\frac{a+b}{\sqrt{b}}\frac{\partial \tilde{\theta}_A}{\partial k} - \sqrt{1+\frac{a}{b}}\frac{1}{\emptyset[\Phi^{-1}(z2)]}\frac{Vdr}{[d(V+kr-dt)]^2}\right\}$$

$$(1-35)$$

大括号内第一项为负，第二项为正，所以 $\frac{\partial \lambda(\theta_A)}{\partial k} > 0$。

$$\frac{\partial \lambda(\theta_A)}{\partial d} = -\emptyset(z1)\left\{\frac{a+b}{\sqrt{b}}\frac{\partial \tilde{\theta}_A}{\partial d} - \sqrt{1+\frac{a}{b}}\frac{1}{\emptyset[\Phi^{-1}(z2)]}\frac{V(V+kr-2dt)}{[d(V+kr-dt)]^2}\right\}$$

$$(1-36)$$

中括号内第一项为正，第二项为负，所以 $\frac{\partial \lambda(\theta_A)}{\partial d} < 0$。

(三) 命题 1-2 的证明

整合程度 I 为关于 θ 和资源基础的复合函数。

$$\frac{\partial I}{\partial \theta} = \frac{\partial (\int_0^{\theta_A} \lambda(\theta_A) d\theta_A)}{\partial \theta_A} = \lambda(\theta_A) \quad (1\text{-}37)$$

因此,$\frac{\partial I}{\partial k} = \frac{\partial(\frac{\partial I}{\partial \theta})}{\partial k} = \frac{\partial \lambda(\theta_A)}{\partial k} > 0, \frac{\partial I}{\partial d} = \frac{\partial(\frac{\partial I}{\partial \theta})}{\partial d} = \frac{\partial \lambda(\theta_A)}{\partial d} < 0$。

(四)命题 1-3 的证明

$$\frac{\partial w(\theta_B)}{\partial k} = -\emptyset(z11) \left\{ \begin{array}{l} \frac{a+b \partial \tilde{\theta}_B}{\sqrt{b}} \frac{\partial k}{\partial k} \\ -\sqrt{1+\frac{a}{b}} \frac{1}{\emptyset[\Phi^{-1}(z22)]} \frac{-Vde}{[d(V-ke-dt+Mt)]^2} \end{array} \right\}$$

$$(1\text{-}38)$$

由前文分析,得到 $\frac{\partial w(\theta_B)}{\partial k} < 0$。由于 $\frac{\partial \tilde{\theta}_B}{\partial k} > 0$,

$$\frac{\partial w(\theta_B)}{\partial d} = -\emptyset(z11) \left\{ \frac{a+b \partial \tilde{\theta}_B}{\sqrt{b}} \frac{\partial \tilde{\theta}_B}{\partial d} - \sqrt{1+\frac{a}{b}} \frac{1}{\emptyset[\Phi^{-1}(z22)]} \frac{V(V-ke-2dt+2Mt)}{[d(V-ke-dt+Mt)]^2} \right\}$$

$$(1\text{-}39)$$

由于 $V-ke+2(M-d)t > 0, \frac{\partial \tilde{\theta}_B}{\partial d} < 0$,所以 $\frac{\partial w(\theta_B)}{\partial d} > 0$。

(五)命题 1-4 的证明

由于 $\frac{\partial \tilde{\theta}_A}{\partial k} = -\frac{\pi^{sA} R^B \emptyset(z1) \sqrt{1+\frac{a}{b}} \frac{1}{\emptyset[\Phi^{-1}(z2)]} \frac{Vdr}{[d(V+kr-dt)]^2}}{1-\pi^{sA} R^B \frac{a}{\sqrt{b}} \emptyset(z1)}$,再将此式对 d

求偏导,为了简便,记分子为 u,分母为 v。

由前面的设定可知,$\frac{\partial z2}{\partial k} = \frac{Vr}{d(V+kr-dt)^2} > 0, \frac{\partial z2}{\partial d} = \frac{V(V+kr-2dt)}{[d(V+kr-dt)]^2} < 0, \frac{\partial z1}{\partial d} = a$

$\sqrt{\frac{1}{b}} \frac{\partial \tilde{\theta}_A}{\partial d} - \sqrt{1+\frac{a}{b}} \frac{1}{\emptyset[\Phi^{-1}(z2)]} \frac{\partial z2}{\partial d} > 0$,

$$\frac{\partial \widetilde{\theta}_A}{\partial k \partial d} = -\left\{\begin{array}{l} \pi^{sA} R^B \varnothing'(z1) \frac{\partial z1}{\partial d} \sqrt{1+\frac{a}{b}} \frac{1}{\varnothing[\Phi^{-1}(z2)]} \frac{\partial z2}{\partial k} + \\ \pi^{sA} R^B \varnothing(z1) \sqrt{1+\frac{a}{b}} \left[-\frac{1}{\{\varnothing[\Phi^{-1}(z2)]\}^2}\right] \\ \varnothing'[\Phi^{-1}(z2)] \frac{1}{\varnothing[\Phi^{-1}(z2)]} \frac{\partial z2}{\partial d} \frac{\partial z2}{\partial k} + \\ \pi^{sA} R^B \varnothing(z1) \sqrt{1+\frac{a}{b}} \frac{1}{\varnothing[\Phi^{-1}(z2)]} \frac{\partial \left(\frac{\partial z2}{\partial k}\right)}{\partial d} \\ v - u\left(-\pi^{sA} R^B \varnothing'(z1) \frac{\partial z1}{\partial d} \sqrt{1+\frac{a}{b}}\right) \end{array}\right\} / v^2 \quad (1\text{-}40)$$

当 y 足够大时(即对并购未来产生技术创新具有较乐观的预测),$z1<0$,$\varnothing'(z1)>0$,由前文设定可知,$z2 \in (0,0.5)$,$\Phi^{-1}(z2)<0$,$\varnothing'[\Phi^{-1}(z2)]>0$。

$$\frac{\partial \left(\frac{\partial z2}{\partial k}\right)}{\partial d} = -\frac{Vr[(V+kr-dt)^2 - 2dt(V+kr-dt)]}{[d(V+kr-dt)]^2} = -\frac{Vr[(V+kr-3dt)]}{d^2(V+kr-dt)^3} > 0, 因此,$$

式(1-40)第一、二、三项为正,减负的第四项最终得到 $\frac{\partial \widetilde{\theta}_A}{\partial k \partial d} < 0$。

对 $\widetilde{\theta}_B$ 同理,首先根据设定得到,$\frac{\partial z22}{\partial k} = \frac{-Ve}{d(V-ke-dt+Mt)^2} < 0$,$\frac{\partial z22}{\partial d} > 0$,$\frac{\partial z11}{\partial d} = a$

$\sqrt{\frac{1}{b}} \frac{\partial \widetilde{\theta}_B}{\partial d} - \sqrt{1+\frac{a}{b}} \frac{1}{\varnothing[\Phi^{-1}(z22)]} \frac{\partial z22}{\partial d} < 0$。以上三个偏导函数值与 $\widetilde{\theta}_A$ 的情况相比符号均发生改变。

$$\frac{\partial \widetilde{\theta}_B}{\partial k \partial d} = -\left\{ \begin{array}{l} \pi^{sA}R^B\varnothing'(z11)\dfrac{\partial z11}{\partial d}\sqrt{1+\dfrac{a}{b}}\dfrac{1}{\varnothing[\Phi^{-1}(z22)]}\dfrac{\partial z22}{\partial k}+ \\[8pt] \pi^{sA}R^B\varnothing(z11)\sqrt{1+\dfrac{a}{b}}\left[-\dfrac{1}{\{\varnothing[\Phi^{-1}(z22)]\}^2}\right] \\[8pt] \varnothing'[\Phi^{-1}(z22)]\dfrac{1}{\varnothing[\Phi^{-1}(z22)]}\dfrac{\partial z22}{\partial d}\dfrac{\partial z22}{\partial k}+\pi^{sA}R^B\varnothing(z11) \\[8pt] \sqrt{1+\dfrac{a}{b}}\dfrac{1}{\varnothing[\Phi^{-1}(z22)]}\dfrac{\partial\left(\dfrac{\partial z22}{\partial k}\right)}{\partial d} \\[8pt] v-u\left(-\pi^{sA}R^B\varnothing'(z11)\dfrac{\partial z11}{\partial d}\sqrt{1+\dfrac{a}{b}}\right) \end{array} \right\}/v^2$$

(1-41)

同理，当 y 足够大时，z11<0，$\varnothing'(z11)>0$，由前文设定可知，$z22 \in (0,0.5)$，$\Phi^{-1}(z22)<0$，$\varnothing'[\Phi^{-1}(z22)]>0$。$\dfrac{\partial\left(\dfrac{\partial z22}{\partial k}\right)}{\partial d}=-\dfrac{Ve[(V-kr-3dt+3Mt)]}{d^2(V-ke-dt+Mt)^3}>0$。通过观察计算各项，得到 $\dfrac{\partial \widetilde{\theta}_B}{\partial k \partial d}<0$。

（六）命题 1-5 的证明

$$\frac{\partial \lambda(\theta_A)}{\partial k \partial d} = -\varnothing'(z1)\frac{\partial z1}{\partial d}\left\{\frac{a+b\widetilde{\theta}_A}{\sqrt{b}}\frac{\partial}{\partial k} - \sqrt{1+\frac{a}{b}}\frac{1}{\varnothing[\Phi^{-1}(z2)]}\frac{\partial z2}{\partial k}\right\}$$

$$-\varnothing(z1)\left\{ \begin{array}{l} \dfrac{a+b}{\sqrt{b}}\dfrac{\partial \widetilde{\theta}_A}{\partial k \partial d}-\sqrt{1+\dfrac{a}{b}}\left[-\dfrac{1}{\{\varnothing[\Phi^{-1}(z2)]\}^2}\right] \\[8pt] \varnothing'[\Phi^{-1}(z2)]\dfrac{1}{\varnothing[\Phi^{-1}(z2)]}\dfrac{\partial z2}{\partial d}\dfrac{\partial z2}{\partial k} \\[8pt] -\sqrt{1+\dfrac{a}{b}}\dfrac{1}{\varnothing[\Phi^{-1}(z2)]}\dfrac{\partial\left(\dfrac{\partial z2}{\partial k}\right)}{\partial d} \end{array} \right\} \quad (1-42)$$

通过分析发现式（1-42）第一项为正，第二个大括号内第一项为负，后两项均为正，经过计算 $\dfrac{\partial \lambda(\theta_A)}{\partial k \partial d}>0$。

$$\frac{\partial w(\theta_B)}{\partial k \partial d} = -\varnothing'(z11) \frac{\partial z11}{\partial d} \left\{ \frac{a+b}{\sqrt{b}} \frac{\partial \widetilde{\theta}_B}{\partial k} - \sqrt{1+\frac{a}{b}} \frac{1}{\varnothing[\Phi^{-1}(z22)]} \frac{\partial z22}{\partial k} \right\}$$

$$-\varnothing(z11) \left\{ \begin{array}{l} \frac{a+b}{\sqrt{b}} \frac{\partial \widetilde{\theta}_B}{\partial k \partial d} - \sqrt{1+\frac{a}{b}} \left[-\frac{1}{\{\varnothing[\Phi^{-1}(z22)]\}^2} \right. \\ \left. \varnothing'[\Phi^{-1}(z22)] \frac{1}{\varnothing[\Phi^{-1}(z22)]} \frac{\partial z22}{\partial d} \frac{\partial z22}{\partial k} \right] \\ -\sqrt{1+\frac{a}{b}} \frac{1}{\varnothing[\Phi^{-1}(z22)]} \frac{\partial \left(\frac{\partial z22}{\partial k} \right)}{\partial d} \end{array} \right\} \quad (1-43)$$

同理,可得 $\frac{\partial w(\theta_B)}{\partial k \partial d} > 0$。

第三节 基于创新网络的浙江制造企业海外并购整合提升创新能力的数理模型

一、模型基本框架

本节旨在创新网络背景下,研究并购方如何选择恰当的整合策略,提升在全球创新网络中的位置进而向本土产业进行创新溢出。本节基于海普曼和克鲁格曼(Helpman amd Krugman,1985)的垄断竞争模型①,构建一体化的全球垄断竞争市场。企业产品存在差别②(Melitz,2003),其代表性消费者对差异化产品的需求用不变替代弹性(CES)效用函数表示:

$$U = \left[\int_0^\Omega q_j^\rho dj \right]^{\frac{1}{\rho}} \quad (1-44)$$

---

① HELPMAN E, KRUGMAN P R. Market structure and foreign trade: Increasing returns, imperfect competition, and the international economy[M]. Cambridge, MA, USA: MIT Press, 1985:151-167.

② 即 Ω 个企业生产 Ω 种差异化产品种类。参照 MELITZ M J. The impact of trade on intra-industry reallocations and aggregate industry productivity[J]. Econometrica,2003,71(6):1695-1725.

$\rho \in (0,1)$ 是 CES 效用方程中的替代弹性参数,定义为差异化产品的替代弹性 $\sigma = \frac{1}{1-\rho} > 1$。一体化全球市场中有 Ω 个企业参与竞争,每个企业都只生产一种差异化产品(Guadalupe,Kuzmina,and Thomas,2012),Ω 个企业生产 Ω 种差异化产品种类,并假设企业 $j \in \Omega$ 面临着需求函数 q_j,通过标准预算约束下最大化效用方程,我们可以得到对企业 j 提供的差异化产品的需求-供给(Demand-Supply,D-S)偏好需求函数(Dixit and Stiglitz,1977):

$$q_j = \frac{E}{P}\left(\frac{p_j}{P}\right)^{-\sigma} \qquad (1-45)$$

其中 E 是外生的预算约束支出水平①,$P = [\int_0^N p_j^{1-\sigma} d_j]^{\frac{1}{1-\sigma}}$ 是 CES 的产品物价指数,p_j 是企业 j 提供的差异化产品的价格。参照迪克西和斯蒂格利茨(Dixit and Stiglitz,1977),设定 $A = E\, P^{\sigma-1}$ 代表总需求水平即总市场规模,对企业 j 提供的差异化产品的需求函数可简化为 $q_j = A\, p_j^{-\sigma}$。参照梅里兹(Melitz,2003)企业生产技术用生产成本函数 TC 表示,$TC(j) = c_j q_j + F$,其中 c_j 代表企业生产的边际成本,F 代表固定成本(机器设备、厂房资本投入、全球市场的进入成本等)。所有企业具有相同的固定成本 F>0,但是不同的边际生产成本 c_j>0。在垄断竞争模型中,给定企业自身的边际成本,每个企业面临的是一条不变弹性的需求曲线,因此企业会采用利润最大化的定价策略来设定价格,其价格加成为 $\frac{\sigma}{\sigma-1} = \frac{1}{\rho}$ (Guadalupe,Kuzmina,and Thomas,2012),因此企业的定价为 $p_j = \frac{c_j}{\rho}$,$\sigma > 1$ 是差异化产品的替代弹性,各企业的利润可表示:

$$\pi_j = p_j q_j - TC(j) = A\left(\frac{1-\rho}{\rho}\right)\rho^\sigma c_j^{1-\sigma} - F \qquad (1-46)$$

边际成本 c 的刻画。本节依据戈亚尔和乔希(Goyal and Joshi,2003)的研发网络与市场竞争模型②,构建全球创新网络背景下的垄断竞争模型的边际成本函数 c。我们对创新网络进行刻画,$G = (N,R)$ 代表全球创新网络,全球创新网

---

① E 是预选约束,效用最大化问题可写作:MaxU。
② GOYAL S,JOSHI S. Networks of collaboration in oligopoly[J]. Games & Economic Behavior,2003,43(1):57-85.

络中存在 N 个企业节点，i∈N 代表全球创新网络中的企业节点，邻接矩阵 R 来存储企业间的研发合作关系，即如果两个企业 i,j 在全球创新网络中构建了研发合作关系，R(i,j)= R(j,i)= 1；反之，R(i,j)= 0，且 R(j,i)= 0。全球创新网络 G 中与 i 有直接连接的企业数量记为d_i，即为企业 i 在全球创新网络 G 中的节点度。网络连接被定义为双方达成共同投入资源进行生产成本降低型研发的协议，连接使企业在竞争中具有优势，这些研发合作连接包含了资源投入承诺能为企业降低生产成本。因此，借鉴戈亚尔和乔希(Goyal and Joshi,2003)[①]对边际成本c_i的设置，在全球网络 G 中企业 i 的边际成本是其网络连接数量的函数，且随着网络连接数量严格递减，即

$$c_i = c(d_i), c(d_i+1) < c(d_i) \tag{1-47}$$

为排除其他因素干扰，本节模型总是假设$c_i \geq 0$且假设边际成本仅与该企业 i 的技术能力与网络连接数量有关，边际成本随企业 i 的技术能力而线性递减，随企业 i 的连接数量而线性递减[②]，即

$$c_i = \gamma_0 - e_i - \gamma\, d_i \tag{1-48}$$

其中$\gamma_0 > 0$代表没有连接时的边际成本(Goyal and Joshi,2003)；$e_i > 0$反映了企业 i 自身的技术能力带来的边际成本的降低程度，沿用戈亚尔和莫拉加-冈扎莱兹(Goyal and Moraga-González,2001)的设置，e_i由企业自身研发投入所决定，研发投入越高，边际成本越低；γd_i代表了路径连接对成本的降低作用，$\gamma > 0$是每个连接带来的边际成本下降的幅度，$d_i \in [1,N-1]$为企业 i 的连接数量(节点度)。$e_i + \gamma d_i$反映了企业的生产效率，生产效率越高，边际成本越低。且为保证边际生产成本始终大于等于零，$\gamma_0 \geq e_i + \gamma d_i$。将边际成本函数(1-48)代入企业利润方程(1-46)中，可得到全球创新网络中企业参与垄断竞争的利润函数：

$$\pi_i = A\left(\frac{1-\rho}{\rho}\right)\rho^\sigma(\gamma_0 - e_i - \gamma d_i)^{1-\sigma} - F \tag{1-49}$$

全球垄断竞争市场的进入条件。本节进一步借鉴梅里兹(Melitz,2003)的

---

① 戈亚尔和乔希(Goyal and Joshi,2003)采用产品同质化(Homogenerous Product)的寡头市场设置，然而现实经济社会中较难满足企业与产品完全同质的假设，且参与市场竞争的企业数量较多，其中技术水平和网络能力强的企业更具有竞争优势。因此，本节模型应用产业组织理论，构建全球创新网络背景下的垄断竞争模型。

② 基于戈亚尔和乔希(Goyal and Joshi,2003)对生产成本的设置，边际成本c_i随企业 i 的连接数量而线性递减，以简化模型并排除其他因素干扰。

动态产业垄断竞争模型,探讨企业参与全球垄断竞争市场的进入条件。根据式(1-46)可知,$\pi(0) = -F$,且存在一个临界条件 $\pi(c^*) = 0$。当企业边际生产成本 $c_i > c^*$ 时,企业在全球市场利润为负,将选择立即退出全球市场,只有当 $c_i \leq c^*$,企业在全球市场可获得非负利润。因此,可求出全球市场进入的临界成本 c^*:

$$c^* = \left[\frac{F}{A\left(\frac{1-\rho}{\rho}\right)\rho^\sigma} \right]^{1/1-\sigma} \tag{1-50}$$

结合式(1-48),全球市场进入条件的经济学含义可进一步解释为,企业的技术效率 e_i 越低,在全球创新网络中的连接数量 d_i 越少,则该企业的边际生产成本越高,企业越难以在全球市场形成竞争优势,当 $c_i = \gamma_0 - e_i - \gamma d_i > c^*$ 时,该企业没有竞争实力参与全球竞争,只有当 $c_i \leq c^*$ 时,企业 i 才会参与全球垄断竞争,即 $\Omega \subset N$,需满足 $i \in N$ 且 $c_i \leq c^*$ 时,才有 $i \in \Omega$。

二、海外并购整合与产业技术创新刻画与均衡解

(一)基于资源相似性、互补性的技术获取型海外并购整合刻画

创新网络背景下的垄断竞争模型的基本框架下,本节对并购方的技术获取型海外并购整合行为进行刻画。记并购前收购方企业 m 在全球创新网络 G 中的连接数量为 d_h,边际生产成本为 c_h,并购方企业 m 是本土产业创新网络中具有技术优势的核心企业,因此我们设置并购方具有竞争优势进入全球市场,即 $c_h \leq c^* = \left[\frac{F}{A\left(\frac{1-\rho}{\rho}\right)\rho^\sigma} \right]^{1/1-\sigma}$。接下来,本节将刻画并购方如何通过整合改进技术效率并提升全球创新网络位置的数理机制。

并购整合通过促进并购双方企业间技术转移和优化资源配置来提升并购企业的生产效率,进而提高并购后企业的市场利润;但与此同时整合也会引起摩擦和冲突,增加一定的整合成本。借鉴奇和赛斯(Chi and Seth,2009)的企业

并购模式选择模型①,完成整合的并购企业的运营收益为$V_m = \pi_m - \varphi_m$。其中,π_m为完成整合的并购企业参与全球创新网络的市场竞争所获得的利润,φ_m代表并购整合所带来的摩擦成本。

先来考虑整合后,并购企业的市场利润。根据式(1-48),并购后企业的生产成本为$c_m = \gamma_0 - e_m - \gamma d_m$,其中$e_m$表示并购后企业的技术能力,$d_m$表示并购后企业在全球创新网络中的连接数量(节点度)。首先,模型假设并购前收购方企业的技术禀赋为e_1,目标方企业的技术禀赋为e_2,且$e_1 < e_2$。借鉴奇和赛斯(Chi and Seth,2009),并购后企业的技术能力相当于并购前双方能力的加总,$e_m = e_1 + I e_2$。我们设置并购方根据双方资源选择并购整合程度$I, I \in (0,1)$,并购双方的资源相似性为α,资源互补性为β,且$\alpha, \beta \in (0,1)$。$I e_2$代表并购方实际能够通过整合吸收利用的目标方的技术能力。资源互补性指两个公司间能够相互促进,使合并公司创造非两者组合不能创造的价值的不同资源或者不同种能力的组合(Helfat and Peteraf,2003)。资源互补性形成了技术获取型海外并购中"1+1>2"的"增长性协同效应"的重要来源,能够提升并购后企业的技术能力。因此,借鉴萨哈里夫和福尔塔(Sakhartov and Folta,2014)对协同效应因子设置②,并购企业整合后的技术能力为$\varphi(\beta) \cdot e_m$,$\varphi(\beta) > 1$为资源互补性所引致的协同效应因子,$\beta \in (0,1)$表示并购双方的资源互补性,且$\frac{\partial \varphi(\beta)}{\partial \beta} > 0$,即并购双方资源互补性越强,并购企业整合后的技术能力的协同效应越强。其次,我们设置并购方根据双方资源选择并购整合程度$I, I \in [0,1]$。并购前收购方企业m在全球创新网络G中的连接数量为d_h,并购整合改变并购后企业在全球创新网络的位置,不同的并购整合程度将导致不同的新增全球创新网络路径,并购方选择一个整合程度后,与目标方进行知识共享,提升自身的技术实力,由于网络中企业的相互依赖性,这些改变会产生更广泛的网络效应和网络结构变化(Degbey and Pelto,2013),设置整合后并购企业将在全球创新网络G中新构建θ条路径连接,$\theta \geqslant 1$,整合后并购方至少与目标方相连。并购后收购方企业在全球创新

---

① CHI T, SETH A. A dynamic model of the choice of mode for exploiting complementary capabilities[J]. Journal of International Business Studies,2009,40(3):365-387.

② SAKHARTOV A V, FOLTA T B. Resource relatedness, redeployability, and firm value[J]. Strategic Management Journal,2014,35(12):1781-1797.

网络中的总连接数量为$d_m = d_h + \theta$;同时,全球创新网络的其他企业与并购企业相连,同样会新增θ条路径连接。至此,我们代入式(1-48)中,可得到并购后企业m的边际生产成本:

$$c_m = \gamma_0 - \varphi(\beta) \cdot (e_1 + I e_2) - \gamma(d_h + \theta) \tag{1-51}$$

其中$\gamma_0 > 0$是没有网络连接时企业生产的边际成本,$\varphi(\beta) > 1$为并购双方资源互补性所引致的协同效应因子,并购前并购方自身的技术能力带来的边际成本的降低程度为e_1,并购前目标方自身的技术能力带来的边际成本的降低程度为e_2,$I \in [0,1]$为整合程度,$I e_2$代表并购方实际能够通过整合吸收利用的目标方的技术能力。$e_1 + I e_2$为并购后企业的技术能力,借鉴奇和赛斯(Chi and Seth, 2009),相当于并购前双方能力的加总。$\varphi(\beta) \cdot (e_1 + I e_2)$为并购后企业的技术能力的协同效应,借鉴萨哈罗夫和福尔塔(Sakhartov and Folta, 2014)对协同效应因子设置。$\gamma > 0$是每个连接带来的边际成本下降的幅度,d_h为并购发生前目标方在全球创新网络中的连接数量,整合发生后并购企业将选择在全球创新网络中将新构建θ条路径连接,总连接数为$d_h + \theta$。更进一步地,我们令$T = \varphi(\beta) \cdot (e_1 + I e_2) + \gamma(d_h + \theta)$为并购企业通过整合获得的技术价值,前一项代表并购双方整合发挥协同效应所带来的技术能力的提升,后一项代表并购双方整合引发的网络效应所获得的技术溢出。据此,我们代入式(1-49)可求得并购后企业m的利润方程:

$$\pi_m = A\left(\frac{1-\rho}{\rho}\right)\rho^\sigma \left[\gamma_0 - \varphi(\beta) \cdot (e_1 + I e_2) - \gamma(d_h + \theta)\right]^{1-\sigma} - F \tag{1-52}$$

接着,考虑并购整合导致的摩擦成本,本节模型采用奇和赛斯(Chi and Seth, 2009)对摩擦成本的设置。①

$$\varphi_m = f \cdot I^2 (1-\omega) |e_1 - e_2| \tag{1-53}$$

其中,f代表双方企业存在的可能损害潜在价值的摩擦倾向,资源相似性促进并购双方的相互理解与知识共享,保证并购双方资源平稳顺利融合的可能

---

① 奇和赛斯(Chi and Seth, 2009)对摩擦成本的设置为$\varphi = f \cdot [s(1-s)](1-\omega)|e_1 - e_2|$,其中s和1-s分别为合资企业中双方的控制力,$s(1-s)$代表双方控制力权衡与摩擦程度,本节模型仅研究并购方所选择的整合程度I,将其设置为平方项,$\frac{\partial \varphi}{\partial I} > 0$且$\frac{\partial^2 \varphi}{\partial^2 I} > 0$,其经济学含义为整合程度越高,所带来的摩擦成本越大,且边际成本递增。

32

性,降低了整合成本(Zaheer,Castañer and Souder,2013),而资源互补性强时信息不对称可能使资源整合产生风险(Wang and Zajac,2007),因此,本节模型中的摩擦倾向 $f \in (0,1)$ 是关于并购双方资源相似性 α 与资源互补性 β 的函数,记为 $f(\alpha,\beta)$,且 $\frac{\partial f(\alpha,\beta)}{\partial \alpha}<0, \frac{\partial f(\alpha,\beta)}{\partial \beta}>0$,即并购整合的摩擦倾向与资源相似性呈负相关,与资源互补性呈正相关。$I \in [0,1]$ 为并购方选择的整合程度,采取平方项形式是由于整合程度越高,所带来的摩擦成本越大,且边际成本递增,即 $\frac{\partial \varphi_m}{\partial I}>0$ 且 $\frac{\partial^2 \varphi_m}{\partial I^2}>0$。$\omega$ 为奇和赛斯(Chi and Seth,2009)模型中两个企业合并模式转换的成本,不是本节研究的重点,因此假设 $\omega=0$。$|e_1-e_2|$ 代表两个企业技术能力的差异,将会潜在提升整合难度,在本节技术获取型海外并购背景下,目标方技术能力一般高于并购方技术能力,即 $e_1<e_2$。至此,模型中的整合成本可简化:

$$\varphi_m = f(\alpha,\beta) \cdot I^2 (e_2-e_1) \tag{1-54}$$

因此,参照奇和赛斯(Chi and Seth,2009)的企业并购模式选择模型,完成整合的并购企业的运营收益可具体化:

$$V_m = \pi_m - \varphi_m$$
$$= A\left(\frac{1-\rho}{\rho}\right)\rho^\sigma [\gamma_0 - \varphi(\beta) \cdot (e_1 + I e_2) - \gamma(d_h + \theta)]^{1-\sigma} - F - f(\alpha,\beta) \cdot I^2 (e_2-e_1) \tag{1-55}$$

均衡解。并购企业的运营收益 V_m 代表通过资源的整合和重新配置活动,并购后企业获得的整体收益和价值。并购方企业选择技术获取型海外并购后整合的最优水平 I^* 来最大化并购后企业价值 V_m。以最大化式(1-55)为目标,推导出并购整合决策受到哪些因素的影响及其具体的影响方向。利润最大化条件为,令式(1-55)对 I 求一阶导,$\frac{\partial V_m}{\partial I}=0$ 可得:

$$\frac{\partial V_m}{\partial I} = A\left(\frac{1-\rho}{\rho}\right)\rho^\sigma(\sigma-1)\varphi(\beta) e_2 [\gamma_0 - \varphi(\beta) \cdot (e_1 + I^* e_2) - \gamma(d_h+\theta)]^{-\sigma}$$
$$-2 I^* f(\alpha,\beta)(e_2-e_1) = 0 \tag{1-56}$$

恰当整合程度 I^* [式(1-56)的解]①为均衡解。为后文的基于全球网络位置的分析奠定基础,我们进一步分析并购整合过程中,并购方选择的整合程度将对提升并购企业全球网络中构建路径连接数量产生怎样的影响,因此,先令整合后并购企业新增路径连接数量 θ 对最优整合程度 I^* 进行求导,记函数 $F = A\left(\dfrac{1-\rho}{\rho}\right)\rho^{\sigma}(\sigma-1)\varphi(\beta)e_2[\gamma_0-\varphi(\beta)\cdot(e_1+I^*e_2)-\gamma(d_h+\theta)]^{-\sigma}-2I^*f(\alpha,\beta)(e_2-e_1)$,运用隐函数求导法则,可得:

$$\dfrac{\partial \theta}{\partial I^*} = -\dfrac{F_I}{F_\theta}$$

$$= -\dfrac{A\left(\dfrac{1-\rho}{\rho}\right)\rho^{\sigma}(\sigma-1)\sigma\varphi(\beta)^2 e_2^2[\gamma_0-\varphi(\beta)\cdot(e_1+I^*e_2)-\gamma(d_h+\theta)]^{-\sigma-1}-2f(\alpha,\beta)(e_2-e_1)}{A\left(\dfrac{1-\rho}{\rho}\right)\rho^{\sigma}(\sigma-1)\sigma\gamma\varphi(\beta)e_2[\gamma_0-\varphi(\beta)\cdot(e_1+I^*e_2)-\gamma(d_h+\theta)]^{-\sigma-1}}$$

(1-57)

$F_I < 0, F_\theta > 0$,因此 $\dfrac{\partial \theta}{\partial I^*} = -\dfrac{F_{I^*}}{F_\theta} > 0$。经济含义为并购整合过程中,并购方选择恰当的整合程度将提升并购企业在全球网络中新构建路径连接数量。

(二)全球创新网络的中心度与结构洞刻画

前文刻画了并购方整合策略对并购方在全球创新网络中的连接数量的影响效应,本节我们将连接路径数量对并购方在全球创新网络中的中心度与结构洞位置的影响,作为整合向产业技术创新传导的跨层次机制。创新网络中心度是指核心企业在与其他网络成员的关系中占据中心地位的程度(Lin et al., 2009)。一个节点在网络中的中心程度最简单的指标是看它的度②(Jackson, 2010)。一个能够与许多企业直接交流合作的节点被网络中其他企业视为重要的信息渠道,从某种意义上说,它是一个交流的焦点,很可能主导网络中信息流的主流意识。而创新网络中心度较低的企业很可能被视为网络边缘企业,使它

---

① 利润最大化条件式(1-56)中 I^* 的幂指数不同,因此不能求解出 I^* 的解析式,因此后文基于隐函数求导法则进行比较静态分析。

② JACKSON M O. Social and economic networks [M]. Princeton: Princeton University Press, 2010: 52-56.

无法参与网络中的信息沟通与合作过程。为了比较从不同网络中节点的相对中心性,弗里曼(Freeman,1978)[1]提出度中心性的概念,将网络规模的影响剔除。在一个由 N 个节点组成的网络中,若节点 i 与其他 N-1 个节点都有直接连接,那么节点 i 是网络的绝对中心;若相对较大的 N,节点 i 只有较少的直接连接,那么 i 缺乏中心性。节点的度中心性(Degree Centrality)的测量公式:

$$D_i = \frac{d_i(N)}{N-1} \tag{1-58}$$

博尔加蒂(Borgatti,2005)[2]指出度中心性衡量了一个节点在网络中的直接影响力;一个节点接受信息和资源的概率取决于它的度中心性。根据上节分析可知,全球创新网络中共有 N 个企业,并购发生前收购方企业在全球创新网络中的连接数量为 d_h;整合后,并购企业将选择在全球创新网络中将新构建 θ 条路径连接,总路径数量为 $d_m = d_h + \theta$,因此,并购后企业的度中心性 D_m:

$$D_m = \frac{d_h + \theta}{N-1} \tag{1-59}$$

结构洞是指在两个彼此不相连的网络之间起到桥梁作用的位置,拥有非冗余的异质性连接(Lin et al.,2009),获得具有动态性、时效性和社会性特征的信息(Wang et al.,2014)。伯特(Burt,1992)采用网络约束性对结构洞进行衡量,并指出网络约束性代表企业的网络直接或间接的聚焦于一个连接的程度,约束性越高,结构洞位置越低。网络约束性的测量公式:

$$\mu_i = \sum_{j \neq i} \left(p_{ij} + \sum_{k \neq i, k \neq j} p_{ik} p_{kj} \right)^2 \tag{1-60}$$

其中,p_{ij} 是 i 对与 j 的路径关系投入的时间比例,伯特(Burt,1992)进一步假定行为人对于自己的所有路径连接平均分配时间,如果 i 与 j 直接相连,那么 $p_{ij} = \frac{1}{d_i}$,d_i 为节点 i 的路径连接数量,即 i 的网络节点度。借鉴布斯肯斯和里特(Buskens and Rijt,2008)[3]将 $p_{ij} = \frac{1}{d_i}$ 代入伯特(Burt,1992)网络约束性,可得:

---

[1] FREEMAN C. Centrality in social networks conceptual clarification[J]. Social Networks,1978,1(3):215-239.

[2] BORGATTI S P. Centrality and network flow[J]. Social Networks,2005,27(1):55-71.

[3] BUSKENS V,RIJT A V D. Dynamics of networks if everyone strives for structural holes[J]. American Journal of Sociology,2008,114(2):371-407.

$$\mu_i = \frac{1}{d_i^2} \sum_j \left(1 + \sum_q \frac{1}{d_q}\right)^2 \qquad (1-61)$$

d_i 为节点 i 的路径连接数量，j 为节点 i 的邻居（与节点 i 直接相连的节点），q 指既与 i 相连又与 j 相连的行为人，d_q 为 q 的节点度。布斯肯斯和里特（Buskens and Rijt,2008）已证明行为人为寻求结构洞位置的收益，新构建的路径连接一定会避免形成封闭的三角回路。假设按此规则 i 与 r 新形成一个连接，那么不会有任何行为人 q 能够同时连接 i 与 r，新连接后的约束性 μ_i^*：

$$\mu_i^* = \frac{1}{(d_i + 1)^2} \sum_j \left(1 + \sum_q \frac{1}{d_q}\right)^2 \qquad (1-62)$$

由前文可知，整合后，并购企业在全球创新网络中将新构建 θ 条路径连接，总路径数量为 $d_m = d_h + \theta$，本节模型沿用布斯肯斯和里特（Buskens and Rijt,2008）新增路径连接的规则，则并购后企业的网络约束性 μ_m：

$$\mu_m = \frac{1}{(d_h + \theta)^2} \sum_j \left(1 + \sum_q \frac{1}{d_q}\right)^2 \qquad (1-63)$$

j 指在全球网络中与并购企业有连接的企业，q 指既与并购企业又与 j 相连的企业，d_q 为 q 的节点度。并购整合后，全球创新网络中的并购企业 m 新构建了 θ 条路径连接，为寻求结构洞位置的收益，新构建的路径连接一定会避免形成封闭的三角回路（Buskens and Rijt,2008）①，因此，新建的连接一定不会增加 q 的数量，而且也不需要重复与原有 q 再次形成连接，并购整合前后 d_q 保持不变。

（三）基于创新网络的海外并购整合与产业技术创新刻画

并购企业通过整合获得的技术价值为 $T = \varphi(\beta) \cdot (e_1 + I e_2) + \gamma(d_h + \theta)$，本节进一步刻画并购方整合后通过提升自身全球创新网络位置影响产业内其他企业新技术采用与扩散行为，进而提升产业技术创新的数理机制。为基于创新网

---

① 对布斯肯斯和里特（Buskens and Rijt,2008）连接规则的证明：$C_i^* - C_i = \frac{1}{(d_i+1)^2} \sum_j \left(1 + \sum_q \frac{1}{d_q}\right)^2 - \frac{1}{d_i^2} \sum_j \left(1 + \sum_q \frac{1}{d_q}\right)^2 = -\frac{1}{d_i(d_i+1)} < 0$。因此，新增连接降低了行为人 i 的网络约束，提升了 i 的结构洞地位。相同地，新增连接也降低了行为人的网络约束性。可证明，新建的连接避免形成封闭三角回路，对参与新连接的双方均有结构洞优势。

络研究海外并购整合对产业技术创新的影响,记 n 为全球创新网络 G 中的母国企业节点,其研发合作连接组成母国本土产业子网络 G_1,$k \in n$ 代表母国产业网络 G_1 中的企业,本节借鉴学者们不完全信息网络博弈模型,并购方整合后向母国产业内企业 k 进行技术溢出,k 采用新技术的技术收益:

$$u_k(x) = \omega_k[\varphi(\beta) \cdot (e_1 + I e_2) + \gamma(d_h + \theta)] x_k - \frac{1}{2} x_k^2 + \delta \sum_{l=1}^{n} g_{kl} x_k x_l$$

(1-64)

其中 $\varphi(\beta) \cdot (e_1+I e_2)+\gamma(d_h+\theta) = T$ 为并购方整合后提升的技术价值,其中 β 代表并购双方资源互补性,$\varphi(\beta)$ 为并购双方资源互补性所引致的协同效应因子,并购前并购方自身的技术能力为 e_1,并购前目标方自身的技术能力为 e_2,$I \in [0,1]$ 为整合程度,$\varphi(\beta) \cdot (e_1+I e_2)$ 代表并购双方整合发挥协同效应所带来的技术能力的提升。γ>0 是每个网络连接带来的边际成本下降的幅度,d_h 为并购发生前目标方在全球创新网络中的连接数量,整合发生后并购企业将选择在全球创新网络中新构建 θ 条路径连接,$\gamma(d_h+\theta)$ 代表并购双方整合引发的网络效应所获得的技术溢出为并购企业从全球创新网络中获取的新技术的价值。ω_k 为新技术对企业 k 的内在边际价值,x_k 代表并购方整合后向母国产业内企业 k 进行技术溢出后,k 决定对新技术进行市场化应用的投入,采用平方项刻画自身投入的边际回报递减。交叉项 $g_{kl} x_k x_l$ 刻画行为人 k、l 之间的交互作用,我们假定 $g_{kl} \geq 0$ 代表母国产业网络的正外部性,矩阵 $G_1 = (g_{kl})$ 汇总了产业网络内企业对新技术采用的交互作用,且 $g_{kk}=0$。δ>0 代表网络效应的强度。母国产业网络外部性反映为产业网络中企业采取新技术的回报不仅来源于自身投入,还与网络内其他企业对新技术的投入相关。

本节采用不完全信息网络博弈模型来刻画并购方整合后对产业的技术溢出,主要有以下两方面的优势:第一,戈亚尔和莫拉加-冈扎莱兹(Goyal and Moraga-González,2001)对研发网络的技术溢出仅考虑了直接连接,本节采用的网络博弈模型能够纳入产业网络整体的外部性,体现更广泛的产业技术溢出的传递效应;第二,不完全信息条件可有效解决网络博弈的多重均衡问题,体现产业创新网络中的主体进行战略互动,并购企业通过技术获取型海外并购整合获得新技术 $T=\varphi(\beta) \cdot (e_1+I e_2)+\gamma(d_h+\theta)$,并购企业对新技术 T 的价值具有完全信息,然而并购企业所在产业内其他企业并不完全熟知新技术的价值,因此,在序贯博弈中,并购企业首先对新技术进行市场化应用$x_m(T)$,这个行为对于产业内其他企业传递新技术价值的信号$\widehat{T}(x_m)$,通过观察并购企业的策略,产业内其他企业接着做出对新技术采用的决策获得技术创新收益,体现了产业内企业对新技术的评估识别与消化吸收,以及新技术产业化的阶段性过程。

并购方行为人 m,根据整合后新技术价值 T 的线性公式做出最优的技术应用投入决策,即假定 T 与 $x_m(T)$ 是一一对应的。在观测到并购企业的新技术应用投入决策后,产业其他跟随企业对新技术价值 T 进行推测$\widehat{T}(x_m)$,接着做出对新技术采用的决策x_k,获得技术效用,并购方整合所获得的新技术通过创新网络效应在产业内扩散,借鉴鲍尔莱斯特、夫尔弗-阿盟格尔和译诺(Ballester, Calvó-Armengol, and Zenou, 2006)与其他学者,产业技术创新表现为产业网络G_1中所有企业技术创新收益之和:

$$W(x) = \left\{ \begin{array}{l} \omega_m [\varphi(\beta) \cdot (e_1 + I e_2) + \gamma(d_h + \theta)] x_m(T) \\ -\frac{1}{2} x_m^2 + \delta \sum_{l=1}^{n} g_{ml} x_m x_l \end{array} \right\}$$

$$+ \sum_{k \in N, k \neq m} \left\{ \begin{array}{l} \omega_k \widehat{T}[\varphi(\beta) \cdot (e_1 + I e_2) + \gamma(d_h + \theta)] x_k \\ -\frac{1}{2} x_k^2 + \delta \sum_{j=1}^{n} g_{k,l} x_k x_l \end{array} \right\} \quad (1-65)$$

产业技术创新收益式(1-65)中第一个大括号为并购方将整合后的新技术进行市场化应用所得到的技术收益,第二个大括号代表了除并购方以外的母国产业中其他企业接受并购方整合后的技术溢出,进行新技术市场化应用所获得的技术创新收益之和。并购企业对新技术进行最优市场化应用$x_m*(T)$,与这个行为对于产业内其他企业传递新技术价值的信号$\widehat{T}[\varphi(\beta) \cdot (e_1 + I e_2) + \gamma(d_h + \theta)]$的贝叶斯纳什均衡的求解过程如下。

并购方整合后向母国产业内企业 k 进行技术溢出,k 采用新技术的技术收益:

$$u_k(x) = \omega_k [\varphi(\beta) \cdot (e_1 + I e_2) + \gamma(d_h + \theta)] x_k - \frac{1}{2} x_k^2 + \delta \sum_{l=1}^{n} g_{kl} x_k x_l$$

$$(1-66)$$

并购方行为人 m,根据整合后新技术价值 T 的线性公式做出最优的技术应用投入决策,即假定 T 与 $x_m(T)$ 是一一对应的。在观测到并购企业的新技术应用投入决策后,产业其他跟随企业对新技术价值 T 进行推测 $\hat{T}(x_m)$,接着做出对新技术采用的决策 x_k。这是一个完全分离均衡,我们将母国子网 G_1 写成分块矩阵。M 为序贯博弈第一阶段行动的企业,F 为序贯博弈第二阶段行动的企业。

$G_1 = \begin{pmatrix} G_{MM} & G_{MF} \\ G_{FM} & G_{FF} \end{pmatrix}$,由于第一阶段仅并购企业 m 行动,我们将 G_1 简化为 $G_1 = \begin{pmatrix} 0 & \eta_m{'} \\ \eta_m & G_{-m} \end{pmatrix}$,我们接下来计算博弈的贝叶斯纳什均衡:

在观察到并购企业策略 x_m 之后,产业内其他企业推测到新技术价值为 $\hat{T}(x_m) = x*_m^{-1}(x_m)$,在序贯博弈的第二阶段的均衡策略:

$$x*_{-m}(x_m) = (I - \delta G_{-m})^{-1} [\hat{T}(x_m) \omega_{-m} + \delta x_m \eta_m]$$

序贯博弈的第二阶段的最优策略:

$$x*_{-m}(x_m) = (I - \delta G_{-m})^{-1} [x*_m^{-1}(x_m) \omega_{-m} + \delta x_m \eta_m] \quad (1-67)$$

我们进一步可推导出:

$$\frac{\partial x*_{-m}(x_m)}{\partial x_m} = (I - \delta G_{-m})^{-1} \left[\frac{1}{x*_m{'}[x*_m^{-1}(x_m)]} \omega_{-m} + \delta \eta_m \right] \quad (1-68)$$

预测到第二阶段产业内其他企业的策略,并购企业在第一阶段选择投入 x_m 最大化:

$[\varphi(\beta) \cdot (e_1 + I e_2) + \gamma(d_h + \theta)] \omega_m x_m - \frac{1}{2} x_m^2 + \delta x_m \sum_{j=1}^{n} g_{mj} x_j *(x_m) =$

$[\varphi(\beta) \cdot (e_1 + I e_2) + \gamma(d_h + \theta)] \omega_m x_m - \frac{1}{2} x_m^2 + \delta x_m [\eta_m, x*_{-m}(x_m)]$

对应的最大化一阶条件:

$[\varphi(\beta) \cdot (e_1 + I e_2) + \gamma(d_h + \theta)] \omega_m - x_m$

$+ \delta[\eta_m, x*_{-m}(x_m)] + \delta x_m \left[\eta_m, \frac{\partial x*_{-m}(x_m)}{\partial x_m} \right] = 0, x_m = x*_m(T)$

通过式(1-67)、式(1-68)以及 $T = x*_m^{-1}[x*_m(T)]$,我们可以将上式写为:

$[\varphi(\beta) \cdot (e_1 + I e_2) + \gamma(d_h + \theta)] \omega_m - x*_m(T)$

$+ \delta[\eta_m{'}(I - \delta G_{-m})^{-1}[T \omega_{-m} + \delta x*_m(T) \eta_m]$

$$+\delta x *_m(T)\left[\eta_m{}'(I-\delta G_{-m})^{-1}\left(\frac{1}{x*_m{}'(T)}\omega_m+\delta\eta_m\right)\right]=0 \quad (1-69)$$

因此,并购企业的策略$x*_m(T)$将满足式(1-69)所刻画的常微分方程,初始条件:

$$x*_m(0)=0 \quad (1-70)$$

求解以上常微分方程可得:

$$x*_m(T)=\frac{\omega_m+2\delta[\eta_m{}'(I-\delta G_{-m})^{-1}\omega_{-m}]}{1-2\delta^2[\eta_m{}'(I-\delta G_{-m})^{-1}\eta_m]}\cdot[\varphi(\beta)\cdot(e_1+Ie_2)+\gamma(d_h+\theta)]$$

$$(1-71)$$

即存在完全分离的贝叶斯纳什均衡,并购企业的策略为$x*_m(T)$。

因此,我们在下一节比较静态分析中以最优化产业技术创新函数式(1-65)为目标推导出母国产业技术创新是如何受到并购方技术获取型海外并购的整合决策的影响,以及该影响是如何通过并购企业全球创新网络位置产生作用的。

三、比较静态分析

以最优化产业技术创新函数式(1-65)为目标,可推导出最大化下式即为最优化问题式(1-65)的解。公式S的经济学含义为并购企业对产业技术创新的带动作用:

$$S=\frac{b_m(G_1,\delta,1)(b_m(G_1,\delta,\omega)-\omega_m)}{2-y_{mm}}[\varphi(\beta)(e_1+I^*e_2)+\gamma(d_h+\theta)]$$

$$(1-72)$$

其中,第一项根据学者的定义计算,$Z=\dfrac{b_m(G_1,\delta,1)(b_m(G_1,\delta,\omega)-\omega_m)}{2-y_{mm}}>0$为信号中心度,是对卡茨-波纳西茨(Katz-Bonacich)网络中心度的加权变形,代表并购方企业在母国子网中的中心度,即对母国子网中产业内企业的影响力,其中$b_m(G_1,\delta,\omega)$记为母国子网中产业内企业的新技术市场化投入,y_{mm}代表并购方企业加权的网络效应。第二项$T=\varphi(\beta)\cdot(e_1+Ie_2)+\gamma(d_h+\theta)$恰好为并购企业通过技术获取型海外并购整合获得新技术价值。因此,经济学含义为并购企业在母国产业网络中的位置越核心,对产业技术创新的带动作用越强;同时,并购企业通过并购整合从全球创新网络中获得的新技术价值越高,对产业技术创新的带动作用越强。

(一)基于全球网络中心度的并购整合对产业技术创新的影响分析

本节进行比较静态分析,揭示"资源识别—资源整合—网络传导—产业技术创新"的传导过程中模型的均衡解存在性与数理关系。首先,我们推导并购整合通过提升全球创新网络中心度对产业技术创新的影响。根据式(1-56)的展开形式 $A\left(\frac{1-\rho}{\rho}\right)\rho^\sigma(\sigma-1)\varphi(\beta)e_2[\gamma_0-\varphi(\beta)\cdot(e_1+I^*e_2)-\gamma(d_h+\theta)]^{-\sigma}-2I^*f(\alpha,\beta)(e_2-e_1)=0$,可知并购企业新增路径连接数量 θ 与最优整合程度 I^* 的关系,整合程度 I^* 可以写作新建路径数量 θ 的隐函数 $I^*(\theta)$,进一步根据全球网络中心度式(1-59),可推导出 $\theta=(N-1)D_m-d_h$,即 I^* 可写作隐函数,代入上式中,可得产业技术创新 S 与并购企业全球网络中心度之间的关系,即

$$S=\frac{b_m(G_1,\delta,1)(b_m(G_1,\delta,\omega)-\omega_m)}{2-y_{mm}}\{\varphi(\beta)(e_1+e_2\cdot I^*_{[(N-1)D_m-d_h]})+\gamma D_m(N-1)\}$$

(1-73)

接下来我们可以分析并购企业在全球创新网络中的中心度对其带动产业技术创新产生怎样的影响。我们令产业技术创新 S 对并购企业在全球创新网络中的中心性 D_m 求一阶导,得到:

$$\frac{\partial S}{\partial D_m}=\frac{b_m(G_1,\delta,1)(b_m(G_1,\delta,\omega)-\omega_m)}{2-y_{mm}}\cdot\left\{\varphi(\beta)e_2(N-1)\frac{\partial I^*}{\partial\theta}+\gamma(N-1)\right\}$$

(1-74)

可知 $\frac{\partial I^*}{\partial\theta}>0$,因此上式分子中各个分项均为正,易知 $\frac{\partial S}{\partial D_m}>0$,即并购企业在全球创新网络中的中心性与母国产业技术创新呈正相关。

我们进一步分析并购企业全球创新网络中心度与整合程度之间的关系,令并购企业的网络中心性对最优整合程度求导,可得:

$$\frac{\partial D_m}{\partial I^*}=\frac{1}{N-1}$$

$$\cdot \left\{ \frac{A\left(\frac{1-\rho}{\rho}\right)\rho^{\sigma}(\sigma-1)\sigma\,\varphi(\beta)^2 e_2^2[\gamma_0-\varphi(\beta)\cdot(e_1+I^*e_2)-\gamma(d_h+\theta)]^{-\sigma-1}}{A\left(\frac{1-\rho}{\rho}\right)\rho^{\sigma}(\sigma-1)\sigma\gamma\varphi(\beta)e_2[\gamma_0-\varphi(\beta)\cdot(e_1+I^*e_2)-\gamma(d_h+\theta)]^{-\sigma-1}} \right\}$$

(1-75)

由式(1-57)可知：

$$\frac{A\left(\frac{1-\rho}{\rho}\right)\rho^{\sigma}(\sigma-1)\sigma\,\varphi(\beta)^2 e_2^2[\gamma_0-\varphi(\beta)\cdot(e_1+I^*e_2)-\gamma(d_h+\theta)]^{-\sigma-1}}{A\left(\frac{1-\rho}{\rho}\right)\rho^{\sigma}(\sigma-1)\sigma\gamma\varphi(\beta)e_2[\gamma_0-\varphi(\beta)\cdot(e_1+I^*e_2)-\gamma(d_h+\theta)]^{-\sigma-1}} = \frac{F_{I^*}}{F_{\theta}} > $$

0，因此，$\frac{\partial D_m}{\partial I^*}>0$，即并购企业全球创新网络中心性与最优整合程度呈正相关。

因此，$\frac{\partial D_m}{\partial I^*}>0$，$\frac{\partial S}{\partial D_m}>0$，可得出：技术获取型海外并购中，并购企业恰当的整合程度能够提升并购企业在创新网络的中心度地位，进而促进产业技术创新。

接着，本节基于资源配置视角，推导出并购整合决策受到哪些因素的影响及其具体的影响方向。

资源相似性对整合程度的影响。我们应用式(1-56)进行比较静态分析，令最优整合程度对相似性求一阶导，运用隐函数求导法则，可得：

$$\frac{\partial I^*}{\partial \alpha}=-\frac{F_{\alpha}}{F_{I^*}}$$

$$=-\frac{-2I^*(e_2-e_1)\cdot\frac{\partial f(a,\beta)}{\partial a}}{A\left(\frac{1-\rho}{\rho}\right)\rho^{\sigma}(\sigma-1)\sigma\cdot\varphi(\beta)^2 e_2^2[\gamma_0-\varphi(\beta)\cdot(e_1+I^*e_2)-\gamma(d_h+\theta)]^{-\sigma-1}-2f(\alpha,\beta)(e_2-e_1)}$$

(1-76)

由于 $\frac{\partial f(a,\beta)}{\partial a}<0$，可知 $F_{\alpha}>0$。根据式(1-56)可知：

$$A\left(\frac{1-\rho}{\rho}\right)\rho^{\sigma}(\sigma-1)\sigma\cdot\varphi(\beta)^2 e_2^2[\gamma_0-\varphi(\beta)\cdot(e_1+I^*e_2)-\gamma(d_h+\theta)]^{-\sigma-1}=$$

$$\frac{2I^* \cdot f(\alpha,\beta)(e_2-e_1)\sigma\varphi(\beta)e_2}{\gamma_0-\varphi(\beta) \cdot (e_1+I^*e_2) - \gamma(d_h+\theta)},因此,$$

$$F_1 = A\left(\frac{1-\rho}{\rho}\right)\rho^\sigma(\sigma-1)\sigma f(\alpha,\beta)^2 e_2^2 [\gamma_0-\varphi(\beta) \cdot (e_1+I*e_2) - \gamma(d_h+\theta)]^{-\sigma-1}$$

$$-2f(\alpha,\beta)(e_2-e_1) = \frac{\rho^\sigma[\gamma_0-\varphi(\beta) \cdot (e_1+I^*e_2)-\gamma(d_h+\theta)]^{1-\sigma}\{2\sigma\{I^{*2}f(\alpha,\beta)(e_2-e_1)-\left(\frac{\sigma-1}{2\sigma}\right)A\left(\frac{1-\rho}{\rho}\right)\}}{I^*[\gamma_0-\varphi(\beta) \cdot (e_1+I^*e_2)-\gamma(d_h+\theta)]}。替代弹性$\sigma>1$,

可知$\frac{\sigma-1}{2\sigma}<1$,因此有并购企业的运营价值$V_m^* = \pi_m^* - \varphi_m^* > \pi_m^* - \left(\frac{\sigma-1}{2\sigma}\right)\varphi_m^*$
>0。可推导出$F_1<0$,因此,$\frac{\partial I}{\partial \alpha} = -\frac{F_\alpha}{F_1}>0$,最优整合程度与资源相似性呈正相关。

资源互补性对整合程度的影响。令最优整合程度对资源互补性求一阶导,运用隐函数求导法则,可得:

$$\frac{\partial I^*}{\partial \beta} = -\frac{F_\beta}{F_{I^*}}$$

$$= -\frac{A\left(\frac{1-\rho}{\rho}\right)\rho^\sigma(\sigma-1)e_2\varphi(\beta)c_m^{*-\sigma}\frac{\partial\varphi(\beta)}{\partial \beta}\left[\frac{1}{\varphi(\beta)}-\frac{\sigma(e_1+Ie_2)}{c_m^*}\right]-2I^*(e_2-e_1)\frac{\partial f(\alpha,\beta)}{\partial \beta}}{A\left(\frac{1-\rho}{\rho}\right)\rho^\sigma(\sigma-1)\sigma \cdot \varphi(\beta)^2 e_2^2[\gamma_0-\varphi(\beta) \cdot (e_1+I^*e_2)-\gamma(d_h+\theta)]^{-\sigma-1}-2f(\alpha,\beta)(e_2-e_1)}$$

(1-77)

根据前文对资源相似性的求导可知,$F_1<0$,因此,只需判断F_β的符号。分子第一项中,$\varphi(\beta)>1$,$\frac{1}{\varphi(\beta)}<1$,当$\sigma(e_1+Ie_2) \geq c_m^*$时①,$\frac{1}{\varphi(\beta)}-\frac{\sigma(e_1+Ie_2)}{c_m^*}<0$;
$\frac{\partial f(\alpha,\beta)}{\partial \beta}>0$,分子第二项也小于0。综上所述,$F_\beta<0$,因此,$\frac{\partial I^*}{\partial \beta} = -\frac{F_\beta}{F_{I^*}}<0$,最优

---

① 即并购方整合后技术效率高于边际成本,可理解为$\sigma>1$代表全球创新网络中企业生产产品的差异性,σ越高代表差异性越小,并购方在全球创新网络中学习的吸收能力越高,越能促进其技术效率的提升。

整合程度与资源互补性呈负相关。

资源相似性、资源互补性交互作用对整合程度的影响。在上文中,我们已求得整合程度关于资源互补性的一阶偏导如下:

$$\frac{\partial l^*}{\partial \beta} = -\frac{F_\beta}{F_{I^*}} =$$

$$\frac{A\left(\frac{1-\rho}{\rho}\right)\rho^\sigma(\sigma-1)e_2\varphi(\beta)c_m*^{-\sigma}\frac{\partial\varphi(\beta)}{\partial\beta}\left[\frac{1}{\varphi(\beta)}-\frac{\sigma(e_1+Ie_2)}{c_m*}\right]-2I^*(e_2-e_1)\frac{\partial f(\alpha,\beta)}{\partial\beta}}{A\left(\frac{1-\rho}{\rho}\right)\rho^\sigma(\sigma-1)\sigma\cdot\varphi(\beta)^2e_2^2[\gamma_0-\varphi(\beta)\cdot(e_1+I^*e_2)-\gamma(d_h+\theta)]^{-\sigma-1}-2f(\alpha,\beta)(e_2-e_1)}$$

$$(1-78)$$

为了得到在技术获取型海外并购中,并购双方资源相似性、资源互补性的交互作用对于并购后整合程度的影响效应,令上式关于资源相似性求偏导,得到并购整合程度关于资源相似性、资源互补性的二阶偏导:

$$\frac{\partial^2 l^*}{\partial\beta\partial\alpha} = -\left\{\frac{-2I^*(e_2-e_1)\frac{\partial^2 f(\alpha,\beta)}{\partial\beta\partial\alpha}}{F_{I^*}}+2F_\beta\cdot F_{I^*}^{-2}(e_2-e_1)\frac{\partial f(\alpha,\beta)}{\partial\alpha}\right\} \quad (1-79)$$

$F_{I^*}<0$,且$F_\beta<0$,因此括号中两个分项均为正,易知$\frac{\partial^2 I^*}{\partial\beta\partial\alpha}<0$。据此可知,在技术获取型海外并购中,并购双方资源相似性、资源互补性对最优整合程度选择具有负向交互作用。最优整合程度与资源相似性呈正相关,与资源互补性呈负相关,而当资源相似性、资源互补性均高时,两者交互作用对整合程度产生负向影响,对整合程度的影响进行部分抵消,最终应选择适中的整合程度。综上所述,可得出:

结论1-1:在制造业技术获取型海外并购中,

(1)当并购双方资源相似性强、资源互补性弱时,应采取高整合程度,能够提升并购企业在创新网络的中心度,进而促进产业技术创新;

(2)当并购双方资源相似性弱、资源互补性强时,应采取低整合程度,能够提升并购企业在创新网络的中心度,进而促进产业技术创新;

(3)当并购双方资源相似性、资源互补性均强时,应采取适中的整合程度,能够提升并购企业在创新网络的中心度,进而促进产业技术创新。

(二)基于全球网络结构洞的并购整合对产业技术创新的影响分析

同理,我们推导并购整合通过提升全球创新网络结构洞对产业技术创新的影响。

根据式(1-63) $\theta = \left[\dfrac{\sum_j (1+\sum_q 1/d_q)^2}{\mu_m}\right]^{1/2} - d_h$ 即 I^* 可写作隐函数 $I^*\left\{\left[\dfrac{\sum_j(1+\sum_q 1/d_q)^2}{\mu_m}\right]^{1/2} - d_h\right\}$,代入式(1-72)中,得到 S 与并购企业全球创新网络约束性 μ_m 的关系式,

$$S = \dfrac{b_m(G_1,\delta,1)(b_m(G_1,\delta,\omega)-\omega_m)}{2-y_{mm}}$$

$$\left\{\varphi(\beta)\left(e_1 + e_2 \cdot I^*\left\{\left[\dfrac{\sum_j(1+\sum_q 1/d_q)^2}{\mu_m}\right]^{1/2}-d_h\right\}\right) + \gamma\left[\dfrac{\sum_j(1+\sum_q 1/d_q)^2}{\mu_m}\right]^{1/2}\right\}$$

(1-80)

接着,我们令 S 对并购企业在全球创新网络中的网络约束性 μ_m 求一阶导,得到:

$$\dfrac{\partial S}{\partial \mu_m} = \dfrac{b_m(G_1,\delta,1)[b_m(G_1,\delta,\omega)-\omega_m]}{2-y_{mm}} \cdot$$

$$\left\{\begin{array}{l} -\dfrac{1}{2}\varphi(\beta)e_2 \cdot \left[\dfrac{\sum_j(1+\sum_q 1/d_q)^2}{u_m}\right]^{-1/2} \\ \cdot \sum_j(1+\sum_q 1/d_q)^2 \cdot \dfrac{\partial I^*}{\partial \theta} - \dfrac{1}{2}\gamma \\ \cdot \left[\dfrac{\sum_j(1+\sum_q 1/d_q)^2}{u_m}\right]^{-1/2} \\ \cdot \sum_j(1+\sum_q 1/d_q)^2 \end{array}\right\}$$

(1-81)

由于上式括号中各个分项均为负,易知 $\dfrac{\partial S}{\partial \mu_m}<0$,即并购企业在全球创新网络中的约束性(结构洞)与母国产业技术创新呈负相关(正相关)。

我们进一步分析并购企业全球创新网络整合程度之间的关系,令并购企业

的网络约束性对整合程度求导，得到：

$$\frac{\partial \mu_m}{\partial I^*} = -2 \cdot (d_i + \theta)^{-3} \cdot \sum_j \left(1 + \sum_q 1/d_q\right)^2$$

$$\cdot \left\{ \frac{A\left(\frac{1-\rho}{\rho}\right)\rho^\sigma(\sigma-1)\sigma\varphi(\beta)^2 e_2^2 [\gamma_0 - \varphi(\beta) \cdot (e_1 + I^* e_2) - \gamma(d_h + \theta)]^{-\sigma-1}}{A\left(\frac{1-\rho}{\rho}\right)\rho^\sigma(\sigma-1)\sigma\gamma\varphi(\beta) e_2 [\gamma_0 - \varphi(\beta) \cdot (e_1 + I^* e_2) - \gamma(d_h + \theta)]^{-\sigma-1}} \right\}$$

(1-82)

由式(1-57)可知：

$$-\frac{A\left(\frac{1-\rho}{\rho}\right)\rho^\sigma(\sigma-1)\sigma\varphi(\beta)^2 e_2^2 [\gamma_0 - \varphi(\beta) \cdot (e_1 + I^* e_2) - \gamma(d_h + \theta)]^{-\sigma-1} - 2f(\alpha,\beta)(e_2-e_1)}{A\left(\frac{1-\rho}{\rho}\right)\rho^\sigma(\sigma-1)\sigma\gamma\varphi(\beta) e_2 [\gamma_0 - \varphi(\beta) \cdot (e_1 + I^* e_2) - \gamma(d_h + \theta)]^{-\sigma-1}} = \frac{F_{I^*}}{F_\theta} >$$

0，因此，$\frac{\partial \mu_m}{\partial I^*} < 0$，即并购企业全球创新网络约束性(结构洞)与恰当的整合程度呈负相关(正相关)。

因此，$\frac{\partial S}{\partial \mu_m} < 0$，$\frac{\partial \mu_m}{\partial I^*} < 0$，据此可得出在技术获取型海外并购中，并购企业恰当的整合程度能够提升并购企业在创新网络的结构洞地位，进而促进产业技术创新。

同时，结合已证明的资源相似性、资源互补性与整合程度之间的关系，我们得出：

结论1-2：在制造业技术获取型海外并购中，

(1)当并购双方资源相似性强、资源互补性弱时，应采取高整合程度，能够提升并购企业在创新网络的结构洞，进而促进产业技术创新；

(2)当并购双方资源相似性弱、资源互补性强时，应采取低整合程度，能够提升并购企业在创新网络的结构洞，进而促进产业技术创新；

(3)当并购双方资源相似性、资源互补性均强时，应采取适中的整合程度，能够提升并购企业在创新网络的结构洞，进而促进产业技术创新。

第二章

后追赶时代浙江制造企业海外并购整合提升创新能力的动态演化研究

第一节 海外并购整合提升创新能力微观动态演化研究

一、并购前模型初始环境设定

(一)行为主体

考虑四类企业作为行为主体,企业类型为 T={H,B,A,F},分别代表收购方企业 B,潜在并购目标方企业 A,收购方母国创新网络中其他企业 H,目标方海外创新网络中优势企业 F。

每个企业有研发资源禀赋数量w_t,代表企业竞争优势,服从正态分布$w_t \sim N(\mu, \sigma^2)$,$\mu, \sigma > 0$。考虑收购方母国为技术弱势国家,目标方位于技术优势国家;母国产业龙头企业并购海外目标方企业,$w_t(H) < w_t(B) < w_t(A), w_t(F)$。

(二)海外并购前创新网络刻画

网络中节点代表企业,路径连接代表创新合作关系。并购发生前,收购方母国产业创新网络 G 和目标方海外创新网络 N 彼此分隔。记 $G = \sum_{i \neq j; i, j \in B \cup H} I_{ij}$ 代表并购发生前,收购方所在创新网络;令 $N = \sum_{i \neq j; i, j \in A \cup F} I_{ij}$ 代表并购前目标方所在创新网络。

设定网络中企业资源属性存在异质性,按相对竞争优势将网络中的企业划分为核心企业和外围企业,每一个核心企业对同其具有直接连接的外围企业具有控制力。核心企业和外围企业随机分布于初始网络中。本章认为,参与海外并购企业为国内产业中龙头企业,处于本国创新网络中的核心地位;而海外并购的目标方企业,也具有相对竞争优势,位于其所在创新网络中的核心地位。

为简化分析,设定初始网络中平均节点度均为δ。设定δ+1个核心企业各自彼此相连,每个核心企业周围具有一定数量δ条的外围企业与其有一条路径连接。

(三)海外并购前双方资源识别

并购前企业节点资源禀赋的性质,按照资源相似性(Resource Similarity,下文用 SIM 表示)和资源互补性(Resource Complementarity,下文用 COM 表示)设定,借鉴有些学者,设定 SIM ∈ [1,10],COM ∈ [1,10];借鉴鲍姆、科文和约纳德(Baum,Cowan,and Jonard,2010)创新网络仿真中的知识空间,本章初始设置中,主体随机分布在 51 * 51 网格的知识空间中,其平均资源相似性为 5.5,资源互补性为 5.5;海外并购前双方识别资源属性,通过重新定位,保留主体位置分布随机性的情况下,调整了平均资源相似性和资源互补性水平。图 2-1 示例了(SIM,COM)=(2,8)的重新定位,并以平均度 2 生成初始两个网络后的主体分布情况。

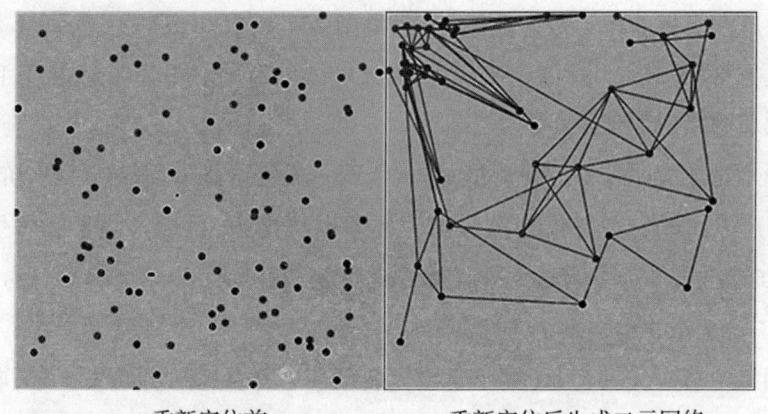

重新定位前　　　　　　重新定位后生成二元网络

图 2-1　资源识别与重新定位

二、海外并购整合的创新网络嵌入马尔科夫博弈

并购整合过程中,收购方依托双方资源相似性、资源互补性水平选取整合程度 S∈(0,1),并申请构建 θ 条路径连接嵌入目标方所在创新网络 N,θ 代表收购方嵌入目标方创新网络的节点度。令 $g_i = (g_{i1}, \cdots, g_{i,i-1}, g_{i,i+1}, \cdots, g_{in})$ 是行为人 i 在并购整合过程中的创新网络嵌入集合。$g_{ij} \in \{1,0\}$,如果行为人 i 和行为

人 j 构建路径连接,则 $g_{ij}=1$,否则 $g_{ij}=0$。路径连接代表企业之间可以进行创新合作生产,代表并购整合后两个企业之间存在合作创新,i 与 j 之间的路径连接表示双向对称信息知识流动(Two-Way Symmetric Flow)。按照巴拉和娅尔(Bala and Goyal,2000)我们定义并购整合过程中创新网络构建的成本,均由提出路径构建的一方提供,即收购方支付路径连接的成本,而一条路径双方节点均享有路径的收益,即并购整合路径连接所代表的创新合作收益是两个连接节点所代表的企业所共享。路径集合用 G_i 表示,代表无向网络。

创新网络嵌入包含直接连接路径与间接连接路径。第一,基于同质性偏好(Monge and Contractor,2003)与资源依附(Pfeffer and Salancik,2003)的直接连接构建;第二,基于网络结识(Jackson and Rogers,2007)的间接连接构建。

(一)并购整合的网络直接连接机制

收购方通过并购整合,吸收目标方企业及其具有控制力的网络资源。收购方赋予权重 S,与目标方具有控制力的外围企业直接构建连接,吸收目标方控制的网络资源;对于嵌入点位,直接连接路径按照:

同质性偏好(Monge and Contractor,2003)搜寻网络中高相似性资源企业连接,对相似性资源的并购整合通过相同的知识背景、技能、语言以及认知结构,促进知识共享与相互学习(Makri,Hitt,and Lane,2010)。技术重叠性在并购后协同效应的实现中具有重要作用(Bena and Li,2014)。在整合相似性资源的过程中,收购方对网络中相似性资源的学习成本更低,知识转移的能力更强。通过对目标方及周边资源相似性节点的企业进行信息搜寻及学习,将形成基于相似性资源的"局部学习"的机制(Rycroft and Kash,2004)。局部学习机制将不断强化对相似性资源的转移吸收,形成正反馈机制,进一步刺激收购方企业增强对目标方及其周边相似性网络资源的整合。而网络路径依赖和选择环境进一步限制并强化了网络自组织的过程(Vany,1996)。

资源依附理论(Pfeffer and Salancik,2003)搜寻具有最优潜在合作协同收益的高互补性资源企业构建连接。科隆博和拉比奥西(Colombo and Rabbiosi,2014)认为资源互补时,互补性带来的协同效应可实现销量的增长,从而降低单位产品研发费用,促进技术创新(Puranam,Singh,and Zollo,2006)。通过有效整合互补性资源,提升资源组合效率,将产生协同价值创造(Kim and Finkelstein,2009)。收购方整合互补性资源时,将引发更为灵活和更强适应性的网络联系,而这为其提供了发展中新领域的关系,增强其竞争力(Rycroft and Kash,2004)。但同时,对于互补性资源高时,并购双方在知识、技术领域的不熟悉,将引发较高的整合成本。其格马丁(Mangematin,1997)指出,过于关注短期资本市场收益的网络连接策略将阻碍网络自组织及创新过程,反之关注长期资本市场收益的网络连接将引发有效的网络自组织和创新过程。因此,对于互补性资源采取较低的整合程度,降低整合成本以促进协同效应的达成,使得收购方以更为长远的眼光看待对互补性资源的整合,较低的整合程度将促进收购方基于资源依附网络连接的自组织进程,并最终促进更多的创新。

(二)并购整合的网络间接连接机制

我们赋予并购方企业将以1-s的权重以目标方作为中介点位,与目标方所在创新网络中的其他核心企业间接构建连接。

米尔克(Mirc,2012)提出并购后协同效应来源于并购双方整合过程中的合作、资源转移,而整合行为受到双方所嵌入网络的影响。间接连接路径按基于网络结识(Jackson and Rogers,2007)的路径连接机制,依托节点在信息传递中的信息渠道及信息过滤(Singh et al.,2016)作用,通过目标方进一步搜寻其他国外企业间接构建连接。收购方企业在海外并购整合过程中,具有创造知识学习跨国社会空间的独特能力,通过将收购方内部研发网络与目标方海外网络进行嵌入,实现知识网络在不同组织、不同制度环境下的延展(Lam,2007);通过海外并购整合过程中对目标方相关知识、技术能力的整合,将实现依托目标方为信息中介节点(Burt,1992),通过间接方式,实现对目标方所控制的海外网络资源的进一步结识和获取。

(三)内生创新网络嵌入基础模型构建

为探究海外并购整合通过创新网络嵌入作用于产业技术创新的过程,本章将(Jackson and Wolinsky,1996)网络路径连接控制力的一般分析框架进行拓展,引入创新网络嵌入视角,将海外并购整合行为、创新网络嵌入、产业技术创新耦合于一个马尔科夫博弈模型。

在时期t并购整合的创新网络嵌入过程中,目标方的网络控制力P_t^A:

$$P_t^A = \emptyset \theta 1 + \delta n(1-S) \qquad (2-1)$$

其中,n为资源相似性,$\emptyset$为资源互补性,$n, \emptyset \in (1,10)$。S代表整合程度,

$S\in(0,1)$。θ1为直接连接路径数量，δ为双方初始创新网络中的节点度。

式(2-1)第一部分Øθ1代表目标方企业对直接连接路径的控制力。并购双方资源互补性高，目标方对互补性资源具有信息的优势，将提升其在并购整合路径嵌入中的控制力。第二部分δn(1-S)代表目标方对间接连接路径的控制力。δ越大，目标方与其所在创新网络的更多企业相连，在信息传递中具有更大的控制力。(1-S)代表伴随整合程度的提升，目标方资源优势下降，降低其在并购整合路径嵌入中的控制力；n越大，表明双方资源越相似，创新网络路径背后的竞争性越高，目标方在传递网络信息中将设置阻碍，即信息过滤作用在信息传递中占主导，提升其对间接连接路径的控制力。

在并购整合的创新网络嵌入过程中，收购方企业的网络控制力P_t^B：

$$P_t^B = w_t + nS - Øθ2 \quad (2-2)$$

设企业研发资源禀赋为w_t，服从正态分布$w_t \sim N(\mu,\sigma^2)$，$\mu,\sigma>0$。θ2为间接连接路径数量。

式(2-2)中前两项w_t+nS代表收购方对直接连接路径的控制力。nS代表收购方在并购整合时，可以按整合程度S吸收目标方的相似性资源n的控制力。第三项Øθ2代表收购方通过把目标方企业作为中介节点构建间接连接路径而造成的控制力的损失，且双方资源互补性水平越高，收购方越注重把目标方作为信息传递中介点位的信息渠道作用，对间接连接路径赋予的权重越高，为维持目标方信息渠道作用的控制力损失越大。

时期t给定收购方根据资源基础选择的整合程度$s_t=S$，目标方占据控制力的概率pA：

$$pA = p(θ|S) = F(Øθ+δn-nS(1+δ)) \quad (2-3)$$

收购方占据控制力的概率pB：

$$pB = 1-pA = 1-F(Øθ+δn-nS(1+δ)) \quad (2-4)$$

（四）模型动态化

博弈的时序如下：(1)并购整合开始后，收购方企业依据双方资源相似性、资源互补性水平选择整合程度，时期t时并购整合程度$s_t=S$，$S\in(0,1)$。(2)给定t时期的整合程度$s_t=S$，收购方企业选择与目标方所在创新网络中的企业进行θ条路径连接，构建合作关系。(3)并购双方根据式(2-1)和式(2-2)计算并比较控制力大小。特别地,如果 t 时期收购方控制力大于目标方控制力,下一期收购方会继续选择 $s_{t+1}=s_t=S$;如果目标方在 t 时期具有更高的控制力,则其下一期会反抗收购方的整合决策,并选择 $s_{t+1}=S'=0$。如果收购方控制力占优 $P_t^B \geq P_t^A$,$s_{t+1}=s_t=S$;如果目标方控制力占优 $P_t^A \geq P_t^B$,$s_{t+1}=S'=0$。

考虑时间动态,并购整合过程引发的合作创新为母国产业带来的技术创新收益价值函数 V(S):

$$V(S) = \max_{\theta(S) \geq 0} \{-\theta + p(\theta|S)[R1(S)+\beta V(S')] + [1-p(\theta|S)][R2(S)+\beta V(S)]\} \quad (2-5)$$

式(2-5)中第一项代表搜寻申请 θ 条路径连接的单位成本为 1。第二、三项代表依据贝叶斯法则的创新收益。参数 β 代表动态模型中的时间贴现因子。这里我们令目标方具有网络控制力时的创新收益 R1(S) 具有如下形式:

$$R1(S) = \theta 1(S)\frac{1}{\delta} + \theta 2(S) + 1 \quad (2-6)$$

式(2-6)中第一项代表构建一条关系嵌入连接的创新收益为 $\frac{1}{\delta}$;第二项代表与其他核心企业构建一条结构嵌入连接的创新收益为 1 单位。第三项代表在目标方具有网络控制力时,并购整合过程中,目标方与其原有外围企业的合作关系依旧维持并产出创新收益 1 单位。相似的,设收购方具有网络控制力时的创新收益 R2(S) 如下:

$$R2(S) = \theta 1(S)\frac{1}{\delta} + \theta 2(S) \quad (2-7)$$

这里 R2(S) 与 R1(S) 唯一的区别在于,收购方具有控制力时,目标方企业对于其外围企业的合作关系不具有控制力,其与外围企业合作关系的 1 单位产出将被损失。

同理,整合程度为 S' 时收购方企业并购整合带来的技术创新收益价值函数 V(S'):

$$V(S') = \max_{\theta(S') \geq 0} \{-\theta + p(\theta|S')[R1(S')+\beta V(S')] + [1-p(\theta|S)][R2(S')+\beta V(S)]\} \quad (2-8)$$

创新收益如下:

$$R1(S') = \theta 1(S')\frac{1}{\delta} + \theta 2(S') + 1 \quad (2-9)$$

$$R2(S') = \theta1(S')\frac{1}{\delta} + \theta2(S') \tag{2-10}$$

收购方通过并购整合嵌入目标方所在创新网络,并进一步对母国产业进行创新溢出。由式(2-5),t期整合程度为S时产业创新溢出量R_t:

$$R_t = \left[\theta1(S)\frac{1}{\delta} + \theta2(S) + p(\theta|S)\Delta R\right] \tag{2-11}$$

其中$\Delta R = R1 - R2$。设定创新溢出可以在路径长度为1的节点间传递。根据前文,收购方母国产业网络为G,记$GBi = 1$,如果企业i与收购方B具有直接连接;记$GBi = 0$,如果i不与收购方B具有直接连接。在网络溢出分配规则上,借鉴平均主义规则(Jackson and Wolinsky,1996)。令K_t代表t时期母国产业网络中其他企业i实际接收的平均产业技术溢出量,具有以下形式:

$$K = \sum_{i \in G, i \neq B} \frac{R_t GBi}{\delta} \tag{2-12}$$

三、均衡分析

对式(2-5)、式(2-6)求解最优化,得到以下一阶条件:

$$\emptyset f[\emptyset\theta(S) + \delta n - nS(1+\delta)](\Delta R + \beta\Delta V) = 1 \tag{2-13}$$

$$\emptyset f[\emptyset\theta(S') + \delta n](\Delta R + \beta\Delta V) = 1 \tag{2-14}$$

其中$\Delta V = V(S') - V(S)$;由式(2-9)和式(2-10),得到均衡中如下关系:

$$\theta(S) = \theta(S') + \frac{nS(1+\delta)}{\emptyset} \tag{2-15}$$

由式(2-5),式(2-6),式(2-11)得$\Delta V = \frac{nS(1+\delta)}{\emptyset}$。带入一阶条件得到:

$$\emptyset f[\emptyset\theta(S) + \delta n - nS(1+\delta)]\left(\Delta R + \beta\frac{nS(1+\delta)}{\emptyset}\right) = 1 \tag{2-16}$$

对式(2-16)应用隐函数求导得到如下命题2-1。

命题2-1:当整合程度为$S \in [0, \frac{\delta}{1+\delta} - \frac{\beta}{\emptyset n(1+\delta)})$,均衡时存在$\frac{\partial S^*}{\partial n} > 0$;$\frac{\partial S^*}{\partial \emptyset} < 0$;$\frac{\partial \theta(S)}{\partial S^*} > 0$,表明此时的并购整合能最大化母国技术创新收益:

(1)当并购双方资源相似性高、资源互补性低时,收购方选择较高整合程度,通过提升收购方嵌入目标方创新网络节点度,促进母国产业技术创新。

(2)当并购双方资源相似性低、资源互补性高时,收购方选择较低整合程度,通过提升收购方嵌入目标方创新网络节点度,促进母国产业技术创新。

(3)当并购双方资源相似性高、资源互补性高时,收购方选择适中整合程度,通过提升收购方嵌入目标方创新网络节点度,促进母国产业技术创新。

对高相似、低互补的资源组合而言,选择较高的整合程度将提升其直接连接路径比重,直接连接中同质性偏好将快速有效整合目标方所在核心外围合作关系中的网络资源,提升并购方企业嵌入创新网络的节点度,并进一步通过有效产业逆向溢出,实现母国产业技术创新;并且目标方在间接连接路径的信息传递中具有较强的信息过滤作用,提高整合程度降低间接连接路径的权重,将削弱这一阻碍。

对低相似、高互补的资源组合而言,选择较低的整合程度,一方面收购方选择较低的整合程度,将降低其对目标方所拥有外围企业的控制力,进而不破坏目标方与原有外围企业的合作创新价值,实现并购整合创新转移收益的增进;另一方面,较低的整合程度将促进目标方企业作为中介点位传递网络其他核心企业信息过程中的信息渠道作用,进而提升收购方通过间接连接路径嵌入目标方所在创新网络实现创新合作收益的增长,提高产业技术溢出总量促进产业技术创新。

对高相似、高互补的资源组合,需同时关注基于同质性偏好、资源依附偏好的直接连接路径以及基于目标方网络结识的间接连接路径,即直接连接和间接连接路径权重相似,应选择适中的整合程度。

证明:

利用隐函数求导法则,即证:$\frac{\partial S}{\partial n} = -\frac{F_n}{F_S} > 0$;$\frac{\partial S}{\partial \emptyset} = -\frac{F_\emptyset}{F_S} < 0$;$\frac{\partial \theta(S)}{\partial S} = -\frac{F_S}{F_{\theta(S)}} > 0$。

记 $x = \emptyset\theta(S) + \delta n - nS(1+\delta)$;有如下 $F_{\theta(S)} = \emptyset^2 f'(x)\left[\Delta R + \beta\frac{nS(1+\delta)}{\emptyset}\right] < 0$;$F_S = \emptyset f'(x)[-n(1+\delta)]\left[\Delta R + \beta\frac{nS(1+\delta)}{\emptyset}\right] + f(x)\emptyset\left[\beta\frac{n(1+\delta)}{\emptyset}\right] > 0$。

因此有 $\frac{\partial \theta(S)}{\partial S} > 0$。及 $F_n = \emptyset\{f'(x)[\delta - S(1+\delta)]\left[\Delta R + \beta\frac{nS(1+\delta)}{\emptyset}\right] + \emptyset(x)\beta$

$\frac{S(1+\delta)}{\emptyset}\}$。$F\emptyset = f(x)\left[\Delta R + \beta\frac{nS(1+\delta)}{\emptyset}\right] + \emptyset f'(x)\theta\left[\Delta R + \beta\frac{nS(1+\delta)}{\emptyset}\right] + f(x)\emptyset\left[-\beta\frac{nS(1+\delta)}{\emptyset^2}\right]$。需证 Fn<0 且 F∅>0；均衡时 $f'(x)$ 为接近于 0 的负数，为满足 Fn<0，若 $f'(x)\delta\left[\Delta R + \beta\frac{nS(1+\delta)}{\emptyset}\right] + f(x)\left[\beta\frac{S(1+\delta)}{\emptyset}\right] < 0$，则满足 Fn<0；即需 $f'(x)\delta\Delta R + f(x)\left[\beta\frac{S(1+\emptyset)}{\emptyset}\right] < 0$；经 Z 变化后标准正态分布有 $f'(x) = (-x)f(x)$。即证 $(-x)\delta\emptyset R + \beta\frac{S(1+\delta)}{\emptyset} < 0$；给定 ΔR=1，替换 x，即满足：$\theta > \frac{nS(1+\delta) + \frac{\beta}{\emptyset} - \delta n}{\emptyset}$。为证明 F∅>0，只需要 $f(x)\Delta R + \emptyset f'(x)\theta\left[\Delta R + \beta\frac{nS(1+\delta)}{\emptyset}\right] > 0$，则满足 F∅>0；即证 $(-x)\Delta R + \emptyset\theta\Delta R + \beta nS(1+\delta)\theta < 0$，带入替换 x，即证：$-\delta n\Delta R + nS(1+\delta)(\Delta R + \beta\theta) < 0$。即证：$S(1+\delta)(1+\beta\theta) < \delta$，求一个充分条件，θmin 满足不等式，则根据 $\theta > \frac{nS(1+\delta) + \frac{\beta}{\emptyset} - \delta n}{\emptyset}$，代入，求解 $S(1+\delta)\left(1+\beta\frac{nS(1+\delta) + \frac{\beta}{\emptyset} - \delta n}{\emptyset}\right) < \delta$，得到 $S < \frac{\delta}{1+\delta}\frac{\beta}{\emptyset n(1+\delta)}$时 Fn<0，且 F∅>0，得证。

四、仿真实验

(一)仿真环境与设定

仿真主体总数为50。主体研发资源禀赋水平w_t，服从正态分布$w_t \sim N(15, 10)$。将禀赋水平划分4类区间。收购方为 B，目标方为 A，目标方控制的外围企业为{Da}，海外网络其他核心企业为{Db}，母国产业创新网络中企业为{Ci}。设置 $WAi \in (15,27)$，$WBi \in (5,15)$，$WCi \in (0,5)$，$WDa \in (27,30)$，$WDb \in (15,27)$。本章选取 n=9，∅=2 代表高相似、低互补组合；n=9，∅=9 代表高相似、高互补组合；n=2，∅=9 代表低相似、高互补组合。对并购前双方网络的平均节点度，由前文分析，给定两个初始网络中的企业个数为 n，则可得到如下关系 $\delta = \sqrt{n}-1$；本章考察 n=25，即 δ=4 的情况。选择 δ=4；对时间贴现，按时间贴现与利率关系,$\beta=1/(1+r)$根据三月期央行贷款利率4.35%计算得到$\beta=0.96$。并购整合程度选择$S=\{0.05,0.15,\cdots,0.75\}$,间隔0.05递增,代表整合程度从较低到较高的波动。设定$S\in(0.05,0.4)$为较低整合程度,$S\in(0.45,0.55)$为适中整合程度,$S\in(0.6,0.75)$为较高整合程度。仿真步长20期,每组参数重复仿真100次汇报均值。仿真实验观测变量如表2-1。

表 2-1　仿真实验观测变量

变量类别	变量名称	表示	来源
并购整合	整合程度	S	仿真实验
创新网络嵌入	当期连接路径总数	θ	仿真实验和式(2-16)
	当期直接连接路径数	θ1	仿真实验和式(2-16)
	当期间接连接路径数	θ2	仿真实验和式(2-16)
	期末收购方节点度	D	仿真实验
产业技术创新	产业创新溢出量	R	仿真实验和式(2-11)
	产业平均创新溢出量	K	仿真实验和式(2-12)

(二)仿真结果及分析

图2-2汇报不同资源组合最优化产业技术创新时,并购整合程度与当期构建路径连接数量关系图,从左到右分别展示均衡时嵌入路径连接数量、直接连接路径数量、间接连接路径数量。

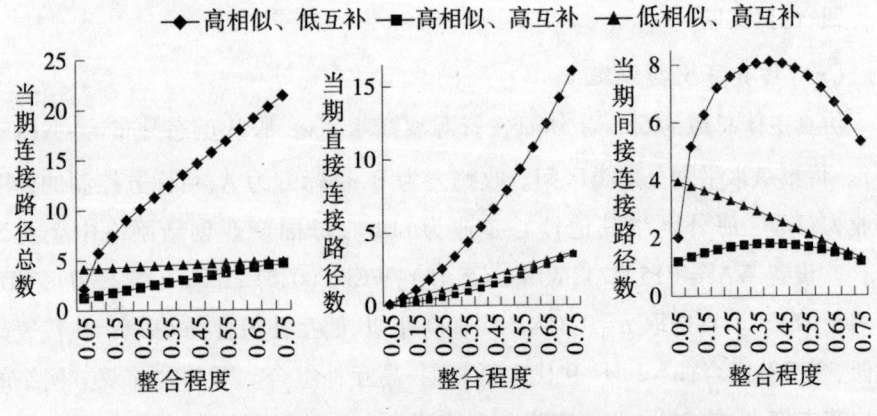

图 2-2　不同资源组合并购整合的创新网络嵌入路径数量

左侧图表明均衡中,伴随收购方整合程度的提升,其可以申请的路径连接数量不断提升。中间和右侧图表明,伴随整合程度的提升,高相似、低互补组合的直接连接路径不断提升,而间接连接路径数量呈现先增后减趋势,并且在较高整合程度区间内,直接连接路径数量明显大于间接连接路径数量;高相似、高互补组合也具有相同变动趋势,但不同连接路径数量差距较小;对于低相似、高互补组合,其间接连接数量伴随整合程度的提升持续降低。

上述特征表明:第一,嵌入目标方所在创新网络过程中,高相似、高互补组合更依赖高并购整合程度引发的直接连接路径。第二,间接连接中目标方作为中介点位,根据收购方选取的整合程度,权衡其在信息渠道和信息过滤中的作用。在高相似、低互补以及高相似、高互补组合中,整合程度从较低提升至适中的过程中,目标方依托于高资源相似性,在信息传递中保持较高控制力,体现为信息渠道作用;而当整合程度较高时,并购整合对目标方控制力削弱增大,导致信息过滤作用增大从而降低间接连接路径数。第三,在低相似、高互补组合中,间接连接路径过程中目标方信息过滤作用始终占据主导,整合程度越高,间接连接路径数越低。

图2-3依次汇报高相似、低互补,高相似、高互补,低相似、高互补组合收购方并购整合程度与产业技术创新表现关系。

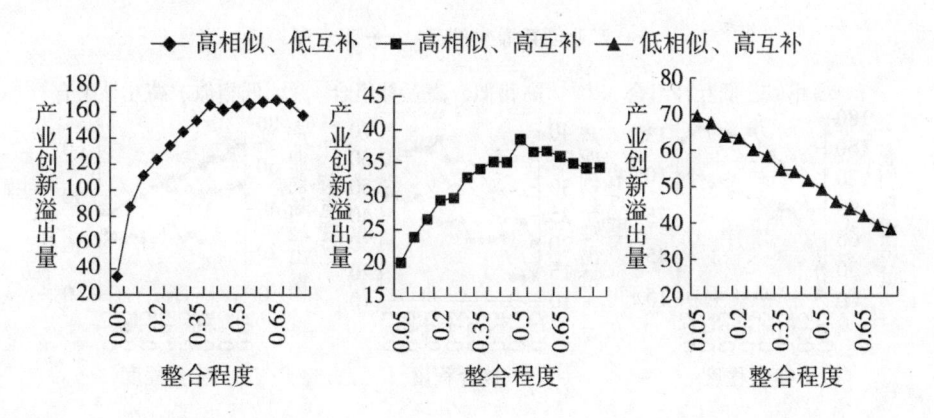

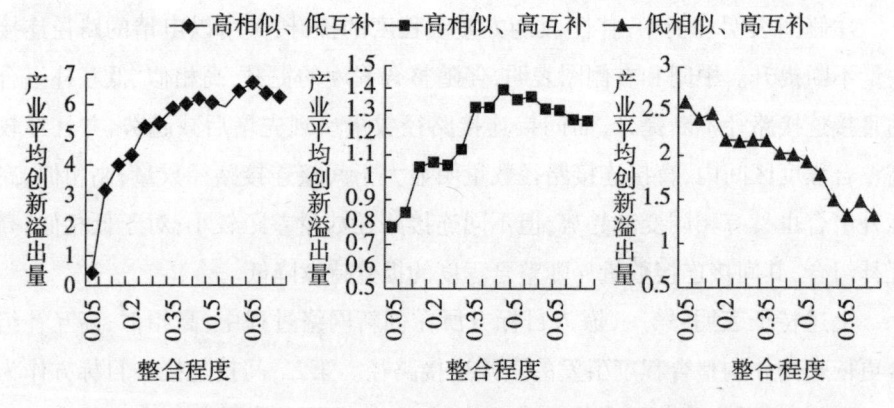

图 2-3 不同组合并购整合与产业技术创新表现

对高相似、低互补组合,伴随整合程度的提升,产业技术创新表现亦提升,在较高整合程度区间(0.60,0.75),产业技术创新达到较高水平;对高相似、高互补组合,产业技术创新表现呈现先增长后降低的趋势,在适中整合程度区间(0.45,0.55),产业技术创新表现达到最优;对于低相似、高互补组合而言,选择较低的整合程度有利于产业技术创新。

图 2-4 汇报不同资源组合产业创新总溢出最优化区间对应的整合程度及收购方节点度情况。

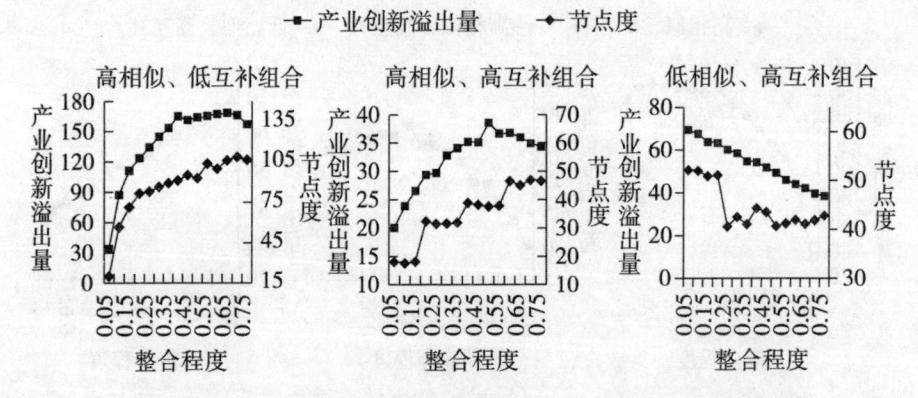

图 2-4 不同资源组合的并购整合嵌入网络节点度与产业技术创新

左侧高相似、低互补组合表明,选择较高的整合程度将提升收购方嵌入目标方所在创新网络节点度,促进产业技术创新,伴随整合程度提升到区间(0.60,0.70),产业技术创新指标达到最高区间(高于165),对应的收购方嵌入目标方所在网络的节点度提升至 105 以上。中间图表明对于高相似、高互补组合,选择适中的整合程度能够提升其节点度,促进产业技术创新,伴随整合程度提升到区间(0.45,0.55),产业技术创新指标达到 36 以上,对应的节点度水平提升至 38 左右,如继续提升整合程度,虽然节点度提升但产业技术创新下降。右侧图中伴随整合程度的提升,收购方嵌入创新网络节点度和产业技术创新均降低,表明选择较低的整合程度将提升嵌入网络节点度促进产业技术创新。

第二节 基于创新网络嵌入的海外并购整合提升创新能力跨层次动态演化研究

一、仿真实验环境与行为规则

(一)初始创新网络刻画

本章旨在创新网络背景下,研究并购方如何选择恰当的整合策略,提升在全球创新网络中的位置进而向本土产业进行创新溢出,因此,我们首先对创新网络进行刻画。根据 Netlogo 模型库,生成 N=100 个主体节点、平均节点度为 ε 的空间集聚网络(Spatially-clustered Network)。空间集聚网络中节点之间根据地理邻近性生成网络连接。产业内知识扩散,特别是隐性知识的传递效应显著受到地理邻近性的影响,创新知识的适用性和可靠性会随着理论距离的增加而衰减,降低行为主体之间发生创新联系的概率;经验研究也发现知识密集型产业的分布,特别是在产业技术早期阶段,符合地理邻近性的规律,形成空间集聚结构(Abramovsky and Simpson,2011)。然而,随着产业成长与技术发展,地理邻近性阻碍新知识的进入,形成产业内的空间锁定。通过海外并购整合,并购方企业以及本土其他企业能够与处于技术领先地位的海外企业形成创新联系,突破空间地理束缚在更远的空间中进行新知识的学习与扩散。因此,为了符合产业内企业连接的演化特征,本章生成由地理邻近性形成的空间集聚网络作为初始网络结构,而在并购整合发生后,创新网络的演化同时考虑了偏好依附效应与技术禀赋效应等连接规则。接着,在创新网络中确定并购方主体,根据以下

两个条件确保并购方主体是母国产业的核心企业:(1)在 40 * 40 的网络界面中,在横轴特定范围,即|xcor|<15 且纵轴特定范围,即|ycor|<15 区域内选择一个主体,变为红色,记为并购方;(2)用病毒传播来模拟产业内知识扩散,以并购方为中心,每期沿直接连接向外传播 1 个距离,每个传播者的直接连接者存在 p=20% 的被传播概率,如果被传播则记为母国产业内企业,节点颜色变为绿色,当 n=20 时停止,形成 n=20 个母国产业内企业。然后,在|xcor|<5 且|ycor|<5 区域内选择选取海外企业中连接数量最高的节点,变成黄色作为目标方,代表目标方是全球网络中的核心企业。在全球创新网络 G 中,对每个企业主体所赋予的技术禀赋e_i,服从随机分布,其中并购方企业及并购方母国产业企业的技术禀赋为$e_1, e_k \in (0.1, 0.5)$,目标方企业及全球创新网络中其他企业的技术禀赋为$e_2, e_j \in (0.6, 1)$。基于 Netlogo 6.0.1 的仿真初始界面如图 2-5 所示。

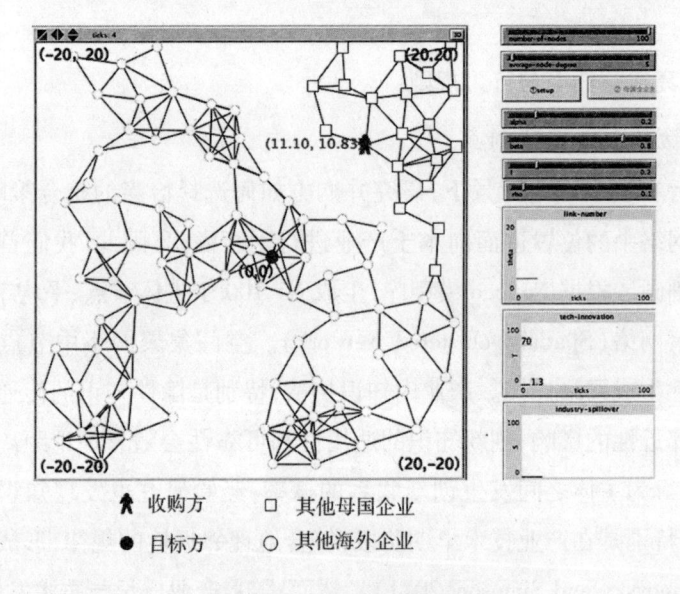

图 2-5 仿真初始界面

图 2-5 仿真软件图像界面左边是模拟网络环境,代表并购整合前的初始网络,其中,全球创新网络节点数量 N=100,产业子网络节点数量 n=20,其中实心圆圈为目标方,人形符号为并购方企业,空心方块是母国产业子网络中其他企业,空心圆圈是全球创新网络中其他海外企业。此时全球创新网络初始的平均度为 5;仿真界面右上方为核心参数资源相似性和资源互补性水平以及辅助参

数变动的滑动条。中间蓝色按钮分别为启动、清空的命令键,下方图界面将分别汇报随着时间变动的并购方在全球创新网络中新形成的连接路径数量、并购方技术水平以及对产业的技术溢出量。本章的仿真结果并不受限于一个仿真世界,根据附录A1中仿真源程序生成的多个仿真世界均能得出本章相同结论,即仿真实验结果具备稳健性。图2-5初始网络结构图,代表并购整合前的初始网络,由于仿真程序生成的初始网络连接位置具有一定随机性,因此为了各组实验结果的可比较性,本章选取一个创新网络的仿真世界展开实验,该初始网络的位置信息见附录A2。

(二)技术获取型海外并购整合规则设置

基于海普曼和克鲁格曼(Helpman and Krugman,1985)的垄断竞争模型与戈亚尔和乔希(Goyal and Joshi,2003)的研发网络竞争模型,构建了全球创新网络背景下技术获取型海外并购整合的收益函数,求解得收购方企业整合收益最大化的均衡条件为:

$$A\left(\frac{1-\rho}{\rho}\right)\rho^{\sigma}(\sigma-1)\varphi(\beta)e_2[\gamma_0-\varphi(\beta)\cdot(e_1+I^*e_2)-\gamma d_m(0)]^{-\sigma}$$
$$-2I^*f(\alpha,\beta)(e_2-e_2)=0 \qquad (2-17)$$

其中A代表市场总需求规模,$\rho \in (0,1)$是CES效用方程中的替代弹性参数,$\sigma = \frac{1}{1-\rho} > 1$定义为差异化产品的替代弹性。并购方根据双方资源选择并购整合程度$I, I \in (0,1)$,并购双方的资源相似性为α,资源互补性为$\beta, \alpha, \beta \in (0,1)$。$\varphi(\beta) > 1$是借鉴萨哈默和福尔塔(Sakhartov and Folta,2014)对互补性带来的协同效应因子的设置,$f(\alpha,\beta)$是依据奇和赛斯(Chi and Seth,2009)对整合的摩擦倾向的刻画,相似性越高,整合的摩擦效应越低,互补性越高,整合过程的摩擦倾向越高。

在初始阶段t=0(网络连接尚未进行演化),整合后并购企业m的技术水平为$T_m(0) = \varphi(\beta) \cdot (e_1 + I e_2) + \gamma d_m(0) - f(\alpha,\beta) \cdot I^2 (e_2 - e_1)$,第一项代表并购双方整合发挥协同效应所带来的技术能力的提升,第二项代表并购方在全球创新网络中的研发合作获得的技术溢出,第三项为整合所面临的摩擦成本。全球创新网络中其他企业的技术水平为$T_i(0) = e_i + \gamma d_i(0)$。

(三)创新网络连接演化规则

在随后的仿真过程中,创新网络演化规则分为两个部分,第一部分是并购方整合过程中并购方的连接规则,第二部分则是创新网络自身随时间的演化规律,即所有网络中节点形成新连接的规则。

在整合过程中,并购方的网络连接概率是并购双方资源相似性、资源互补性与整合程度的函数:(1)在整合过程中,并购方与目标方的外围企业直接进行连接的概率为 $P_S = a * I$,即相似性越高且整合程度越高,并购方与目标方外围企业直接连接的概率越高,其经济学含义为整合程度越高,并购方越倾向于与目标方上下游产业链、供应链企业进行深度接触,以提升对目标方的控制程度;同质性偏好理论(Monge and Contractor,2003)提出主体会搜寻网络中高相似性资源的企业进行连接,因此,当并购双方资源相似性高时,并购方对目标方及其控制的网络资源较为了解,通过深度整合与目标方外围企业进行连接的成功概率会越高。(2)在整合过程中,并购方与网络中技术资源丰富的节点进行连接的概率为 $P_h = \beta * (1-I)$,即互补性越高且整合程度越低,并购方越容易与创新网络中技术资源丰富的节点进行连接,其经济学含义为资源互补性是技术创新的决定性资源,当对互补性资源进行低度整合时,并购方双方的连接质量可以提升,低度的整合策略使并购双方能够实现"1+1>2"的协同效应,提升自身技术创新能力后,带来声誉效应,更容易与创新网络中高技术企业形成研发合作。

与此同时,本章刻画整体网络的动态性,使创新网络中的每个节点在每个时期都有一定概率可以形成连接,而当并购方能够恰当整合目标方的时候,它能够形成新连接的概率要高于其他节点。每个时刻全球创新网络生成一条连接,随机选择一个全球创新网络中任一节点与网络中已有节点建立一条连接。然而,不是所有已存在主体都是均等的吸引新的连接。本节借鉴席林和芳(Schilling and Fang,2014)的组织学习仿真中路径连接形成概率,任何全球网络中已存在的节点 i 产生新连接的概率受到节点 i 的已有连接数量和 i 的技术水平 $T_i(t)$ 的影响。我们记 d_i 作为全球创新网络中已存在节点 i 的连接数量,主体 i 在时刻 t 的技术水平为 $T_i(t) = e_i + \gamma d_i(t)$。特别地,并购方企业 m 整合后的连接数量为 $d_m(t) = d_h + \theta(t)$,整合后的技术水平为 $T_m(t) = \varphi(\beta) \cdot (e_1 + I e_2) + \gamma d_m(t) - f(a,\beta) \cdot I^2(e_2-e_1)$。因此,我们可以展示全球网络中的节点 i 构建连接的概

率,依据席林和芳(Schilling and Fang,2014),其是一个关于d_i和$T_i(t)$的函数:

$$P_{i,t} = \frac{d_i(t) * T_i(t)}{\sum_j d_j(t) * T_j(t)} \quad (2-18)$$

全球创新网络中新构建连接的概率体现出网络连接演化的两个规则:(1)偏好依附效应(Barabási and Albert,1999),节点已有的连接数量越多,越容易吸引新的连接,从而形成网络中的枢纽(Schilling and Fang,2014);(2)技术禀赋效应,已有节点的技术水平越高越容易形成示范效应,新节点预期与其连接能够获得的创新收益越高。每个时期 t,并购方在全球创新网络中形成连接的概率为 $P_{m,t} = \frac{d_m(t) * [\varphi(\beta) \cdot (e_1 + I e_2) + \gamma d_m(t) - f(a,\beta) \cdot I^2(e_2 - e_1)]}{\sum_j d_j(t) * T_j(t)}$,对于并购方而言恰当的整合是并购方技术水平提升的关键,因此只有当并购方依据双方资源相似性、资源互补性特征选择恰当的整合程度,才能形成自身技术优势,并购方吸引其他企业形成新的研发合作与技术交流的概率才能提升,通过网络溢出效应并购方的技术水平会进一步提高,从而形成新连接的概率提高,网络连接实现动态演化。

为了直观显示网络演化特征,仿真实验中记录每个节点的位置坐标,每形成一次新连接,对应主体坐标向界面中心点前进一次;即创新网络中主体位置向中心点位移的程度代表了其网络位置的提升度。记 t 期,并购方的连接数量为 $d_m(t) = d_h + \theta(t)$,可以进一步求出 t 期并购方在全球创新网络的度中心性 $D_m(t)$ 和结构洞约束性 $\mu_m(t)$:

$$D_m(t) = \frac{d_h + \theta(t)}{N-1} \quad (2-19)$$

$$\mu_m(t) = \frac{1}{[d_h + \theta(t)]^2} \sum_j (1 + \sum_q \frac{1}{d_q})^2 \quad (2-20)$$

j 指在全球创新网络中与并购企业有连接的企业,q 指既与并购企业又与 j 相连的企业,d_q 为 q 的节点度。第 t 期,全球创新网络中的并购企业 m 新构建了 $\theta(t)$ 条路径连接,为寻求结构洞位置的收益,新构建的路径连接一定会避免形成封闭的三角回路(Buskens and Rijt,2008)①,因此,新建的连接一定不会增加 q 的数量,而且也不需要重复与原有 q 再次形成连接,并购整合前后 d_q 保持不变。

(四)基于创新网络的海外并购整合与产业技术溢出的动态分析

借鉴学者的不完全信息网络博弈模型,构建并购企业通过技术获取型海外并购整合获得技术价值后,对新技术进行市场化应用,这个行为对于产业内其他企业传递新技术价值的信号,通过观察并购企业的策略,产业内其他企业接着做出对新技术采用的决策。根据式(1-73),并购方对产业技术创新的溢出效应:

$$S(t) = \frac{b_m(G_1,\delta,1)[b_m(G_1,\delta,\omega)-\omega_m]}{2-y_{mm}} \cdot \begin{bmatrix} \varphi(\beta) \cdot (e_1+I e_2)+\gamma d_m(t)-f(a,\beta) \\ \cdot I^2(e_2-e_1) \end{bmatrix} \quad (2-21)$$

其中,第一项根据学者的定义,$Z = \dfrac{b_m(G,\delta,1)[b_m(G,\delta,\omega)-\omega_m]}{2-y_{mm}} > 0$ 为信号中心度,是对卡茨-波纳西茨(Katz-Bonacich)网络中心度的加权变形,可理解为并购方对产业技术创新的溢出系数,$b_m(G_1,\delta,\omega)$ 为同步博弈中产业内企业的新技术市场化投入,y_{mm} 代表并购方企业加权的网络效应。第二项 $\varphi(\beta) \cdot (e_1+I e_2)+\gamma d_m(t)-f(a,\beta) \cdot I^2(e_2-e_1)$ 恰好为并购企业通过技术获取型海外并购整合获得新技术价值。并购企业在母国产业网络中的位置越核心,对产业技术创新的带动作用越强;同时,并购企业在全球创新网络中的位势越高,其集聚扩散资源的能力越强,从全球创新网络中获得的新技术价值也越高,进而对产业技术创新的带动作用也越强。

---

① 对(Buskens and Rijt,2008)连接规则的证明: $C_i^* - C_i = \dfrac{1}{(d_i+1)^2}\sum_j\left(1+\sum_q\dfrac{1}{d_q}\right)^2 - \dfrac{1}{d_i^2}\sum_j\left(1+\sum_q\dfrac{1}{d_q}\right)^2 = -\dfrac{1}{d_i(d_i+1)} < 0$。因此,新增连接降低了行人 i 的网络约束,提升了 i 的结构洞地位。相同地,新增连接也降低了行为人的网络约束性。可证明,新建的连接避免形成封闭三角回路,对参与新连接的双方均有结构洞优势。

二、仿真实验及参数设定

我们进一步根据1.4节数理模型中各参数的取值范围对仿真实验中的参数进行数值设定。本章选取 $\alpha=0.8, \beta=0.2$ 代表高相似、低互补组合；$\alpha=0.2, \beta=0.8$ 代表低相似、高互补组合；$\alpha=0.8, \beta=0.8$ 代表高相似、高互补组合。仿真实验用到的各个参数的符号、含义和参数性质见下表2-2，仿真实验观测变量及其数理依据见表2-3，综合考虑参数的经济含义和取值范围，对不同仿真实验核心参数和辅助参数进行设置见下表2-4和表2-5。

表2-2 仿真实验参数含义

参数符号	参数含义	参数性质
A	全球市场规模	固定
γ_0	全球网络中各企业对称且相同的初始边际成本	固定
γ	每个连接带来的边际成本下降的幅度	固定
e_1	并购前并购方企业的技术禀赋	随机
e_2	并购前目标方企业的技术禀赋	随机
e_j	目标方所在全球创新网络中其他企业j的技术禀赋	随机
d_h	并购整合前收购方在全球创新网络中的路径连接数量	随机
d_q	q指既与并购企业相连又与j相连的行为人，d_q为q的路径连接数量	随机
τ	整合过程并购双方摩擦倾向参数	固定
Z	并购企业母国产业网络信号中心度①	固定
α	资源相似性	可变
β	资源互补性	可变
ρ	CES效用函数中的参数	固定
σ	产品替代弹性	固定

---

① 仿真参数设置依据数理模型，并购企业母国产业网络信号中心度根据学者的定义计算，$Z=\dfrac{b_m(G,\delta,1)(b_m(G,\delta,\omega)-\omega_m)}{2-y_{mm}}$。

表 2-3 仿真实验观测变量

变量类别	变量名称	表示	来源
并购整合	整合程度	I	仿真实验
创新网络位置	并购企业将选择在全球创新网络G中新构建的路径连接数量	θ	依据式(2-19)及仿真实验
创新网络位置	并购方全球创新网络中心度	D_m	依据式(2-19)及仿真实验
创新网络位置	并购方全球创新网络约束性(结构洞)	μ_m	依据式(2-20)及仿真实验
产业技术创新	产业技术溢出	S	依据式(2-21)及仿真实验

表 2-4 仿真实验核心参数设置

检验假设	资源相似性、资源互补性	整合程度	模型编号	观测变量
1. 相似性强、互补性弱的整合与产业技术创新的传导的仿真结果分析				
假设2-1:在技术获取型海外并购中,当资源识别为并购双方相似性强、互补性弱时,高整合程度通过提升并购方在创新网络的中心度与结构洞,促进并购方所在产业技术创新。	α=0.8, β=0.2	低度整合 I=0	仿真模型1	在高相似、低互补组合下,并购方不同整合策略下的创新网络中心度、结构洞与产业技术创新。
		中度整合 I=0.5	仿真模型2	
		高度整合 I=1	仿真模型3	
2. 相似性弱、互补性强的整合与产业技术创新的传导的仿真结果分析				
假设2-2:在技术获取型海外并购中,当资源识别为并购双方相似性弱、互补性强时,低整合程度通过提升并购方在创新网络的中心度与结构洞,促进并购方所在产业技术创新。	α=0.2, β=0.8	低度整合 I=0	仿真模型4	在低相似、高互补组合下,并购方不同整合策略下的创新网络中心度、结构洞与产业技术创新。
		中度整合 I=0.5	仿真模型5	
		高度整合 I=1	仿真模型6	
3. 相似性强、互补性强的整合与产业技术创新的传导的仿真结果分析				
假设2-3:在技术获取型海外并购中,当资源识别为并购双方相似性强、互补性强时,中度整合程度通过提升并购方在创新网络的中心度与结构洞,促进并购方所在产业技术创新。	α=0.8, β=0.8	低度整合 I=0	仿真模型7	在高相似、高互补组合下,并购方不同整合策略下的创新网络中心度、结构洞与产业技术创新。
		中度整合 I=0.5	仿真模型8	
		高度整合 I=1	仿真模型9	

表 2-5 仿真实验辅助参数设置

A	ρ	σ	γ_0	γ	d_q	τ	Z
30	1/2	2	25	0.5	3	1.2	0.2

三、仿真实验结果分析

（一）相似性强、互补性弱的整合与产业技术创新的传导的仿真结果分析

在仿真实验环境中已给出并购整合前的初始网络(图 2-5)，本节探索在相似性强、互补性弱的资源组合下，选择三种不同的整合策略：低度整合、中度整合和高度整合，仿真步长为 t=50 期后，观测并购整合发生后并购方在全球创新网络中的位置以及对产业技术创新的溢出。在比较仿真结果的基础上，判断对应资源基础的最优整合策略，以验证假设。图 2-6、图 2-7、图 2-8 为并购整合后的仿真网络结构图，分别代表为相似性强、互补性弱时选择低度整合(I=0)、中度整合(I=0.5)和高度整合(I=1)的仿真结果。与初始网络图 2-5 相同，图中全球创新网络节点数量 N=100，产业子网络节点数量 n=20，其中实心圆圈节点为目标方，人形符号节点为并购方企业，空心方块节点是母国产业子网络中其他企业，空心圆圈是全球创新网络中其他海外企业。

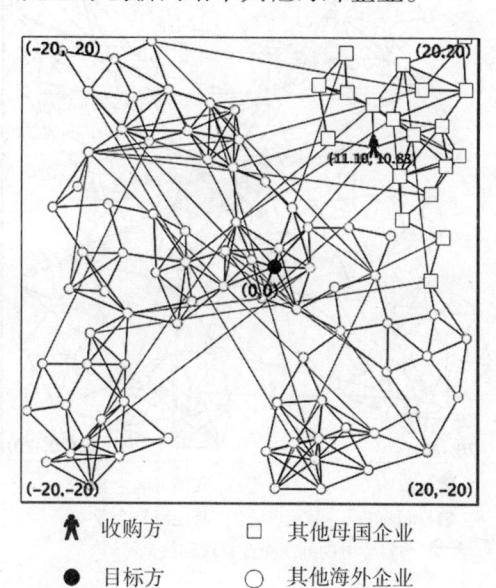

图 2-6 资源相似性强、互补性弱时低度整合后的网络仿真图

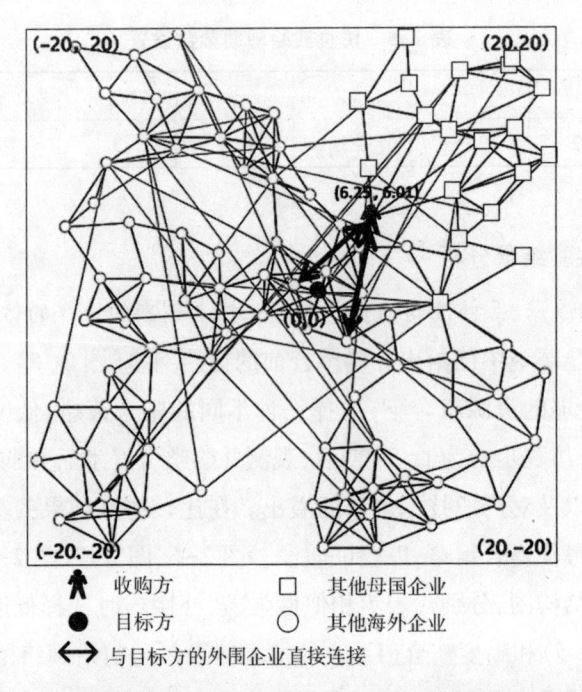

图 2-7 资源相似性强、互补性弱时中度整合后的网络仿真图

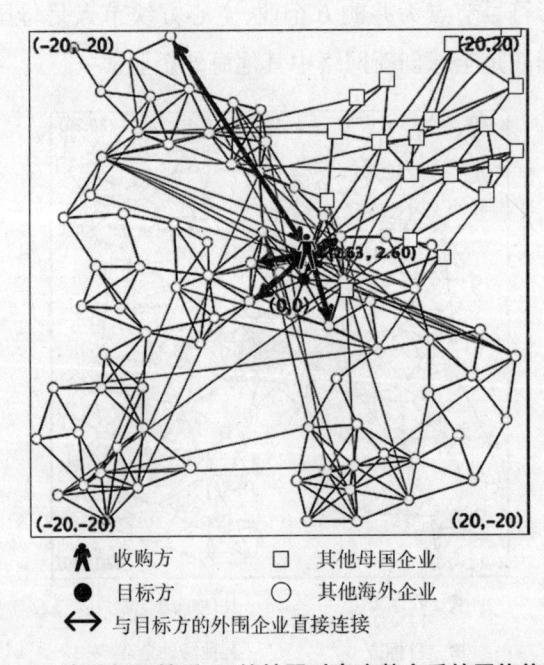

图 2-8 资源相似性强、互补性弱时高度整合后的网络仿真图

同时,三种连接线(link)分别对应三种网络演化规则:实线双箭头连接代表并购方整合过程中与目标方的外围企业进行直接连接;虚线双箭头连接代表并购方整合过程中与网络中技术禀赋高的节点进行连接;实线连接代表整体网络按照偏好依附规则等随时间自身演化规律形成的连接。

为直观地显示并购整合前后,并购方在创新网络中的位置,图中标记并购方的位置坐标,整合前后,并购方向原点移动的相对位置越大,代表并购方通过并购整合在创新网络的核心程度提升得越高。在图2-5初始网络结构图中,并购方位置坐标记为(11.10,10.83)。与图2-6和图2-7相比,图2-8中整合后并购方网络连接数最多,坐标位置(2.63,2.60)最接近原点。可以看出在相似性强、互补性弱的资源基础下,高度整合最能提升并购方在创新网络中的位置。从图2-8网络演化规则来看,强相似性、弱互补性的资源组合下,高度的整合策略使并购方倾向于对目标方的合作伙伴进行连接,实线双箭头连接数量最多为5条,对目标方的网络进行了有效控制。现实中表现为高度整合策略下并购方在整合过程中会对目标方的上下游合作伙伴、供应商等进行深度对接,以提升对目标方的控制力,而仅当并购双方具备足够的资源相似性时,这种深度整合才可行。

为了观察连贯性的变化趋势,本节在图2-9和图2-10中,并购整合程度选择$I\in(0,1)$区间内间隔0.1递增进行10组仿真实验,代表整合程度从较低到较高的波动。同时,为保证仿真结果的稳健性,每组参数设置仿真均运行10次汇报均值。分析图2-9和图2-10的结果可以发现,当并购双方资源相似性强、互补性弱(参数设置为$\alpha=0.8,\beta=0.2$)时,整合程度与并购方的全球创新网络中心度及产业技术溢出呈现波动性的正相关趋势,在整合程度为1时,并购方创新网络中心度、结构洞和产业技术溢出量均达到最大值。因此,仿真实验支持假设2-1。

(二)相似性弱、互补性强的整合与产业技术创新的传导的仿真结果分析

为了各组仿真实验的可比照性,本节依然以图2-5为并购整合前的初始网络,本节探索在相似性弱、互补性强的资源组合下,选择三种不同的整合策略:低度整合、中度整合和高度整合,仿真步长为t=50期后,观测并购整合发生后并购方在全球创新网络中的位置以及对产业技术创新的溢出。在比较仿真结

果的基础上,判断对应资源基础的最优整合策略,以验证假设。图2-11、图2-12、图2-13为并购整合后的仿真网络结构图,分别代表为相似性弱、互补性强时选择低度整合(I=0)、中度整合(I=0.5)和高度整合(I=1)。与初始网络图2-5相同,图中全球创新网络节点数量 N=100,产业子网络节点数量 n=20,其中实心圆圈节点为目标方,人形符号节点为并购方企业,空心方块节点是母国产业子网络中其他企业,空心圆圈是全球创新网络中其他海外企业。

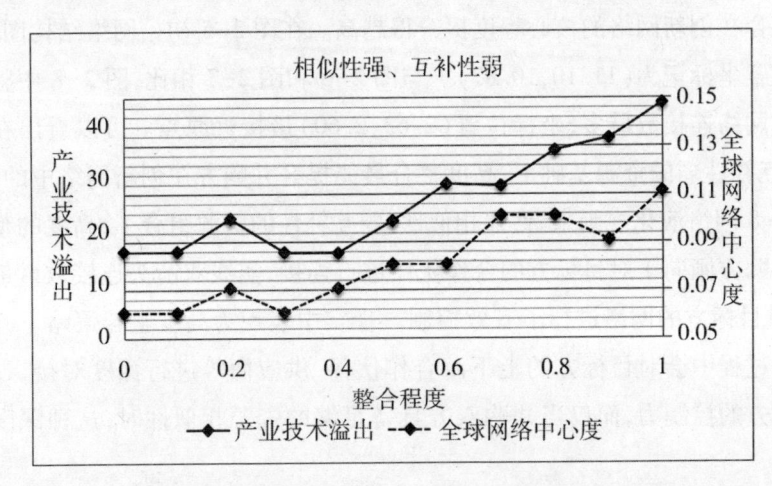

图2-9 资源相似性强、互补性弱时整合提升中心度与产业技术溢出仿真结果

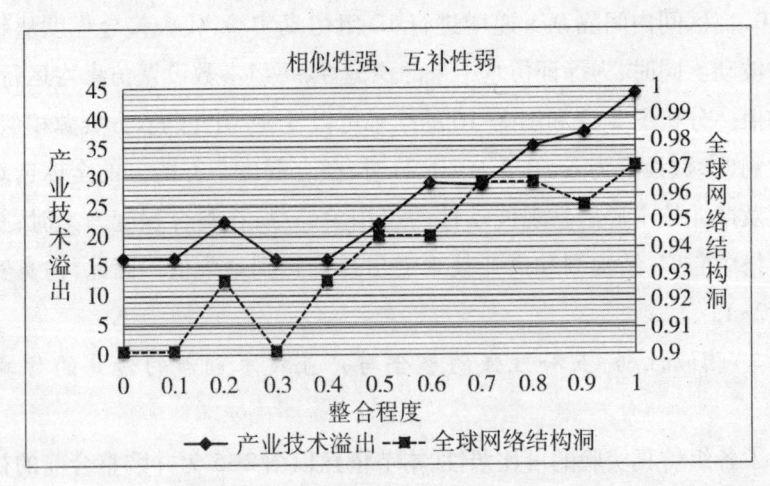

图2-10 资源相似性强、互补性弱时整合提升结构洞与产业技术溢出仿真结果

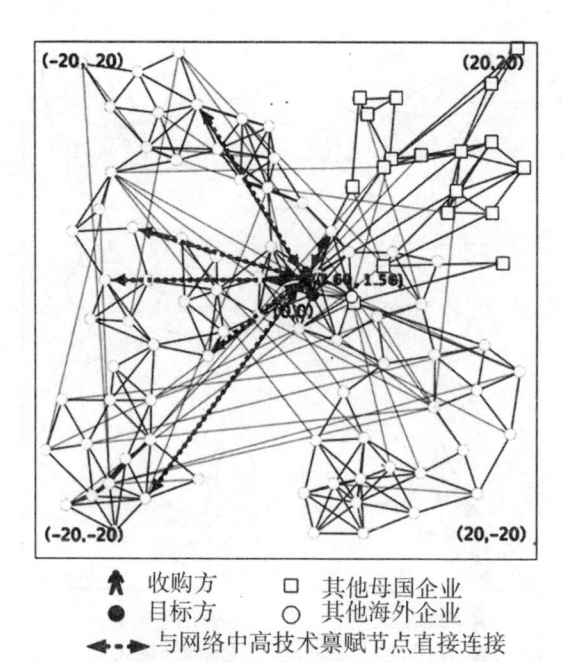

<<< 第二章 后追赶时代浙江制造企业海外并购整合提升创新能力的动态演化研究

图 2-11 资源相似性弱、互补性强时低度整合后的网络仿真图

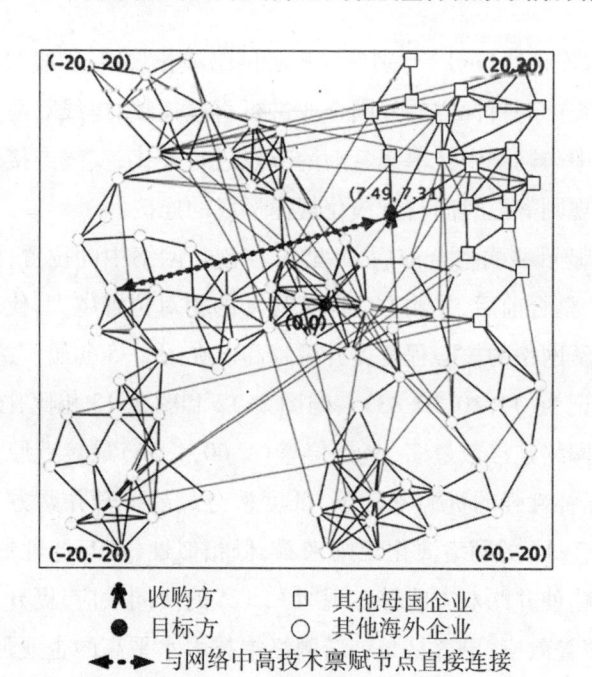

图 2-12 资源相似性弱、互补性强时中度整合后的网络仿真图

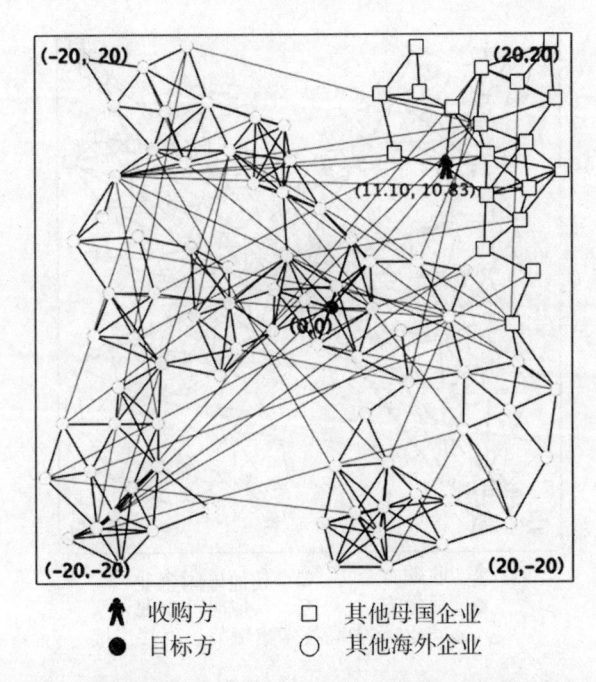

图2-13 资源相似性弱、互补性强时高度整合后的网络仿真图

同时,三种连接线(link)分别对应三种网络演化规则:实线双箭头连接代表并购方整合过程中与目标方的外围企业进行直接连接;虚线双箭头连接代表并购方整合过程中与网络中技术禀赋高的节点进行连接;实线连接代表整体网络按照偏好依附规则等随时间自身演化规律形成的连接。

为直观地显示并购整合前后,并购方在创新网络中的位置,图中标记并购方的位置坐标,整合前后,并购方向原点移动的相对位置越大,代表并购方通过并购整合在创新网络的核心程度提升得越高。在图2-5初始网络结构图中,并购方位置坐标记为(11.10,10.83)。与图2-12和图2-13相比,图2-11的低度整合后并购方网络连接数最多,坐标位置(1.60,1.56)最接近原点。可以看出在相似性弱、互补性强的资源基础下,低度整合最能提升并购方在创新网络中的位置。从图2-11的网络演化规则来看,低相似性、高互补性的资源组合下,低度的整合策略使并购双方能够实现"1+1>2"的协同效应,提升自身技术创新能力后,带来声誉效应,更容易与创新网络中技术水平高的企业形成研发合作,虚线双箭头连接较多。

将图2-8与图2-11进行比较,两组实验分别为不同资源基础下恰当整合后的创新网络演化图,但可以明显看出,当资源相似性强、互补性弱时,高度整合策略下,并购方在整合过程中会对目标方的上下游合作伙伴、供应商等进行深度联系,以提升对目标方的控制力,形成规模效应;由于互补性弱无法形成有效的协同,并购方与创新网络中技术创新能力强的企业进行连接的机会较少。因此,图2-8呈现出并购方的实线双箭头连接较多的网络图。而当资源相似性弱、互补性强时,低度的整合策略使并购双方能够实现"1+1>2"的协同效应,提升自身技术创新能力后,带来声誉效应,更容易与创新网络中技术水平高的企业形成研发合作;而较弱的相似性使深度整合不可行,并购方对目标上下游企业、供应链企业的控制能力较弱。因此,图2-11呈现出并购方的虚线双箭头连接较多的情况。

为了观察连贯性的变化趋势,本节在图2-14和图2-15中,并购整合程度选择$I \in (0,1)$区间内间隔0.1递增进行10组仿真实验,代表整合程度从较低到较高的波动。同时,为了保证仿真结果的稳健性,每组参数设置仿真均运行10次汇报均值。分析图2-14和图2-15的仿真结果可以发现,当并购双方资源相似性弱、互补性强时,并购方创新网络中心度指标和产业技术溢出量随整合程度的提升而持续下降,特别是在整合程度$I>0.6$之后,并购方创新网络中心度、结构洞和产业技术溢出量徘徊在较低水平,证明资源互补性主导的并购中,采取高程度的整合将破坏创新资源与研发路径的存续,不利于并购方提升在全球创新网络的位置与自身技术创新。因此,仿真实验支持假设2-2。

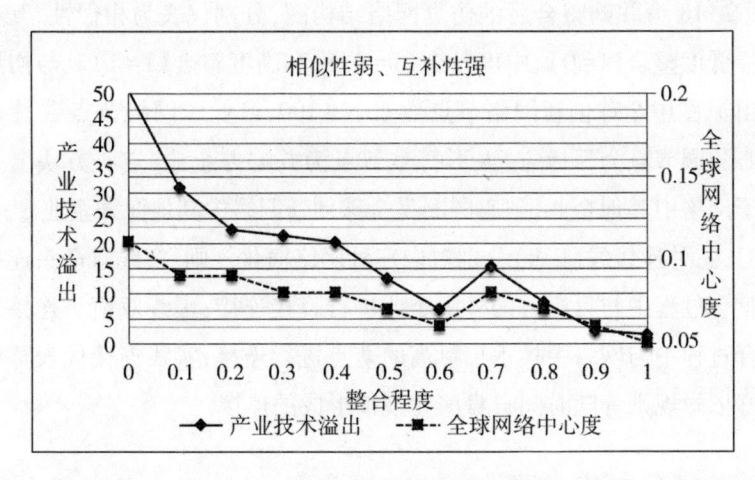

图2-14 资源相似性弱、互补性强时整合提升中心度与产业技术溢出仿真结果

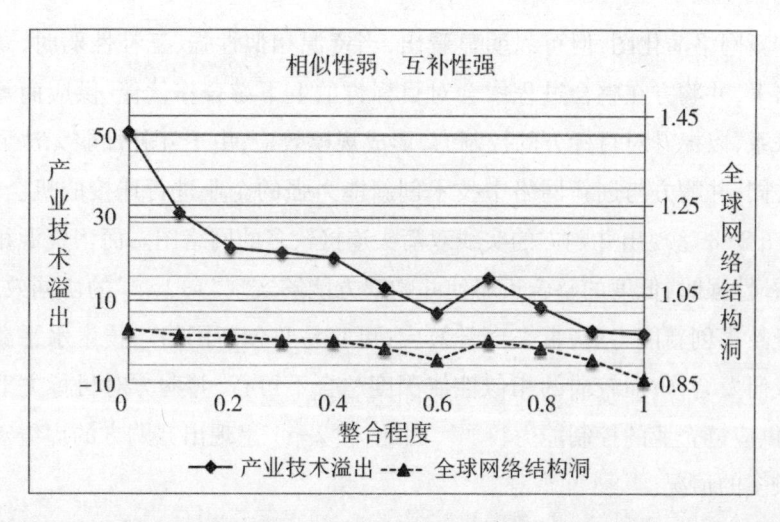

图 2-15 资源相似性弱、互补性强时整合提升结构洞与产业技术溢出仿真结果

（三）相似性强、互补性强的整合与产业技术创新的传导的仿真结果分析

为了各组仿真实验的可比照性，本节依然以图2-5为并购整合前的初始网络，本节探索在相似性、互补性均强的资源组合下，选择三种不同的整合策略：低度整合、中度整合和高度整合，仿真步长为t=50期后，观测并购整合发生后并购方在全球创新网络中的位置以及对产业技术创新的溢出。在比较仿真结果的基础上，判断对应资源基础的最优整合策略，以验证假设。图2-16、图2-17、图2-18为并购整合后的仿真网络结构图，分别代表为相似性、互补性均强时选择低度整合(I=0)、中度整合(I=0.5)和高度整合(I=1)。与初始网络图2-5相同，图中全球创新网络节点数量N=100，产业子网络节点数量n=20，其中实心圆圈节点为目标方，人形符号节点为并购方企业，空心方块节点是母国产业子网络中其他企业，空心圆圈是全球创新网络中其他海外企业。

同时，三种连接线(link)分别对应三种网络演化规则：实线双箭头连接代表并购方整合过程中与目标方的外围企业进行直接连接；虚线双箭头连接代表并购方整合过程中与网络中技术禀赋高的节点进行连接；实线连接代表整体网络按照偏好依附规则等随时间自身演化规律形成的连接。

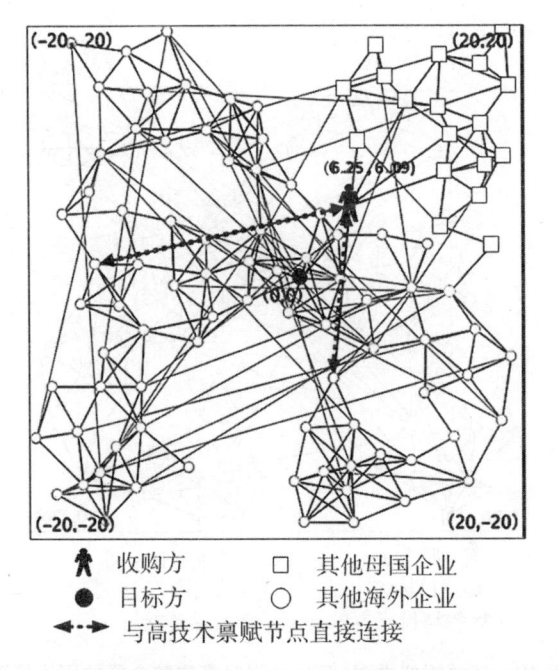

<<< 第二章 后追赶时代浙江制造企业海外并购整合提升创新能力的动态演化研究

图 2-16 资源相似性强、互补性强时低度整合后的网络仿真图

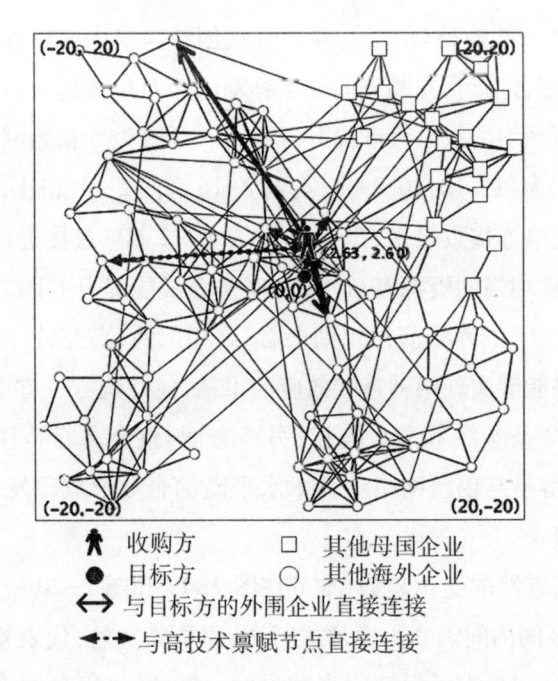

图 2-17 资源相似性强、互补性强时中度整合后的网络仿真图

[图示：资源相似性强、互补性强时高度整合后的网络仿真图，坐标范围(-20,-20)至(20,20)，标注点(5.31, 5.18)和(0,0)]

图例：
- ♙ 收购方
- ● 目标方
- □ 其他母国企业
- ○ 其他海外企业
- ↔ 与目标方的外围企业直接连接

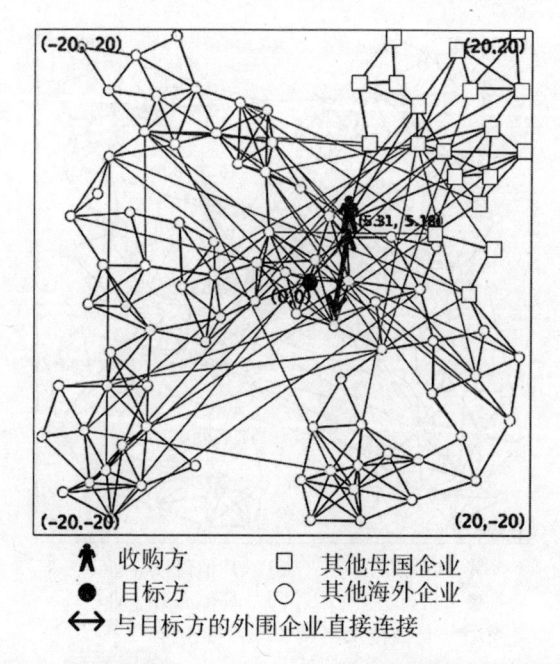

图 2-18　资源相似性强、互补性强时高度整合后的网络仿真图

为直观地显示并购整合前后，并购方在创新网络中的位置，图中标记并购方的位置坐标，整合前后，并购方向原点移动的相对位置越大，代表并购方通过并购整合在创新网络的核心程度提升得越高。在图 2-5 初始网络结构图中，并购方位置坐标记为(11.10, 10.83)。与图 2-16 和图 2-18 相比，图 2-17 的中度整合后并购方网络连接数最多，坐标位置(2.63, 2.60)最接近原点。可以看出在相似性、互补性均强的资源基础下，中度整合最能提升并购方在创新网络中的位置。从图 2-17 的网络演化规则来看，高相似性、高互补性的资源组合下，中度的整合策略能够实现两种连接效应的平衡，使并购方一方面与目标方邻居进行相连，形成 2 条实线双箭头连接；另一方面，整合高互补性带来的协同效应，使并购方较容易与创新网络中技术水平高的企业形成研发合作，形成 3 条虚线双箭头连接。

为了观察连贯性的变化趋势，本节在图 2-19 和图 2-20 中，并购整合程度选择 $I\in(0,1)$ 区间内间隔 0.1 递增进行 10 组仿真实验，代表整合程度从较低到较高的波动。同时，为了保证仿真结果的稳健性，每组参数设置仿真均运行 10 次汇报均值。分析图 2-19 和图 2-20 的仿真结果可以发现，当并购双方资源相似性、互补性均强时,拟合趋势线呈现出倒 U 形,并购方创新网络中心度、结构洞指标在 I=0.5 左右呈现出最大值,产业技术溢出量在 I=0.4 左右达到最高值,均呈现出随整合程度的提升先上升后下降的趋势,并在中度整合时达到最大值。因此,仿真实验支持假设 2-3。

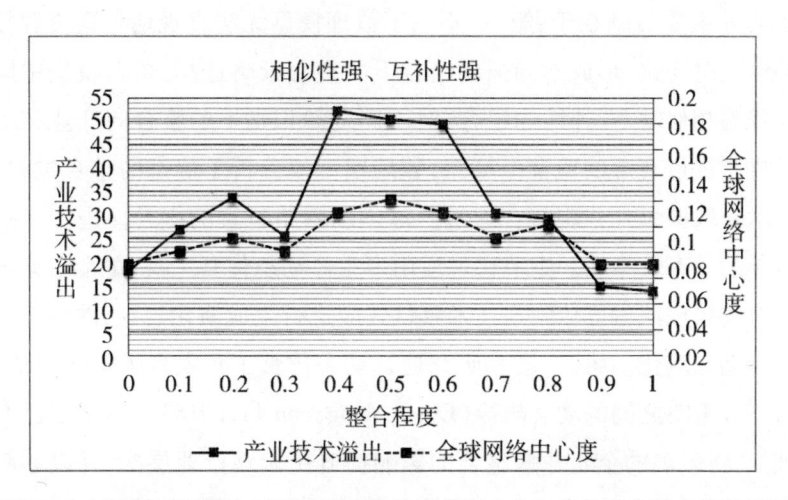

图 2-19 资源相似性强、互补性强时整合提升中心度与产业技术溢出仿真结果

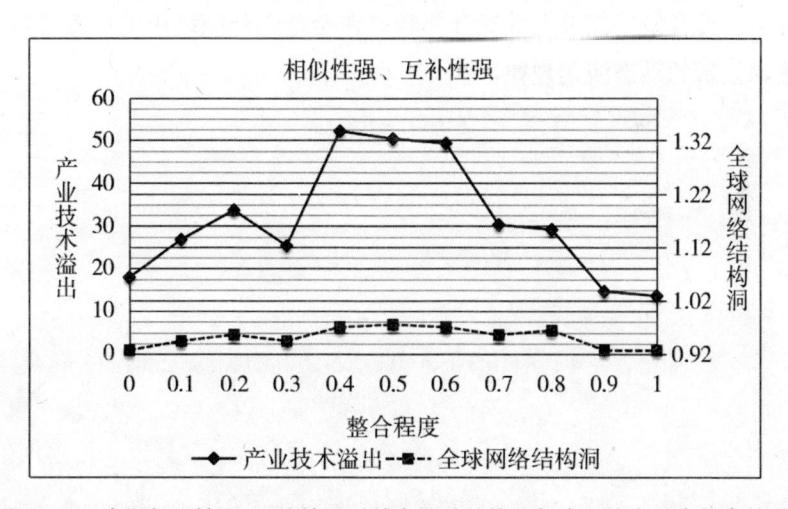

图 2-20 资源相似性强、互补性强时整合提升结构洞与产业技术溢出仿真结果

综上所述,本节在对不同层次的动态影响机制的模式识别的基础上,将基于创新网络的海外并购整合与产业技术创新研究推进至动态网络嵌入和生成演化的研究上,探索海外并购整合过程中创新网络路径的生成演化机制,进一

步影响并购方产业的技术创新能力的传导机制,以及基于不同的并购双方的资源识别(资源相似性与互补性的强弱匹配),海外并购整合过程中并购方在全球创新网络的位置提升,对并购方的创新网络及产业技术创新的动态演化规律,以动态方法对假设进行了检验。

　　本节的主要贡献在于:第一,不同于数理模型无法直观地考察资源相似性和互补性同时变化、形成不同强弱组合下的整合策略选择,仿真模型中同时模拟不同资源相似性、互补性的组合,对不同资源识别下的整合向产业技术创新的传导机制进行直观的验证。第二,数理模型仅分析了静态的整合过程,未能捕捉技术获取型海外并购整合通过全球创新网络位置的提升促进产业技术创新的传导的动态性本质。本节通过运用多主体动态仿真工具,每个时刻全球创新网络中连接按照偏好依附与技术禀赋效应进行生成演化规则,网络连接数量随之进行动态演化。第三,已有研究通过动态仿真工具发现了资源相似性、互补性与整合策略之间的动态规律(Chen,Meng,and Li,2018)。本节在已有研究的基础上,将微观的企业并购整合的影响提升了宏观产业层次,并以创新网络的生成演化作为微观到宏观的跨层次传导媒介,验证了在创新网络背景下,并购方恰当的整合策略能够有效提升并购方在全球创新网络中的位置,进而促进产业技术创新的动态演化规律。

第三章

后追赶时代浙江制造企业海外并购整合提升创新能力的传导机制研究

第一节 基于创新网络的海外并购整合提升创新能力传导理论机制研究

熊彼特创新理论提出技术创新是对已有知识进行创新的重组或重构（Schumpeter, 2017; Guan, Zuo, and Chen, 2016）。沿着庄卫民和龚仰军（2005）的研究，本章将产业技术创新定义为产业发展的共性技术、关键技术的突破以及在产业内扩散，最终实现产业国际竞争力和全球价值链升级的过程。企业资源有限性对专业化分工的需求，以及在政府反垄断规制下知识社会化扩散的倾向，导致单个企业很难垄断一体化的产业链和独立研发全部技术模块，产业内形成相对独立且相互联系的模块化网络化分工（巫景飞、芮明杰，2007）。产业创新依赖于强大的核心企业的网络配置与网络领袖，核心企业控制了产业网络资源的汇聚、扩散与溢出，主导了产业技术格局（Lin, Yang, and Demirkan, 2010）与产业内其他企业的产品方向（Perks and Jeffery, 2006）；产业内核心企业同时也是嵌入全球创新网络承担国际化模块分工的先行者，是吸纳全球创新资源并进行本土化反馈的枢纽。因此，在产业模块化背景下制造业产业突破式技术创新的路径选择，一是产业内核心领袖企业嵌入全球创新网络对关键技术模块进行渗透与突破，外围企业选择跟随策略，专业化提升周边配套技术模块，整个产业链向高端跃迁；二是产业内核心领袖企业针对全球细分市场开辟新的架构规则与技术轨道，即对已有技术模块创新性的突破重构与优化集成，突破发达国家主导的核心技术并拓宽技术模块的应用范围，在新蓝海中实现产业技术变革。

并购整合是资源重新配置实现协同效应的过程（Puranam, Singh, and

Chaudhuri,2009)。整合程度指将目标方的功能活动合并到并购方的组织层级的程度,然而整合程度同时存在正效应与负效应:高程度整合会使并购双方紧密结合促进知识转移效率,优化资源配置(Cording,Christmann,and King,2008),同时会造成组织流程变革与社会关系破裂等整合成本(Slangen,2006)。在网络环境下,整合后企业的行为人、行动和资源都会发生改变,由于在网络中企业的相互依赖性,并购双方二元关系的改变将引发其网络合作伙伴做出直接反馈行为,进而这些改变会连锁传递到并购双方的间接关系产生更广泛的网络效应和网络结构变化(Degbey and Pelto,2013)。因此,整合过程会对并购方的网络位置进行改变与重构,恰当地整合能使并购方具有创新网络优势,体现在网络中心度与结构洞两个方面,中心度体现了网络触及面广、网络影响力强,集聚全球创新资源能力强,向本土产业链、价值链溢出的创新资源更多;结构洞则体现了枢纽的作用,并购方成功地整合能够成为中外企业间的桥梁,能够接触到更新、更前沿的信息,把握全球技术发展趋势,能够在整合目标方关键技术之后,与本土企业形成新的专利组合,在国际市场取得竞争优势。反之,如果并购方采取不恰当的整合策略,整合程度不足可能就造成并购方有效控制管理目标方,或者网络连接过于重复冗余,维持网络关系的成本过高;过度整合导致目标方原有的有价值的合作伙伴、供应商、客户等创新关系断裂,很难提高并购方的全球网络位置和技术创新能力,此时并购方也较难反哺和引领本土产业的技术创新。因此,恰当的整合策略才能提高并购方在全球创新网络中的位置,通过研发反馈技术溢出等途径促进产业技术创新。

一、基于网络中心度的海外并购整合对创新能力的传导机制

创新网络中心度是指核心企业在与其他网络成员的关系中占据中心地位的程度(Lin et al.,2009)。由于整合效应的两面性,并购方选取恰当的整合策略才能够提升中心度:从并购双方二元关系角度分析,恰当的整合策略有助于成功嵌入全球创新网络,通过与网络中心度较高的目标方相连或合并提高了自身网络位置(Lin et al.,2009);从目标方原有网络伙伴的反馈行为分析,恰当的整合策略在最大程度上防止了由于摩擦效应导致目标方有价值的合作伙伴、供应商、客户等创新关系的断裂,同时成功的整合策略与并购后技术创新传递积极的信号,并购方的研发能力与产品质量获得目标方的公开背书(Koka and Prescott,2008),并购方能够获得更多的研发合作,从而使网络中心度进一步提升;从更广泛的网络效应分析,随着并购后企业中心度提升,创新资源愈加丰富,知识溢出产生正向回路,进一步会有越多的全球网络中其他企业愿与并购后企业合作(Hanaki,Nakajima,and Ogura,2010),即偏好附加效应,进一步强化了并购方在全球创新网络中的中心度。

并购方通过对海外目标方的恰当整合,与目标方及目标方原有网络关系建立联系,在全球创新网络中获得更多创新合作关系,提高并购方在全球创新网络中的中心性位置,进而推动制造业产业技术创新。主要机制:首先,全球创新网络中心度高的并购方,承担着网络知识资源汇聚和扩散中心的功能(王伟光、冯荣凯、尹博,2015),相比网络边缘的企业更快地接收到新的知识(Borgatti and Halgin,2011),资源获取更有效率(Guan et al.,2016),由于产业模块化分工,作为产业核心的并购方向本土产业进行有目的、有计划的知识转移扩散,通过市场关系向产业内周边配套企业的技术溢出效应也更加显著,技术知识的运动轨迹表现为并购方从全球网络外部获取再向本土产业内部扩散的过程(Cho,Hwang,and Lee,2012)。其次,全球创新网络中心度高的企业享有更高的地位与声誉(Koka and Prescott,2008),并购方通过成功整合目标方提升网络中心度,是研发能力与产品质量的积极信号,并购方能够利用声誉效应为新进入企业信任背书,使更多的企业进入全球创新网络的知识池(Lin et al.,2009)。最后,网络中心度高的企业对网络资源的控制力更强,并购方能以较低的搜寻成本对发达国家已掌握的关键技术片段进行学习渗透(Rowley and Baum,2008),网络中心度高的并购方拥有更为丰富的关系与社会资本、技术资本与商业资本(Vonortas,2009),有能力对关键技术模块进行突破,并购方技术模块创新在三种力量作用下必然扩散为产业现象:一是由于产业模块化分工的需求,在本土产业中,产业链与价值链覆盖多家不同的本土制造业企业,并购方通过技术获取型海外并购后的整合,在提升其自身生产函数的同时,并购方要求本土产业内提供配套产品的供应商企业提升其技术标准,产业链协同配合共同完成新产品(王伟光、冯荣凯、尹博,2015),有助于本土产业链升级;二是创新网络中心位置的并购方主导产业技术研发方向,促进产业网络内新知识的扩散与新产品的采用(Cho,Hwang,and Lee,2012),扩大对同行业企业的水平知识扩散与对前后关联行业企业的垂直知识扩散(Griliches,1992);三是竞争企业的竞争动态性反馈与逆向工程,造成并购方技术标准外溢(巫景飞、芮明杰,2007),进而产业形成基于新产品、新工艺的配套分工体系,整个产业链向高端跃迁。并购方企业通过整合提高在全球创新网络中的地位,可以更多地获得与核心业务或技术相关的上下游技术,以及与新产品和生产工艺密切相关的新技术,从而弥补其技术劣势、改善其技术组合(Makino,Lau,and Yeh,2002),并与本土企业合作形成新的专利组合,获得全球市场的竞争优势与话语权,最终提升产业的自主创新能力。

二、基于网络结构洞的海外并购整合对创新能力的传导机制

结构洞是指在两个彼此不相连的网络之间起到桥梁作用的位置,拥有非冗余的异质性连接(Lin et al.,2009),获得具有动态性、时效性和社会性特征的信息(Wang et al.,2014)。结构洞丰富的企业能够获得三类具有创新价值的信息:(1)全球相关领域企业专家和技术知识的分布;(2)研究前沿、热门领域和技术趋势;(3)技术专家与技术知识的相互联系及跨领域交叉(Wang et al.,2014)。并购方选取恰当的整合策略有助于提升全球创新网络结构洞:首先,恰当的整合策略有助于通过信任与学习效应提升并购方与目标方的关系价值,成功搭建起全球创新网络与本土产业网络信息传递与知识传播的枢纽,将全球创新资源与本土创新实践进行连接,提高并购方的结构洞地位。其次,维持网络关系需要资源投入(许晖、许守任、王睿智,2013),恰当的整合策略有助于并购后企业删除冗余的网络关系,同时最大化保存非重复的异质性连接,以最低的成本来构建有效且信息富足的网络,提高并购方结构洞地位与网络多样性。最后,随着并购方结构洞愈加丰富,并购方能触及差异化的信息领域,有能力在全球创新网络中筛选具有异质性资源的新合作伙伴(McEvily and Zaheer,1999),形成有价值的结构洞。

并购方恰当的整合策略,能够触及目标方创新网络的差异化的信息领域,具有异质性资源的合作伙伴进行连接(McEvily and Zaheer,1999),提高并购方在全球创新网络中的结构洞地位,成功搭建起全球创新网络与本土产业网络信息传递与知识传播的枢纽,将全球创新资源与本土创新实践进行连接,进而推

动产业技术创新,具体机制:第一,结构洞丰富的并购方,具有视野优势。布尔特(Burt,1992)提出跨越结构洞的企业"有前瞻的能力、有广阔的视角,能够在不同群体间传播知识",能够比其他企业更快识别和把握技术发明潜在机会。由于产业网络内,核心企业周围拥有一大批的协作配套关联型中小企业,形成利益共同体与"核心—外围"的创新分工,作为核心企业的并购方会在合作过程中向中小企业传递新技术信息,同时产业网络内的供应链关系更有助于实现信息共享,获得更多的技术机会。因此,并购方识别的技术机会很可能扩散为需要产业链协同配合的产业技术创新机遇。第二,结构洞丰富的并购方,具有信息优势,能够获得发散性的信息以及汇聚非冗余的知识流,比较不容易受到已有技术认知框架的限制(Wang et al.,2014),更有可能发现在全球创新网络中已有技术模块的创新性结合的机遇,扩展已有技术模块的应用范围,构建全新的架构规则;同时将全球创新网络中前沿新兴的技术模块与本土市场化、商业化的技术模块创新性结合,开拓新的细分市场,实现产业整体技术变革。

三、基于创新网络的海外并购整合提升创新能力机制研究

通过以上分析可以得出,恰当地整合能使并购方具有创新网络优势,体现在网络中心度与结构洞两个方面,进而并购方向本土产业链、价值链溢出丰富的创新资源,与本土企业形成新的专利组合,在国际市场取得竞争优势。反之,如果并购方采取不恰当的整合策略,很难提高并购方的全球网络位置和技术创新能力,此时并购方也较难反哺和引领本土产业的技术创新。因此,制定恰当的整合策略是关键。然而,整合策略的选择不能孤立考量并购后整合单一阶段(Bauer,Degischer,and Matzler,2013),根据资源配置视角,资源相似性、资源互补性与整合程度的同步匹配是海外并购创造协同效应的关键(Sirmon and Ireland,2009)。在海外并购资源识别阶段,并购企业双方的资源相似性刻画了两公司分享相似技术、产品、市场或者能力的程度(Slangen,2006),资源互补性指并购双方不同的资源组合后创造"1+1>2"潜在价值的程度(Makri,Hitt,and Lane,2010)。并购双方资源相似性越强,采用高度整合可以促进知识共享和相互学习(王寅,2013),资源互补性越强,则应采取较低整合程度以保留目标方核心管理人员与研发路径的存续(Zaheer,Castañer,and Souder,2013)。本章基于

已有研究,进一步分析资源相似性、资源互补性的强弱组合下,应如何选择恰当的资源整合策略,进而对整合通过全球创新网络向产业技术创新的跨层次传导产生影响,并提出本章的核心假设。

(一)资源识别为相似性强、互补性弱的并购整合与产业技术创新

并购双方资源相似性越强,新的知识就越容易被理解、被同化以及顺畅地应用,这是因为相似性增强了并购方的吸收能力(Wang and Zajac,2007),相似性促进并购双方的相互理解与知识共享,保证并购双方资源平稳顺利融合的可能性,降低了整合成本(Zaheer,Castañer,and Souder,2013)。社会网络的同质性偏好效应提出,网络中的行为人倾向于搜寻匹配与其最为相似的行为人进行网络连接(Monge and Contractor,2003)。并购双方资源相似性强、互补性弱时,高程度整合使并购方与目标方及其创新网络紧密联系,强相似性带来的同质性偏好使并购方有足够的吸收能力与目标方网络伙伴进行创新合作(Monge and Contractor,2003),提升并购方在全球创新网络中的中心度;通过高度整合,并购后企业凝合成为超级节点(Borgatti and Halgin,2011),促进相似性资源的共享与技术传播效率,知识溢出产生正向回路,使并购方吸引到更多的全球创新伙伴(Hanaki,Nakajima,and Ogura,2010),即偏好附加效应,强化了并购方在全球创新网络中的中心度。与网络中心度强调企业网络连接的丰富程度有所不同,结构洞强调网络连接的异质性与多元化,因此,相似性强时,并购方有必要对冗余的资源与网络渠道进行深度整合优化配置资源(Bauer,Degischer,and Matzler,2013),删除重复冗余的研发合作关系(钱锡红、杨永福、徐万里,2010),在全球范围内优化配置供应渠道与销售网络,保留合并后企业的异质性、不可替代的网络连接,以最低的成本来构建有效且信息富足的网络,提高并购方全球创新网络结构洞地位。综上所述,当并购双方资源相似性强、互补性弱时,并购方应采取高整合程度,首先,通过提升并购方在全球创新网络中的中心度,并购方掌控创新资源与信息渠道的能力更强,成为相似性资源汇聚、扩散的中心,通过市场关系向本土产业内周边配套企业的技术溢出效应也更加显著;中心度地位有助于并购方技术创新(钱锡红、杨永福、徐万里,2010),由于产业模块化分工的需求,并购方要求本土产业内提供配套产品的供应商企业提升其技术标准(王伟光、冯荣凯、尹博,2015),实现产业升级。其次,通过提升并购方在全球创新网络中的结构洞,并购方获得信息优势和视野优势,将全球创新网络中前

沿新兴的技术模块与本土市场化、商业化的技术模块创新性结合,即对已有技术模块创新性的突破重构与优化集成,在新蓝海中实现产业技术变革。因此,本章提出如下假设:

假设3-1a:在技术获取型海外并购中,当资源识别为并购双方相似性强、互补性弱时,高整合程度通过提升并购方在创新网络的中心度,促进并购方所在产业技术创新。

假设3-1b:在技术获取型海外并购中,当资源识别为并购双方相似性强、互补性弱时,高整合程度通过提升并购方在创新网络的结构洞,促进并购方所在产业技术创新。

(二)资源识别为相似性弱、互补性强的并购整合与产业技术创新

新兴市场企业在全球创新网络中倾向于寻找互补性元素来实现"1+1>2"的协同效应(Lin,Yang,and Demirkan,2010),关系伙伴必须拥有足够的差异性来提供企业缺乏的构建新的互补性能力的元素(Osborn and Hagedoorn,1997),使并购方企业能够利用和整合以提升创新协同价值(Lin,Yang,and Demirkan,2010)。但互补性强时信息不对称可能使资源整合产生风险(Wang and Zajac,2007),并购方面临严峻的技术消化吸收难题,需依托目标方来管理互补性资源(Puranam,Singh,and Zollo,2006;Paruchuri,Nerkar,and Hambrick,2006)。当相似性弱、互补性强时,低度整合有助于提升并购方的创新网络中心度,第一,波纳西茨(Bonacich)中心度表明,一个节点的重要性取决于邻居的重要性(Bonacich,1987),即目标方位于创新网络核心位置,当并购方能够通过恰当整合策略与目标方建立高质量的联系,进而能够影响目标方时,并购方的网络中心度也会提升。而在资源相似性弱、互补性强时,并购双方的创新网络更加具有多样性、差异化的信息、视角和问题解决方式(Lin,Yang,and Demirkan,2010),低度整合能够获得目标方的信任与合作,有助于降低对目标方原有网络的破坏,而高度整合会带来较高的整合成本,导致并购方所不熟悉的目标方原有销售网络、产品渠道与社交关系的断裂,破坏目标方技术创新所依赖的网络环境,并购方全球网络嵌入面临困境,无法提高在全球创新网络中的位置。当资源互补性强时,目标方的信任与合作是未来创新与技术转移的关键,低整合程度有助于获得目标方的信任成功嵌入全球创新网络,通过与网络中心度较高的目标方相连提升了并购方的网络中心度(Lin et al.,2009)。第二,尽管资源禀赋理论认

为主体更倾向于与网络中资源丰富的节点进行连接(Pfeffer and Salancik,2003),然而同配性原则指出,网络位置、网络资源相匹配的企业更容易形成连接,即只有当并购方能够通过整合不断提升自身技术创新时,才有能力与其他创新资源丰富的企业进行合作,因此,对互补性资源进行低度整合,首先,能够实现"1+1>2"的协同效应,提升自身技术创新能力后,更容易与创新网络中高技术企业形成研发合作;与此同时,成功的整合是未来创新的信号,由于声誉效应(Koka and Prescott,2008),并购方吸引到更多的创新合作,中心度地位进一步提高,能够向本土产业转移扩散的互补性知识增多,通过市场关系向产业内配套企业的技术溢出效应也更加显著。其次,低整合程度保证了互补性的创新路径的存续,提升并购双方的关系价值,成功搭建起全球创新网络与本土产业网络信息传递与知识传播的枢纽,同时,在最大程度上保证了并购方所不熟悉的目标方原有销售网络、产品渠道与社交关系的存续,并购方能够接触到的异质性连接增多,提升并购方全球创新网络结构洞地位,能触及互补性、差异化的信息领域(Burt,1992),相比其他企业更快地识别和把握技术发明潜在机会,通过产业内供应链信息共享,前瞻性引领产业技术突破的方向。并购方通过结构洞地位向本土产业网络的知识转移,互补性带来的异质性和独特的信息资源,多元化的创新资源促进关键技术模块的突破(Lin et al.,2009),推动产业技术升级。因此,本章提出如下假设:

假设3-2a:在技术获取型海外并购中,当资源识别为并购双方资源相似性弱、互补性强时,低整合程度通过提升并购方创新网络中心度,促进并购方所在产业技术创新。

假设3-2b:在技术获取型海外并购中,当资源识别为并购双方资源相似性弱、互补性强时,低整合程度通过提升并购方全球创新网络结构洞,促进并购方所在产业技术创新。

(三)资源识别为相似性、互补性均强的并购整合与产业技术创新

当并购双方资源相似性与互补性均强时,对于最优整合程度选择存在交互作用。当海外并购双方仅资源相似性强而互补性弱时,高整合程度使并购方与更多的目标方创新网络的节点产生连接和资源互动。强相似性引发的同质性偏好以及并购后企业形成超级节点的偏好附加效应,促进并购方创新网络中心度的提升。高整合程度对并购双方网络资源的优化配置,删除冗余的网络关

系,增强了网络连接的异质性和多样性,提升并购方在全球创新网络中的结构洞地位。然而当并购双方资源相似性、互补性均强时,目标方仍有一部分资源是并购方不熟识的,过高的整合将带来摩擦成本,导致目标方有价值的网络关系断裂,不利于并购方提升全球创新网络的中心度与结构洞地位。因此,当并购双方资源相似性、互补性均强时,并购方应采取适中的整合程度(低于相似性强、互补性弱的情况,高于相似性弱、互补性强的情况),将有助于将并购双方的相似性、互补性资源进行有效结合与配置。资源依赖理论(Pfeffer and Salancik,2003)认为,行为人在进行网络嵌入的过程中,将选择那些具有更丰富资源的行为人形成联结,此时并购后企业具有丰富的创新资源,首先,能够在全球创新网络中形成更多网络连接,提升并购方在全球创新网络的中心度,有利于并购方向本土产业内协作配套关联型企业的知识转移与技术溢出,技术知识的运动轨迹表现为并购方从全球网络外部获取再向本土产业内部扩散的过程(Cho,Hwang, and Lee,2012),进而促进产业技术创新。其次,有助于提升并购方在全球创新网络的结构洞,通过产业网络内的供应链关系实现信息共享,引领产业技术突破方向。因此,本章提出如下假设:

假设3-3a:在技术获取型海外并购中,当资源识别为并购双方相似性强、互补性强时,适中的整合程度通过提升并购方在创新网络的中心度,促进并购方所在产业技术创新。

假设3-3b:在技术获取型海外并购中,当资源识别为并购双方相似性强、互补性强时,适中的整合程度通过提升并购方在创新网络的结构洞,促进并购方所在产业技术创新。

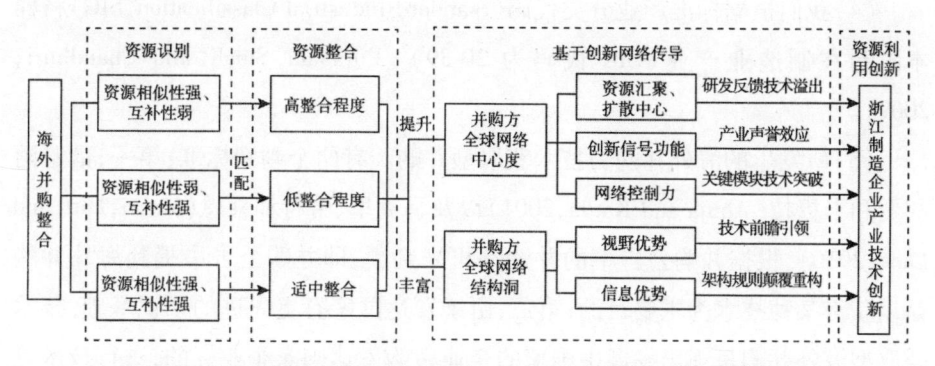

图3-1 浙江制造企业海外并购整合提高产业创新能力理论机理图

第二节　基于创新网络的海外并购整合提升创新能力传导的实证研究:资源配置视角

一、样本和数据

本章采取多群组结构方程模型进行实证检验。在获取海外并购事件方面,本章利用全球报道当前并购交易最快、覆盖率最高的全球并购交易分析库(BvD-Zephy),选取发生在 2001 年 1 月 1 日至 2017 年 12 月 31 日期间中国制造业的上市公司技术获取型海外并购事件为样本。之所以将考察时间的上限定为 2001 年,是考虑到中国上市公司海外并购数据的可得性和完备性,以及 2001 年中国加入世界贸易组织(World Trade Organization,WTO)后海外并购数量显著增长;将下限定为 2017 年,是为了观察并购事件的整合情况和并购后长期的产业技术创新表现。

样本按照如下标准进行筛选:

(1)并购方为中国上市公司而目标方为非中国企业;将样本限定为并购方是中国上市公司,以保证数据的完备性和可获取性。

(2)只选取标记状态为已完成的并购事件。

(3)剔除目标方企业为中国企业设在海外的子公司的事件。

(4)我们根据标准产业分类代码(Standard Industrial Classification,SIC)将样本限制在制造业产业(SIC 代码为 20-39)(Puranam, Singh, and Chaudhuri, 2009)。

(5)所发生的海外并购为技术获取型并购。有两个判别标准:第一,借鉴阿胡贾和卡提拉(Ahuja and Katila,2001)以及马克里、希特和莱恩(Makri, Hitt, and Lane,2010),根据并购公告中的并购动机来判断,即并购公告中提到海外并购是以获得某种技术为主要目的;第二,由于发达国家有更先进的知识基础,技术获取型海外并购呈现出发展中国家的企业并购发达国家企业标的,进行技术赶超的特征。因此将目标企业所属地限定在国际货币基金组织界定的发达国家

<<< 第三章 后追赶时代浙江制造企业海外并购整合提升创新能力的传导机制研究

和地区。

经筛选得到102个符合条件的中国制造业上市公司技术获取型海外并购事件。样本基本信息见表3-1。

表3-1 样本基本信息

样本特征	分类标准	样本数(个)	百分比(%)
并购方行业划分	电气机械和器材制造业	5	4.902
	化学原料和化学制品制造业	6	5.882
	计算机通信和其他电子设备制造业	22	21.569
	汽车等交通运输设备制造业	23	22.549
	通用设备制造业	8	7.843
	专用设备制造业	16	15.686
	其他	22	21.569
并购时间划分	2001—2004年	7	6.863
	2005—2008年	26	25.490
	2009—2017年	69	67.647
投资国/地区划分	荷兰	5	4.902
	美国	20	19.608
	德国	21	20.588
	日本	6	5.882
	中国香港	10	9.804
	意大利	7	6.863
	法国	5	4.902
	韩国	4	3.922
	其他	24	23.529

线性结构方程模型所需的样本数要求是样本数减去模型中所要估计的参数数目应大于50(Bagozzi and Yi,1988),且样本数置于100左右最佳,较适合用极大似然估计方法来估计结构模型。若样本量太大(如大于200),极大似然估计方法(Maximum Likelihood Estimate,MLE)就会变得过度敏感,容易出现拟合不好的情况。本研究所用样本数为102个,完全满足分析要求。

从中国制造业上市公司技术获取型海外并购数量来看,2009—2017年间海外并购数量显著增加,占全部样本总量的67.647%。从中国制造业上市公司海外并购的行业分布来看,汽车等交通运输行业(22.549%)和计算机通信行业(21.569%)占比较高;从目标方国别来看,欧美发达国家仍然是我国企业海外并购的主要目的地,中国制造业上市公司技术获取型海外并购大多投向德国(20.588%)、美国(19.608%)等。

二、变量测度

(一)资源相似性与资源互补性

本章采取多群组结构方程模型进行实证检验,根据理论分析,并购双方在资源相似性、互补性不同强弱组合下,应选择不同的整合策略,才能促进产业技术创新。因此本章借鉴王和扎耶克(Wang and Zajac,2007)运用并购双方企业北美工业分类系统代码(North American Industry Classification System,NAICS)的方法对资源相似性和互补性进行测量。

1. 资源相似性

本章资源相似性的测量方法参照王和扎耶克(Wang and Zajac,2007),并购双方NAICS前四位的代码完全相同,则资源相似性是1;当NAICS前三位的代码相同,记为0.75;当NAICS前两位的代码相同,记为0.5;当并购双方NAICS第一位的代码相同,记为0.5;当NAICS第一位的代码不同,记为0。

2. 资源互补性

本章参照王和扎耶克(Wang and Zajac,2007)对互补性的测量方法,该测度方法认为两种业务资源越频繁地出现在同一家企业内,则这两种业务越具有互补性。从BvD-Zephyr中获得所有样本中并购双方的NAICS。每对代码i和j之间的互补性得分(Com_{ij})被下面的方法计算①:

$$Com_{ij} = (J_{ij} - \mu_{ij}) / \delta_{ij} \tag{3-1}$$

其中 J_{ij} = 两个NAICS出现在同一个企业的次数;

$\mu_{ij} = (N_i \times N_j)/K$,其中 N_i = NAICS,代码i出现在多少个企业中;N_j = NAICS,代码j出现在多少个企业中;K=企业总数,即102;

---

① 两个企业的主营业务拥有相同的NAICS,则将其互补性记为0(Wang and Zajac,2007)。

$$\delta_{ij} = \sqrt{\mu_{ij} \times (1-N_i/K) \times (K/(K-1)) \times (1-N_j/K)} \qquad (3-2)$$

根据资源相似性的中位数和资源互补性的中位数将中国技术获取型海外并购102个全样本划分为四个群组,其中群组A资源相似性强、互补性弱(37),群组B资源相似性弱、互补性强(35),群组C资源相似性、互补性均强(17),群组D资源相似性、互补性均弱(13)。由于群组D是并购双方资源相似性、互补性均弱,此时并购整合的协同效应较弱,不是本章研究的对象,且该群组的样本数量较少,很难得出显著的统计结果,因此在结构方程中不对相似性、互补性均弱的群组D进行分析。多群组结构方程模型展开分析,比较群组A、群组B和群组C之间整合对产业技术创新的传导路径及系数的差异。

(二)产业技术创新

技术获取型海外并购的并购方对其所属产业的产业技术创新的促进作用,使用产业专利创新和产业新产品创新来衡量。

1. 产业专利创新

一个产业内的专利申请数量是应用最为广泛的产业技术创新的测度方式(Sun and Du,2010),为刻画并购方企业对产业技术创新的贡献度以及控制并购方规模对产业技术创新的影响,我们在产业专利申请数量之间加入并购方权重,产业专利创新的计算公式如下:

$$产业创新强度 = \frac{n \sum_{j=1}^{n} b_{ij}}{\sum_{i=1}^{n} \sum_{j=1}^{n} b_{ij}} \cdot P \qquad (3-3)$$

其中,P为当年产业专利申请数量,$\frac{n \sum_{j=1}^{n} b_{ij}}{\sum_{i=1}^{n} \sum_{j=1}^{n} b_{ij}}$为并购方对产业技术创新的贡献权重,反映并购方企业影响或带动产业内其他企业的程度,即并购方企业增加一个单位最终需求时,对产业内其他企业的生产需求的拉动的程度,本章用并购方i的主营业务收入与行业平均主营业务收入的比值来表示,权重公式中b_{ij}代表并购方i对企业j的销售额,因此$\sum_{j=1}^{n} b_{ij}$为并购方i的主营业务收入,n代表产业内企业数量,$\sum_{i=1}^{n} \sum_{j=1}^{n} b_{ij}$为产业主营业务收入。本章计算并购方技术获取型海外并购后两年并购方所属产业的产业创新强度的增长率的平均值。

2. 产业新产品创新

熊彼特(Schumpeter,2017)指出技术创新是实现生产要素和生产条件的一种从未有过的新结合,并将其引入生产体系,制造出尚未被消费者所知晓的新产品。因此,本章计算并购方技术获取型海外并购后两年并购方所属产业的新产品业务收入增长率的平均值,乘以并购方对产业技术创新的贡献权重。

(三)创新网络构建与测度

1. 创新网络构建

专利合作是目前使用较为广泛的构建创新网络的研究工具(Hanaki,Nakajima,and Ogura,2010),它将专利引用作为知识流的替代变量,通过构建创新网络来近似表示知识流动与技术溢出,结合社会网络结构的研究成果来分析技术创新问题。另外,专利数据量极为庞大,信息量丰富,十分适合研究大样本下跨国界的全球创新网络。有些学者利用联合专利申请人信息构建起跨国合作创新网络。本章提出将专利引用和联合申请人相结合构建并购方与目标方的全球创新网络,同时兼顾了显性知识的溢出与隐性知识的流动。目标方及海外企业的专利合作与互引数据来自美国专利统计局(United States Patent and Trademark Office,USPTO),USPTO数据库的专利数据包含了最为全面准确的专利申请与专利引用信息,经常被用于测量跨国技术溢出与技术创新表现的实证研究(Guan and Chen,2012)。并购方及中国本土产业内企业的专利数据来自中国国家知识产权局专利检索与查询系统(State Intellectual Property Office,SIPO)专利数据库。

创新网络构建的具体步骤如下:首先,应用滚雪球(Snowball Sampling)方法确定创新网络节点边界(Johnson,Boster,and Holbert,1989),以并购方与目标方为起点,从USPTO数据库和SIPO数据库中分别搜索获取并购前两年和并购后两年内并购方、目标方申请的全部专利的专利申请人[1]与专利互引[2]信息。由于专利组合生产活动的持续性特征,创新网络构建中加入两年期的时间窗口。

---

[1] 本章关注并购方企业间创新网络,因此删除个人与个人合作、个人与组织合作信息。

[2] 根据专利互引的信息找到并记录引用或者被引专利的申请人企业,本章创新网络节点为企业。

列出与并购方、目标方有专利联合申请与专利引用的全部企业,作为创新网络的节点,然后查找所有这些企业之间的相互专利关系,记作创新网络的连接。

其次,将专利联合申请与专利引用信息转换为企业与企业的一一对应关系,根据企业间的一一对应关系,构建创新网络的邻接矩阵。有专利联合申请和专利相互引用关系的,则存在网络连接,矩阵数字填列为1;没有专利联合申请和专利相互引用关系的,记为不存在创新网络连接,矩阵数字填列为0,节点自身与自身对应的位置填列为0。

接着,将邻接矩阵导入Ucinet(University of California at Irvine NETwork,简称"Ucinet")软件,使用Ucinet网络分析软件中的Netdraw工具分别画出并购整合前的创新网络拓扑结构图与并购整合后的创新网络拓扑结构图。最后,在每起并购对应的并购前后两个创新网络构建完成后,运用Ucinet网络分析软件进行网络指标中心度与结构洞的计算。

2. 并购方全球创新网络中心度

全球创新网络中,处于不同网络位置的企业,其对网络中技术资源的获取与吸收能力不同,对网络中其他企业的技术溢出与影响力也有所差异(Bercovitz and Feldman,2011),占据优势网络位置的企业对资源控制能力更强,在进行创新活动时更具优势(Lin et al.,2009),得到学界广泛研究并最能反映网络位置影响创新绩效的变量是中心度和结构洞(Zaheer and Bell,2005)。网络中心度与结构洞这两个指标对网络位置的刻画各有侧重,创新网络中心度是指核心企业在与其他网络成员的关系中占据中心地位的程度(Lin et al.,2009),网络连接越丰富的节点,其中心度位置越强,更能促进网络内新知识的扩散与新产品的采用(Cho,Hwang,and Lee,2012);与网络中心度不同,结构洞刻画的不是网络连接的多少,而是网络连接的异质性与多样性,是指在两个彼此不相连的网络之间起到桥梁作用的位置,拥有非冗余的异质性连接(Lin et al.,2009),占据结构洞地位的企业获得具有动态性、时效性和社会性特征的信息(Wang et al.,2014)。因此,本章选自网络中心度和结构洞作为微观企业整合向宏观产业技术创新传导的网络指标。

接近中心度代表并购方在创新网络中与其他成员关系的中心地位程度(Lin et al.,2009),可用来考察企业充当网络中心枢纽的程度和资源信息获取的丰腴程度,计算公式如下:

$$网络中心度 = \frac{n-1}{\sum_{i=1}^{n} d(p_i, p_k)} \qquad (3-4)$$

其中 n 代表网络内企业数量,$d(p_i, p_k)$ 代表企业 i 与企业 k 之间的路径距离,运用 Ucinet 网络分析软件进行计算。

网络控制力:如果一个点与控制力高的点相连,该点的网络控制度也会提高(Bonacich,1987)。波纳西茨给出了最一般的控制力指数的计算公式:

$$控制力指数 = \sum A_{ij}(\alpha + \beta c_j) \qquad (3-5)$$

其中 A_{ij} 代表给定邻接矩阵,c_j 代表与并购方连接的节点的控制力,α 和 β 为固定参数。

3. 并购方全球创新网络结构洞

结构洞约束性:我们借鉴伯特(Burt,1992)对约束性的衡量,认为约束性代表企业的网络直接或间接地聚焦于一个连接的程度,约束越高,表明企业拥有的结构洞越少(Zaheer and Bell,2005),计算公式:

$$p_{ij} = \frac{a_{ij} + a_{ji}}{\sum_k (a_{ik} + a_{ki})} \qquad (3-6)$$

其中 a_{ij} 是指 i 与 j 两点间的边的属性值(权重),p_{ij} 表示 i 与 j 联系的强度。节点 i 受到 j 的约束性计算公式:

$$c_{ij} = \left(p_{ij} + \sum_{q, q \neq i, q \neq j} p_{iq} p_{qj}\right)^2 \qquad (3-7)$$

节点 i 的总约束性 $c_i = \sum_j c_{ij}$;结构洞约束性值为 $s_i = 1 - c_i$。

结构洞等级度:等级度指的是约束性在多大程度上集中于某一个行动者身上,利用伯特(Burt,1992)的算法,等级度计算公式:

$$h_i = \frac{\sum_j \left(\frac{c_{ij}}{C/N}\right) \ln\left(\frac{c_{ij}}{C/N}\right)}{N \ln(N)} \qquad (3-8)$$

其中 N 是网络中节点总数,C 是网络中所有节点的总约束性,结构洞等级度值为 $sh_i = 1 - h_i$。

(四)整合程度

借鉴卡普尔和李木(Kapoor and Lim,2007)的方法,我们通过公司公告、公司年报以及相关新闻资讯判别并购后双方企业的整合程度。如果目标公司被整合进入并购公司日常经营运作的一部分，或并入并购公司某一经济部门，则整合程度取值为1，表示海外并购双方进行了较深程度的整合；若目标方被保留了部分自主权并且并购双方的交流合作深入且密切，则表示并购双方进行了中度的整合，整合程度取值为0.5；若目标公司被作为一个独立的经营单位运行（例如，会像"全资子公司"或"独立个体"一样运营），则此变量取值为0。

（五）控制变量

为控制产业的宏观市场环境的时间差异效应（Wassmer and Dussauge, 2012），我们增加变量并购前两年国内生产总值（Gross Domestic Product, GDP）增长率作为控制变量，同时我们控制并购前两年并购方所在产业的研发投入增长率均值，所有变量测度与数据来源见表3-2。变量描述性统计见表3-3。

表3-2 变量测度与数据来源

	潜变量	测量变量	测量方法	数据来源
解释变量	整合程度	整合程度	对目标方进行"整合""重组"等，则判断整合发生，记为1；对目标方进行一定程度授权同时双方深入技术合作，记为0.5；目标方完全独立运营记为0。	国泰安 CSMAR、LexisNexis 全球资讯、公司公告。
中介变量	并购方全球创新网络中心度	接近中心度	网络中心度 $= \dfrac{n-1}{\sum_{i=1}^{n} d(p_i, p_k)}$，其中 n 代表网络内企业数量，$d(p_i, p_k)$ 代表企业 i 与企业 k 之间的路径距离。	USPTO 专利数据库专利合作信息，中国 SIPO 专利数据库，Ucinet6.214 "中心度""影响力指数"等指令计算。
		网络控制力	控制力指数 $= \sum A_{ij}(\alpha + \beta c_j)$，其中 A_{ij} 代表给定邻接矩阵，c_j 代表与并购方连接的节点的控制力，α 和 β 为固定参数。	
	并购方全球创新网络结构洞	结构洞约束性	$c_{ij} = \left(p_{ij} + \sum_{q, q\neq i, q\neq j} p_{iq} p_{qj} \right)^2$，节点 i 的总约束性 $c_i = \sum_j c_{ij}$；结构洞约束性值为 $s_i = 1 - c_i$。	USPTO 专利数据库专利合作信息，中国 SIPO 专利数据库，Ucinet6.214 "约束性""等级度"等指令计算。
		结构洞等级度	$h_i = \dfrac{\sum \left(\dfrac{c_{ij}}{C/N} \right) \ln\left(\dfrac{c_{ij}}{C/N} \right)}{N \ln(N)}$，其中 N 是网络中节点总数，C 是网络中所有节点的总约束性，结构洞等级度值为 $sh_i = 1 - h_i$。	

续表

	潜变量	测量变量	测量方法	数据来源
被解释变量	产业技术创新	产业专利创新	并购后两年并购方所属产业的专利申请数量的增长率均值。	《中国科技统计年鉴》(2001—2017年),《中国统计年鉴》,并购方上市公司年报,国泰安数据库。
		产业新产品创新	并购后两年并购方所属产业的新产品业务收入增长率的平均值。	
控制变量	产业研发投入	产业研发投入	并购前两年并购方所在产业的研发投入增长率均值。	《中国科技统计年鉴》(2001—2017年)
	GDP增长率	GDP增长率	并购前两年GDP增长率。	《中国统计年鉴》

表3-3 变量的描述性统计分析

	样本量N	极小值	极大值	均值	标准差
整合程度	89	0.000	1.000	0.427	0.497
接近中心度	89	0.000	1.000	0.198	0.256
网络控制力	89	0.000	0.935	0.115	0.189
结构洞约束性	89	0.125	1.000	0.794	0.305
结构洞等级度	89	0.000	1.000	0.680	0.453
产业专利创新	89	-0.265	2.995	0.475	0.463
产业新产品创新	89	-0.260	2.108	0.361	0.370
产业研发投入	89	-0.188	0.552	0.215	0.162
GDP增长率	89	0.077	0.134	0.104	0.014

三、验证性因子分析、信度与效度检验

为检验测量模型的有效性(Brown,2006),我们使用Amos(Analysis of Moment Structure)软件对全样本展开验证性因子分析[①](Confirmatory Factor Analysis,CFA)检验模型测量的信度与效度。我们构建的验证性因子分析模型中包含全部的潜变量(网络中心度、网络结构洞、产业技术创新)以及全部的单一维度变量(整合程度、控制变量等)(Chadwick,Super,and Kwon,2015)。测量模

---

① 不包含相似性、互补性均为低样本,与后续结构方程路径分析保持一致,因此N=89。

型的相关系数检验结果见表3-4,验证性因子分析的检验结果见表3-5。验证性因子分析模型卡方值在0.001水平显著,且各拟合度指标均大于0.9的标准,测量模型与数据拟合较好。由表3-5可知,6个标准化因子载荷都具有较强的统计显著性,p<0.01,而一般而言,对于所有测度指标而言,标准化的因子负荷要高于有关研究所建议的最低临界水平,即0.707(Carmines and Zeller,1979)。数据分析结果表明:除接近中心度的标准化因子负荷最小为0.452,企业测量项的标准化因子负荷均高于0.707的最低要求。信度是指采用同样的方法重复测量同一对象时所得出的结果的一致性程度,体现的是可靠性。根据克朗巴哈系数(Cronbach's Alpha)的值,分量表的信度系数在0.70以上为最佳,0.60至0.70之间是可以接受的范围(Devellis,1991)。由表3-5可知,信度均大于0.6,所有潜在变量的信度通过检验。同时,平均方差萃取量(Average Variance Extracted,AVE)直接显示被潜在构念解释的变异量有多少来自测量误差,AVE越大代表测量相对误差越小,是检验测量模型构建效度的重要指标(Chen et al.,2015),一般判别标准为AVE大于0.5(Fornell and Larcker,1981)。由表3-5可知,所有潜在变量AVE满足大于0.5的要求。

表3-4 测量模型的相关系数矩阵

	X1	X2	X3	X4	X5	X6
整合程度	1.000					
创新网络中心度	0.61***	1.000				
创新网络结构洞	-0.565***	-0.83**	1.000			
产业技术创新	0.006	0.13	0.177	1.000		
产业研发投入	0.172	-0.152	0.081	0.023	1.000	
GDP增长率	0.227*	0.159	-0.143	0.331*	0.121	1.000

注:*** 表示 p<0.01,** 表示 p<0.05,* 表示 p<0.10。

表 3-5　CFA 测量模型的检验结果

潜在变量	测量变量	标准化因子载荷	克朗巴哈系数	平均方差萃取量
创新网络中心度	接近中心度	0.616***	0.696	0.539
	网络控制力	0.836***		
创新网络结构洞	结构洞约束性	0.923***	0.902	0.821
	结构洞等级度	0.889***		
产业技术创新	产业专利创新	0.982***	0.924	0.860
	产业新产品创新	0.869***		

注：*** 表示 p<0.01；验证性因子分析模型拟合情况（CFA Model Fit）：卡方值自由度比值（Minimum Discrepancy / Degrees of Freedom，CMIN/DF）= 0.743；比较拟合指数（Comparative Fit Index，CFI）= 0.972；规范拟合指数（Normed Fit Index，NFI）= 0.971；相对拟合指数（Relative Fit Index，RFI）= 0.928。

四、结构方程路径设置与修正

（一）结构方程路径设置

结构方程模型（Structural Equation Modeling，SEM）是一种综合运用多元回归分析、路径分析和验证性因子分析方法的统计分析工具，能够测量解释变量对被解释变量的直接和间接影响。多群组结构方程模型致力于研究与某一群组相适配的路径模型图，可以帮助我们在复杂的多变量数据间，检验假设路径的正确性（陈菲琼、李飞、袁苏苏，2015）。本章应用多群组结构方程方法研究中国制造企业技术获取型海外并购整合是否促进产业技术创新，以及如何通过并购方全球创新网络中心度和网络结构洞的传导作用影响产业技术创新。本章选用 SPSS Amos 22.0 软件完成统计分析。

结构方程模型的路径图中包含了测量模型和结构模型；两类模型涉及三类变量：潜在变量、测量变量和误差变量。测量模型描述了测量变量和潜在变量相互间的关系，显示某个潜在变量是运用哪些测量变量测度，本章中使用不同变量分别测度产业技术创新、全球创新网络中心度、全球创新网络结构洞的过程，即 3 组测量模型。结构模型显示了潜在变量相互间的关系，本章研究并购整合、全球创新网络中心度、结构洞和产业技术创新的内在关联的过程，即结构模型。

结合理论分析的逻辑与结构方程模型的构建原则,对初始 SEM 模型进行设置(如图 3-2),探索各路径的实际影响效应。图中椭圆形内为潜在变量,矩形内为测量变量,圆形内为误差变量。为设定分析结果的测度比例,图中部分路径系数被固定为 1。系数 a 为测量系数,b 为结构系数。

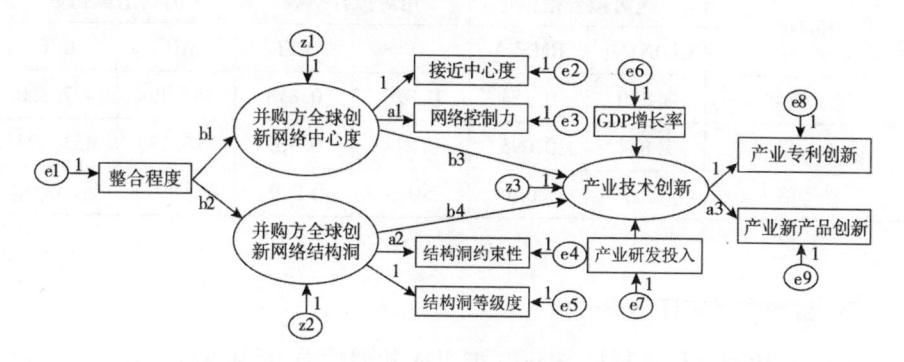

图 3-2 结构方程模型初始路径设定

注:椭圆形内为潜在变量,矩形内为测量变量,圆形内为误差变量。

(二)结构方程模型修正

运行初始模型后,对结构方程模型适配度指标进行检验,初始模型卡方值为 333.863,卡方值自由度比值(Minimum Discrepancy / Degrees of Freedom,CMIN/DF)为 3.21>2,近似误差均方根(Root Mean Square Error of Approximation,RMSEA)为 0.154>0.1,由于多群组分析注重检验模型是否具备跨群组效度,或者说模型与群组整体是否适配,因此多群组分析中,同一模型只会呈现一个适配度统计量。若未达到适配标准,表示初始模型与实际数据的契合度较弱,这表明模型需要进一步修正以提高适配性。结构方程模型修正可通过参考修正指标(Modification Indices,MI),即根据系统提示,在测量误差变量 z1 和 z2、e3 和 e5 间建立关系,从而减少模型的卡方值,提升模型拟合度。修正后模型卡方值为 164.137,p<0.001,CMIN/DF 为 1.844<2,RMSEA 为 0.0995<0.1,比较拟合指数(Comparative Fit Index,CFI)为 0.909>0.9,增量拟合指数(Incremental Fit Index,IFI)为 0.914>0.9,赤池信息准则(Akaike Information Criterion,AIC)和 Browne-Cudeck 准则(Browne-Cudeck Criterion,BCC)均满足最小准则。修正后模型达到了适配度标准,证明修正后模型可以用于检验本章的理论假设。表

3-6 显示了初始模型与修正后模型的适配度指标对比,以及参考值,可见修正后相比初始结构方程模型的拟合效果有了改良。接下来我们使用修正后模型检验本章的理论假设。

表 3-6 结构方程模型适配度指标对比

Model	绝对拟合指数		相对拟合指数		简约适配指数	
	CMIN/DF	RMSEA	IFI	CFI	AIC	BCC
初始模型	3.210	0.154	0.826	0.818	387.499	477.520
修正后模型	1.844	0.095	0.914	0.909	316.137	453.424
参考值	0-2	<0.1	>0.9	>0.9	最小原则	最小原则

五、结构方程实证结果分析

修正后模型运行结果见图 3-3(群组 A 相似性强、互补性弱)、图 3-4(群组 B 相似性弱、互补性强)和图 3-5(群组 C 相似性、互补性均强),修正后模型各群组统计检验结果分别见表 3-7(群组 A 相似性强、互补性弱)、表 3-8(群组 B 相似性弱、互补性强)和表 3-9(群组 C 相似性、互补性均强)。由于群组 D 是并购双方资源相似性、互补性均弱,此时并购整合的协同效应较弱,不是本章研究的对象,且该群组的样本数量较少,很难得出显著的统计结果,因此结构方程中不对相似性、互补性均弱的群组 D 进行分析。

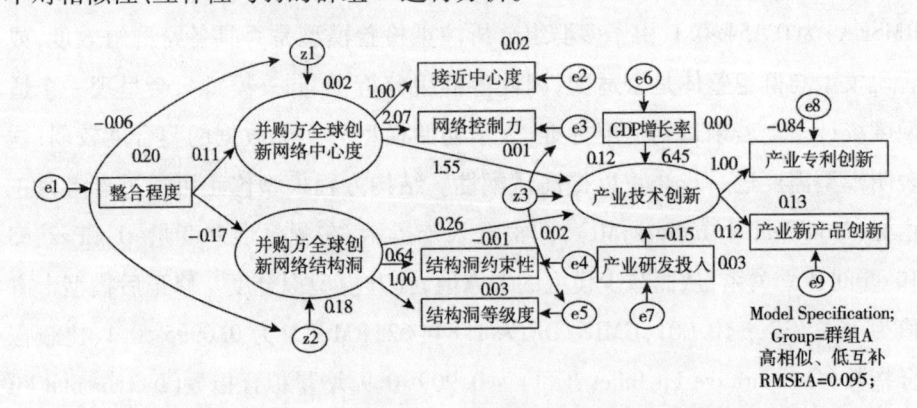

图 3-3 群组 A 相似性强、互补性弱的修正后模型运行结果

表 3-7　群组 A(资源相似性强、互补性弱)结构方程实证结果

群组	路径			估计值	S.E.	C.R.	P
相似性强、互补性弱	创新网络中心度	<--	整合程度	0.110	0.046	2.365	**
	创新网络结构洞	<--	整合程度	-0.167	0.166	-1.010	0.313
	产业技术创新	<--	创新网络中心度	1.553	0.466	3.331	***
	产业技术创新	<--	创新网络结构洞	0.262	0.086	3.028	***
	产业技术创新	<--	产业研发投入	-0.146	0.214	-0.681	0.496
	产业技术创新	<--	GDP 增长率	6.438	2.468	2.609	***
	接近中心度	<--	创新网络中心度	1.000			
	产业新产品创新	<--	产业技术创新	0.117	0.031	3.828	***
	产业专利创新	<--	产业技术创新	1.000			
	结构洞等级度	<--	创新网络结构洞	1.000			
	结构洞约束性	<--	创新网络结构洞	0.637	0.063	10.069	***
	网络控制力	<--	创新网络中心度	2.071	0.575	3.605	***

注：*** 表示 p<0.01, ** 表示 p<0.05, * 表示 p<0.10。S.E.(Standard Error)为估计参数的标准误；C.R.(Critical Ratio)为临界比值。

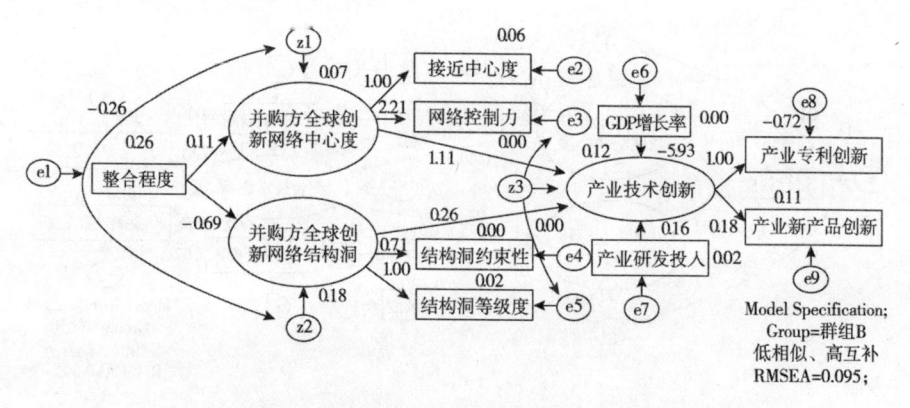

图 3-4　群组 B 相似性弱、互补性强的修正后模型运行结果

表 3-8　群组 B(资源相似性弱、互补性强)结构方程实证结果

群组	路径			估计值	S.E.	C.R.	P
相似性弱、互补性强	创新网络中心度	<--	整合程度	0.110	0.071	1.551	0.121
	创新网络结构洞	<--	整合程度	-0.691	0.315	-2.191	**
	产业技术创新	<--	创新网络中心度	1.106	0.482	2.294	**
	产业技术创新	<--	创新网络结构洞	0.157	0.050	3.161	***
	产业技术创新	<--	产业研发投入	0.160	0.331	0.483	0.629
	产业技术创新	<--	GDP 增长率	-5.933	3.919	-1.514	0.130
	接近中心度	<--	创新网络中心度	1.000			
	产业新产品创新	<--	产业技术创新	0.184	0.046	3.976	***
	产业专利创新	<--	产业技术创新	1.000			
	结构洞等级度	<--	创新网络结构洞	1.000			
	结构洞约束性	<--	创新网络结构洞	0.707	0.026	27.291	***
	网络控制力	<--	创新网络中心度	2.213	1.158	1.911	*

注：*** 表示 p<0.01，** 表示 p<0.05，* 表示 p<0.10。S.E.(Standard Error)为估计参数的标准误；C.R.(Critical Ratio)为临界比值。

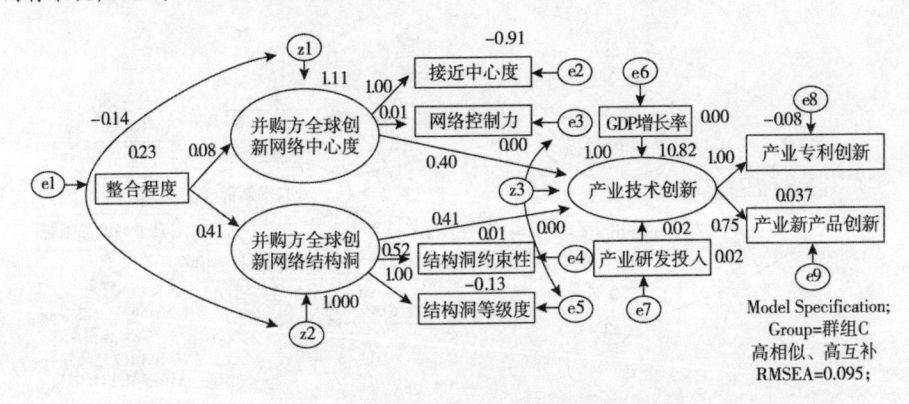

图 3-5　群组 C 相似性强、互补性强的修正后模型运行结果

表 3-9　群组 C(资源相似性强、互补性强)结构方程实证结果

群组	路径			估计值	S.E.	C.R.	P
相似性强、互补性强	创新网络中心度	<--	整合程度	0.076	0.044	1.720	**
	创新网络结构洞	<--	整合程度	0.411	0.516	0.795	0.426
	产业技术创新	<--	创新网络中心度	0.401	0.073	5.532	***
	产业技术创新	<--	创新网络结构洞	0.410	0.661	0.621	0.535
	产业技术创新	<--	产业研发投入	0.827	0.484	1.711	0.087
	产业技术创新	<--	GDP 增长率	10.824	6.726	1.609	0.108
	接近中心度	<--	创新网络中心度	1.000			
	产业新产品创新	<--	产业技术创新	0.747	0.024	31.179	***
	产业专利创新	<--	产业技术创新	1.000			
	结构洞等级度	<--	创新网络结构洞	1.000			
	结构洞约束性	<--	创新网络结构洞	0.521	0.017	30.201	***
	网络控制力	<--	创新网络中心度	0.012	0.020	0.599	0.549

注：*** 表示 p<0.01，** 表示 p<0.05，* 表示 p<0.10。S.E.(Standard Error)为估计参数的标准误；C.R.(Critical Ratio)为临界比值。

实证结果表明：在群组 A 中，整合程度与中心度显著正相关($\beta=0.110$, p<0.05)，并购方全球创新网络中心度($\beta=1.553$, p<0.01)与结构洞($\beta=0.262$, p<0.01)对产业技术创新具有显著正效应，在相似性强、互补性弱时，整合程度通过网络中心度与产业技术创新呈正相关，假设 3-1a 得到证实。在群组 B 中，整合程度与结构洞显著负相关($\beta=-0.691$, p<0.05)，并购方全球创新网络中心度($\beta=1.106$, p<0.05)与结构洞($\beta=0.157$, p<0.01)对产业技术创新显著正相关。在资源相似性弱、互补性强时，整合程度通过网络结构洞与产业技术创新呈负相关，假设 3-2b 被证明。在群组 C 中，整合程度与网络中心度显著正相关($\beta=0.076$, p<0.05)，并购方全球创新网络中心度对产业技术创新具有显著正向影响($\beta=0.401$, p<0.01)。在资源相似性互补性均高时，整合程度通过网络中心度与产业技术创新呈正相关($\beta=0.076$)，且系数小于相似性强、互补性弱的情况($\beta=0.110$)，即适中的整合程度通过提升并购方全球创新网络中心度促进产业技术创新；假设 3-3a 被证实。假设 3-1b 未被证实，整合程度对结构

洞影响不显著,这表明,在技术获取型海外并购的实践中,中国企业依然缺乏提升网络结构洞位置所需要的对多元化渠道与异质性信息的综合管理能力(Burt,1992),更多地依赖目标方来识别和维护异质性网络关系,在相似性强时,不利于中国企业对创新网络的控制力和网络资源的优化配置。假设 3-2a 未被证实,整合程度对中心度的影响均不显著,表明互补性强时,中国企业更集中精力于目标方资源的吸收消化,而非新网络关系的建立,同时,尽管互补性强时,低整合程度降低对目标方原有网络连接的破坏,但同时也阻碍了并购方与目标方网络的紧密互动,因此整合程度与中心度的关系不显著。假设 3-3b 未被部分验证,可能由于目前相似性、互补性均强的技术获取型海外并购较少,在实证中对传导路径的解释能力受限。

第四章

后追赶时代浙江制造企业海外并购整合提升创新能力：制度视角的国际比较

第一节 后追赶时代浙江制造企业海外并购整合提升创新能力：制度视角的中美实证对比

一、理论与假设

创新网络是指多个企业为了获得和分享创新资源、应对系统创新，而在所达成的共识和默契基础上相互结成的合作创新体系（Freeman,1991）。在创新网络中，企业间的合作使得双方能够获取资源和进行知识学习，改变各节点成员的知识存量。产业内其他企业通过模仿核心节点的创新活动并将此过程与自身所处条件环境相适应，结合先进的技术与原有的应用方式改进产品和流程，从价值链低端转移到高端（Blalock and Simon,2009；Spencer,2008），提升产业创新能力水平。

（一）企业全球创新网络位置优势促进产业创新能力提升

本节以中心性和结构洞衡量企业在网络中的位置。企业的中心性指的是企业占据中心位置对其他网络成员的连接程度，代表企业获取信息和资源的能力（Freeman,1978）。企业的结构洞指的是在原本不相连的企业节点之间占据中间人位置，描述了该企业监控操纵信息和资源流的能力（Burt,1992）。

中心性位置蕴含企业直接和间接连接关系，是嵌入性概念的重要层面（Gulati and Gargiulo,1999）。高中心性的企业能在更短的路径内接近其他网络成员，具有更多的信息来源，因而对相关资源具有更高的控制水平（Pfeffer and Salancik,2003）。并购方凭借更高的网络中心性位置占据更高的技术位势，作为本土产业链中的核心企业,架构本土产业链集群与外部创新网络连接的纽带,更快地通过频繁的外部联系获取丰富的信息和知识,增强竞争优势。以此引发外围企业的跟踪模仿,专注强化本土产业价值链的战略性环节,弱化或转移非核心业务,在全球范围内基于价值链实现成功的整合,从而实现产业技术创新能力升级。

结构洞位置使企业处于原本不相连企业的中间位置,获取更多的非重叠知识(Burt,1992)。并购方占据不同的信息流缺口提升所处网络位置的结构洞,以创造性的方式挑选、吸收和再结合从中取得的信息,在整合不同的技术知识来源上提高吸收能力(Cohen and Levinthal,1990),开拓整体视野,强化研发基础,为本国产业中的其他企业汇聚异质性信息,在技术交互中获取更多的机遇,组合资源的利用促使产业内企业能够合作开发高风险和技术密集型研发项目,提升获取突破创新的概率(Rosenkopf and Nerkar,2001),进而提高产业的技术创新能力(Reagans and McEvily,2003)。

(二)资源基础匹配整合程度促进并购方创新网络位置提升

在制造业企业技术获取型海外并购中,根据资源相似性和互补性寻求不同的资源匹配形成了不同的资源相关性状态,由此在并购后的整合过程中,并购方采取与之相匹配的整合策略提升自身的创新绩效,进而提升所处全球创新网络的位置以获取更多的社会资源和技术资源。

在资源相似性强、互补性弱的海外并购中,企业双方研究开发领域的共同性较强,对知识整合产生促进作用,使新知识与组织原有知识的融合、重构、创新的难度降低。因此,目标企业相似性资源所带来潜在收益的实现需要高程度并购整合(Nonaka,Takeuchi,and Umemoto,1996)。通过双方研发能力和管理能力的协调,提高并购方自身的技术创新的能力。在这种正向绩效反馈的激励下,并购方企业将吸引到更多优秀的企业与之进行合作(Powell,Koput,and Smithdoerr,1996),从而能够积累认知和关系资本,更深层次地嵌入全球创新网络,提高并购方所处网络位置的中心性;并购方也将通过自身能力的提升增加识别潜在优秀伙伴的机遇,在将资源从一个网络子群转化至另一子群的过程中获取多样化的信息(Marsden,1982),提升结构洞位置。

在资源互补性强、相似性弱的海外并购中,企业间一般存在很少的知识重叠区域,在整合的过程中的冲突和消极反应更为剧烈,带来经营管理对接的摩擦成本。因此,在这种情况下低程度的整合更能保护创新资源。并购方寻求与具有独特信息的其他企业建立合作关系。为了最大限度地获取和保留新颖性的信息,弥补自身资源的不足,企业倾向于保持目标方原有的经营模式,既能在互补性研发项目中思维交流产生技术外溢,以目标方的异质信息弥补自身的技术短板,也能获取目标方的信任,得以更深层次地嵌入全球创新网络,从而提升所处网络位置的中心性。并购方较低的整合程度也能保证互补性连接的存续,最大程度地保留有价值的差异化信息,并购方将能接触到更多的网络子群,占据不同的信息流缺口提升所处网络位置的结构洞。

在资源相似性强、互补性强的海外并购中,资源的相似性加深双方整合的默契合作,减少信息不对称,使得企业对互补性资源的开发与创新是较为快速而深刻的(Lane and Lubatkin,1998)。而资源的互补性为双方提供了多维度深层次的创新元素,使得并购双方能够通过异质性的资源弥补本身存在的不足,更好地发挥相似性资源的共同潜力(Pablo,1994),此时匹配适中的整合程度,并购方能以相似的基础知识融入全球创新网络,获取目标方的信任背书,与目标方创新网络内的节点产生更多的联系和互动,从而提升并购方所处网络位置的中心性;在保留关键资源、沟通路径和信息渠道的存续(Paruchuri,Nerkarhe,and Hambrick,2006)的基础上,占据更多的信息缺口,提升所处网络位置的结构洞。

(三)制度视角下基于创新网络的海外并购整合与产业创新能力

制度的功能是作为社会秩序复刻的脚本(Powell and Colyvas,2008)。个体处在制度环境下考虑顺从承受的制度压力和反抗行为可能导致的法律制裁风险后权衡自己的偏好做出响应(Hoffman,1999)。因而企业的创新网络对最终创新绩效的影响受到制度环境的潜在影响(Owen-Smith and Powell,2014)。作为整合资源的资源,母国长期以来建立并运转着的制度通过个体输入组织(Kostova,1997),在要素的产权拥有者之间形成共同信息与合作的基础,成为资源重新配置过程中的黏合剂。并购方利用技术获取型海外并购作为跳板嵌入全球创新网络,获取所需的战略性资产。企业在国际上部署有形和无形资源的过程中,母国制度完善性水平决定其面临的交易成本和机会集合(Wan and Hoskisson,2003),由此影响不同资源组合下并购方企业选取的整合程度对全球创新网络中位置的提升效应。

1. 资源相似性强、互补性弱组合

并购方所在母国的制度环境越完善,并购方企业所处区域的经济自由度就越强,法律政策也更为健全,企业的市场化经营经验就越充足(Meyer and Altenborg,2009)。更为完善的制度环境通过提供信息服务、技术支持、财政支持等(Buckley et al. ,2008)帮助并购方企业克服自身竞争性资源占有方面的劣势(Deng,2009),促使并购方企业在进行高度整合的过程中在管理结构、营销策略、发展理念等方面产生更具竞争力的新制度体系(Peng,2003)。充足的经验和实力帮助企业减少不必要的成本与时间耗费,提升嵌入目标方网络时的协商能力,扩大信息的来源范围,促进较高程度的整合对网络中心性的提升。同时,制度完善性提升并购方信息筛选效率,正向作用于高度整合对相似冗余连接剔除机制带来的结构洞提升。在创新网络位置优势的作用下,并购方从全球网络中获取的相似性信息得以更畅通地流向连接的其他企业,产业内知识流动和转化的效率更高,从而促使产业创新绩效的提升。

反之,在母国制度环境不完善的国家,较低的知识产权保护和较弱的商业规制限制了并购方对自身技术成果的垄断能力(Nordhaus,1969),导致核心企业的非主动知识溢出,知识产权人对同行企业的模仿行为难以抑制。较低的经济自由度和市场制度难以提供优质的信息、技术等支持。不完善的制度环境抑制了并购方对信息的获取和共享能力,从而削弱高程度整合带来的网络中心性提升效应。同时,制度不完善性导致并购方的信息筛选能力降低,限制了剔除冗余连接的效率进一步削弱高程度整合带来的网络结构洞提升效应。因此,制度不完善性抑制收购方选择较高整合程度基于提升网络中心性与结构洞对产业创新能力的传导。

综合上述分析,我们提出:

假设4-1:当并购双方资源相似性强、互补性弱时,母国制度环境越完善越促进收购方选择较高整合程度基于提升网络中心性与结构洞对产业创新能力的传导。

2. 资源互补性强、相似性弱组合

完善的制度环境促使并购方企业在对目标方低度的整合下积极寻求与目标方所在创新网络中其他企业的合作并建立持久的创新体系(Poot,Faems,and Vanhaverbeke,2009),平衡内外部研发的互补性以发挥创新网络的潜力。有力的知识产权保护促使专利研发的强势,促使双方在共享知识产权和自有研发的过程中受益,激励并购方企业努力和全球创新网络内的外部创新节点进行有效的沟通,采取低度整合以增强目标方网络企业的信任,维持并购方与目标方共享新颖信息的多样化渠道,进一步提升中心性位置;完善的市场制度将便于企业研发活动的开展,通过高效的财政支持体系、专业的投资促进和信息咨询机构帮助并购方更快速完整地获取重要信息,在低度整合下筛选有益的合作对象,发掘潜在的合作对象,进一步提升结构洞位置。因此,母国的制度完善性正向推进了低整合程度基于网络中心性和结构洞对产业技术创新的传导。

反之,在母国制度环境不完善的国家,市场开放程度较低的情况下,企业所能接触到的足以升级和改善自身能力的资源和机遇不足,低质量的商业法规环境难以保护并购方对整合后技术成果的垄断能力。制度的不完善性抑制了并购方在低度整合下与目标方网络的协调沟通能力,提升了协同合作时的道德风险,维持信息共享渠道的稳定性下降,不利于中心性位置的提升。同时,制度的不完善性难以为并购方提供优质的信息支持,抑制了并购方对潜在机遇的识别能力,不利于结构洞位置的提升。因此,制度不完善性抑制收购方选择较低整合程度基于提升网络中心性与结构洞对产业创新能力的传导。

综合上述分析,我们提出:

假设4-2:当并购双方资源互补性强、相似性弱时,母国制度环境越完善越促进收购方选择较低整合程度基于提升网络中心性与结构洞对产业创新能力的传导。

3. 资源相似性强、互补性强组合

在完善的母国制度环境下,高水平的技术投入与保护使得企业遭遇非法侵占的风险减少。开放的市场环境下,外来竞争压力的涌入意味着更多学习机会的涌现,并购方对先进技术的理解融合能力增强。健全的母国制度环境下,企业处于更为公平和内化竞争的环境中,良好的契约效力和保护提升了运营质量(Acemoglu and Johnson,2005),使企业不仅能够保持着高效率和强竞争能力,也逐渐塑造了高水平的公信力和声誉(Geleilate et al.,2016),并购方企业在本土和全球市场占据有利的竞争地位(Alcacer and Oxley,2014),促使并购方企业采取支付授权费用等合法渠道与海外企业建立紧密的连接与合作,在与目标方网络节点的互动合作中掌握主动权,识别更多优质的伙伴,建立合作关系,在深入全球创新网络进一步连接国际企业时,得以克服信任问题,从而减少外来者劣势导致的成本,增加潜在的合作与投资机遇(Buckley and Casson,2003),进而提升网络中心性和结构洞位置。母国的制度完善性正向促进了适中整合程度基于网络中心性和结构洞对产业技术创新的传导。

反之,母国制度环境不完善的国家,低效的产权保护增加企业技术成果被模仿的可能,较弱的市场机制和较低的开放程度无法提供有效的支持,降低企业识别优质合作伙伴的能力,信息不对称不利于创新合作的推进,减少了企业从网络中获取前沿技术和新颖信息的机会,抑制了网络中心性和结构洞水平的提升。因此,制度不完善性削弱了收购方选择适中整合程度基于提升网络中心性与结构洞对产业创新能力的传导。

综合上述分析,我们提出:

假设4-3:当并购双方资源相似性强、互补性强时,母国制度环境越完善越促进收购方选择适中整合程度基于提升网络中心性与结构洞对产业创新能力的传导。

二、样本与数据

(一)样本选取

本节选取浙江与美国的制造业技术获取型海外并购案例为研究样本,数据来源于Zephyr全球并购交易分析库、清科私募通数据库以及SDC跨国并购交易数据库,样本的时间截取为2006—2017年。考虑到并购绩效发生在交易完成后的整合期间,本节剔除了2017年之后的并购案例。样本的筛选主要基于以下三条标准:(1)并购事件为制造业海外并购,企业的主要SIC代码前两位为20~39(Puranam,Singh,and Chaudhuri,2009);(2)并购事件为海外并购,目标方为并购方母国境外的公司;(3)并购事件为技术获取型海外并购,在并购公告中有提及以获取某种技术为目的或者并购方所处产业为高技术产业。共获取47起浙江省制造业技术获取型海外并购样本案例以及151起美国制造业技术获取型海外并购样本案例。将浙江和美国样本按照资源相似性和互补性的程度各分为四组,剔除资源相似性弱、互补性弱分组后,最终得到浙江制造业技术获取型海外并购样本42个和美国制造业技术获取型海外并购样本142个。

(二) 变量与数据来源

1. 产业创新能力

产业研发强度增长率。以各产业并购样本交易完成后两年内研发经费内部支出占主营业务收入比重增长率来衡量。中美各产业数据研发经费内部支出和主营业务收入数据来自2007—2019年《浙江科技统计年鉴》以及《美国统计年鉴》。

产业专利发明增长率。分别计算各产业并购样本交易完成后两年内每亿元主营业务收入有效发明专利增长率。浙江省各产业专利拥有量数据来自2007—2019年的《浙江科技统计年鉴》。美国各产业专利申请数来自美国专利商标局(USPTO)发布的以北美产业分类体系(NAICS)分类的美国专利申请数在各产业分布统计的年度数据。

2. 资源—整合程度匹配

衡量每起海外并购的资源相似性、互补性与收购方对目标方实施的整合程度后,按照理论分析的不同资源相似性、互补性组合下匹配的整合程度,判断每起海外并购的资源相似性、互补性与技术整合程度和管理整合程度匹配与否,按照表4-1给出的赋值方法得到资源—管理整合、资源—技术整合两组资源—整合匹配关系值。

对于资源相似性和资源互补性的衡量,参考马克里、希特和莱恩(Makri, Hitt, and Lane(2010)给出的专利信息法,以技术知识的相似性和互补性计算资源相似性和互补性的强弱,具体方法如下所示。

$$技术相似性 = \frac{并购双方相同专利类别下专利数}{并购双方专利总数} \times \frac{收购方相同专利类别下专利数}{收购方专利总数} \quad (4-1)$$

$$技术互补性 = \frac{并购双方相同专利分部类下专利数}{并购双方专利总数} - \frac{并购双方相同专利类别下专利数}{并购双方专利总数} \times \frac{收购方相同专利分部类下专利数}{收购方专利总数} \quad (4-2)$$

以收购方与目标方资源相似性、资源互补性的中位数为界限,可将样本分为浙江群组 A 资源相似性强、互补性弱(N=16),浙江群组 B 资源相似性弱、互补性强(N=16),浙江群组 C 资源相似性强、互补性强(N=10),浙江群组 D 资源相似性弱、互补性弱(N=5),以及美国群组 E 资源相似性强、互补性弱(N=57),美国群组 F 资源相似性弱、互补性强(N=55),美国群组 G 资源相似性强、互补性强(N=30),美国群组 H 资源相似性弱、互补性弱(N=9)。资源相似性弱、互补性弱的海外并购整合价值不强且与本节研究范畴相关性较弱,因而最终将该群组(D、H)剔除。

对于整合程度的衡量,参照夫尔丁等人(Cording et al.,2008)的研究由二级合成变量刻画,选取管理整合程度和技术整合程度作为整合程度的评价要素。根据并购相关报道中有关目标方管理层的保留情况以及目标方研发团队和项目的保留情况,按照三点量表打分。有完全保留字样的整合程度为低度整合,有基本或部分保留字样的整合程度为中度整合,有完全整合字样的整合程度为高度整合。对样本资源相似性、互补性分组后,参照表4-1根据样本的资源与任务整合程度、技术整合程度及人力资源整合程度的匹配程度赋以整合程度的匹配值,得到资源—管理整合、资源—技术整合两个资源—整合程度匹配值的指标。数据主要根据 LexisNexis 数据库、企业年报和新闻资讯等公开资料整理后取值。

表4-1 资源—整合匹配关系值

资源相似性	资源互补性	资源—整合程度匹配值		
		高度整合	中度整合	低度整合
强	弱	1	0.5	0
弱	强	0	0.5	1
强	强	0.5	1	0

3. 中心性提升和结构洞提升

本节以创新网络位置提升作为中介变量。首先查找各样本案例中并购方、目标方并购前两年到并购后两年内的合作专利申请数以及专利的互引数,并进一步检索这些企业的联合专利申请和引用信息。浙江并购方的专利信息来自国家知识产权局专利信息检索,美国并购方的专利信息来自 USPTO 数据库。

然后,根据查找到的专利信息利用 Matlab 软件构建邻接矩阵。最后,将并购方对应的邻接矩阵导入 Ucinet 软件,得出并购方的网络指标值——中心性和结构洞,并计算并购后两年网络指标值对应并购前两年网络指标值的增长率。

对于中心性,采用接近中心性加以衡量,计算公式为 $\dfrac{n-1}{\sum_{i=1}^{n} d(p_i, p_k)}$,其中 n 代表网络内企业数量,$d(p_i, p_k)$ 代表企业 i 与企业 k 之间的路径距离。接近中心性衡量了企业对信息来源的掌控范围和对资源的控制程度(Pfeffer and Salancik, 2003)。

对于结构洞,采用结构洞约束性加以衡量。约束性代表企业的网络直接或间接地聚焦于一个连接的程度,当约束性越高时,表示企业所拥有的结构洞越少(Zaheer and Bell, 2005)。计算公式为 $p_{ij} = \dfrac{a_{ij}+a_{ji}}{\sum_k (a_{ik}+a_{ki})}$,$a_{ij}$ 是为 i、j 两点间的边权重,p_{ij} 表示 i 与 j 联系强度。节点 i 受到 j 的约束性计算公式为 $c_{ij} = (p_{ij} + \sum_{q, q\neq i, q\neq j} p_{iq} p_{qj})^2$,可得到节点 i 的总约束 $c_i = \sum_j c_{ij}$。最后以 $s_i = 1 - c_i$ 衡量结构洞富有值。

4. 并购方母国制度完善性

从产权保护力度、市场制度完善性、商业法规健全性三方面进行衡量。产权保护力度衡量了并购方海外并购当年母国产权保护的力度,数据来自美国传统基金会(Heritage Foundation)公布的全球经济自由度指数(Economic Freedom Index,EFI)中产权保护指标分数;市场制度完善性代表了并购方海外并购当年母国市场制度完善程度,以经济自由度指数(EFI)中的腐败程度、商业自由度、财政自由度、政府支出、货币自由度五项指标加权衡量;商业法规健全性,考察了并购方海外并购当年母国商业法律法规的健全程度,数据来自世界银行评估的全球治理指数(Worldwide Governance Indicators,WGI)中的法治环境指标。

5. 控制变量

综合考虑其他可能会对产业创新产生影响的变量以及数据的可得性,本节的控制变量为 GDP 增长率、国家互联网化指数、国家技术出口率。计算浙江省和美国在并购前两年的 GDP 增长率均值,用以控制产业的宏观市场时间差异效应,数据来自世界银行发展指标数据库。计算中国和美国在并购前两年的互联网化指数均值,用以控制网络化程度对产业创新的影响。中国的互联网化转型速度较快,但仍处于起步阶段,从样本数据中不难看出美国的互联网化程度远高于中国。互联网化影响信息的集成与协同从而影响产业技术创新,因而将其作为控制变量加以考量。中国和美国在并购前两年的技术出口率均值,汇丰研究结果显示美国在未来20年中将保持技术出口大国的地位,中国技术出口的增幅较大但质量不高,技术出口可能会影响企业的自主创新投入和引进技术消化吸收的能力,因而将其作为控制变量。数据均来自世界银行发展指标数据库。

(三)验证性因素分析、信度与效度检验

描述性统计和T检验结果如表4-2所示。根据T检验结果可得,中国的产权保护力度、市场化制度完善性和商业法规健全度都远低于美国。采用Amos 17.0对中国浙江省和美国样本展开包含全部变量的验证性因子分析(Confirmatory Factor Analysis,CFA),进行信度和效度的检验。CFA结果如表4-3所示。标准化因子载荷在0.811到0.910之间,具有较强的显著性($p<0.01$);克朗巴哈系数(Cronbach's Alpha)都大于0.6,信度较好。所有潜在变量平均方差萃取量(Average Variance Extracted,AVE)满足大于0.6的要求,模型效度较高。

表4-2 样本变量描述性统计和T检验结果

变量	浙江(N=42) 均值	浙江(N=42) 标准差	美国(N=142) 均值	美国(N=142) 标准差	T检验
资源—技术整合	0.544	0.231	0.610	0.322	-2.800*
资源—管理整合	0.519	0.373	0.647	0.314	-0.448
中心性提升	0.187	0.149	0.298	0.210	-4.379***
结构洞提升	0.237	0.211	0.344	0.222	-3.711**
产权保护力度	21.148	3.554	86.198	2.486	-147.340***
市场制度完善性	60.110	2.245	75.377	2.579	-110.219***
商业法规健全性	21.877	1.210	40.733	0.535	-254.617***
产业研发强度增长率	0.082	0.227	0.129	0.315	-8.319***
产业专利发明增长率	0.376	0.170	0.074	0.181	21.090***

续表

变量	浙江(N=42) 均值	浙江(N=42) 标准差	美国(N=142) 均值	美国(N=142) 标准差	T检验
GDP增长率	10.540	1.243	1.837	1.513	30.454***
互联网化指数	26.987	1.290	22.359	4.098	4.728***
技术出口率	27.086	10.106	63.057	4.383	-37.886***

注：*p<0.10；**p<0.05；***p<0.01。

表4-3 样本CFA测量模型的检验结果

潜在变量	测量变量	克朗巴哈系数 浙江	克朗巴哈系数 美国	标准化因子载荷 浙江	标准化因子载荷 美国	平均方差萃取量 浙江	平均方差萃取量 美国
资源—整合程度匹配	资源—管理整合	0.896	0.798	0.833***	0.890***	0.712	0.741
	资源—技术整合			0.847***	0.811***		
产业创新能力	产业研发强度	0.760	0.791	0.910***	0.846***	0.821	0.753
	产业专利发明			0.834***	0.857***		
制度完善性	产权保护力度	0.822	0.773	0.812***	0.866***	0.744	0.680
	市场制度完善性			0.883***	0.859***		
	商业法规健全性			0.818***	0.845***		

注：*p<0.10；**p<0.05；***p<0.01。

三、实证结果与分析

本节采用Smart PLS软件对浙江与美国样本进行偏最小二乘法实证分析，使用Bootstrap方法进行1000次抽样，获取相应的显著性水平。借鉴林等人(Lin et al.,2009)的研究：首先，建立包含制度完善性及制度完善性与资源—整合程度匹配构建交互项的模型Ⅰ，对按照资源基础分类的资源相似性强、互补性弱(A、E群组)，资源相似性弱、互补性强(B、F群组)和资源相似性强、互补性强(C、G群组)三组样本分别进行估计，检验每种资源组合条件下，制度对资源—整合程度匹配关系通过中心性与结构洞促进产业创新能力的影响效应。其次，构建如图4-1所示不包含制度完善性变量的模型Ⅱ，分别对浙江样本(A、B、C群组)和美国(E、F、G群组)样本进行分析，从整体层面进一步比较制度完善性差异带来的影响。表4-4为研究模型Ⅰ的路径系数统计检验结果。

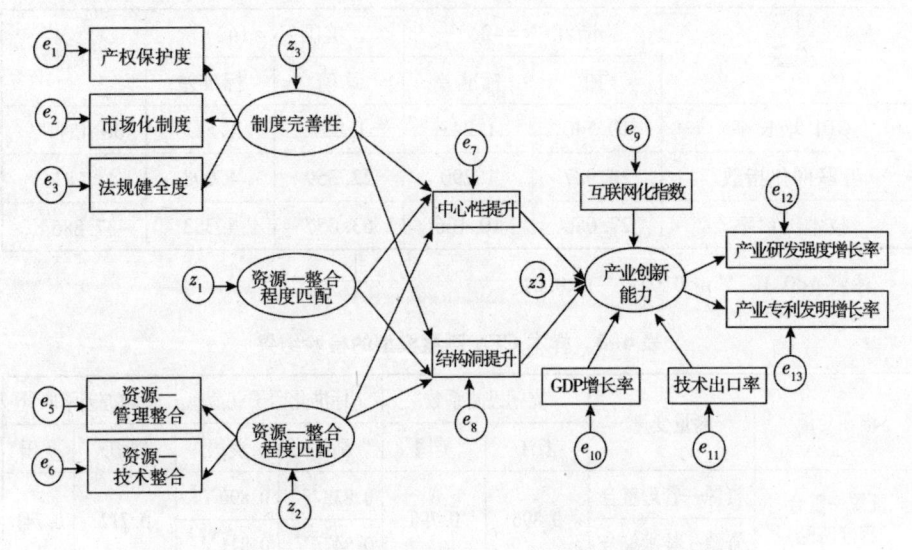

图4-1 制度视角的海外并购整合与产业创新能力研究模型Ⅰ

注：椭圆形内为潜在变量，矩形内为测量变量，圆形内为误差变量。

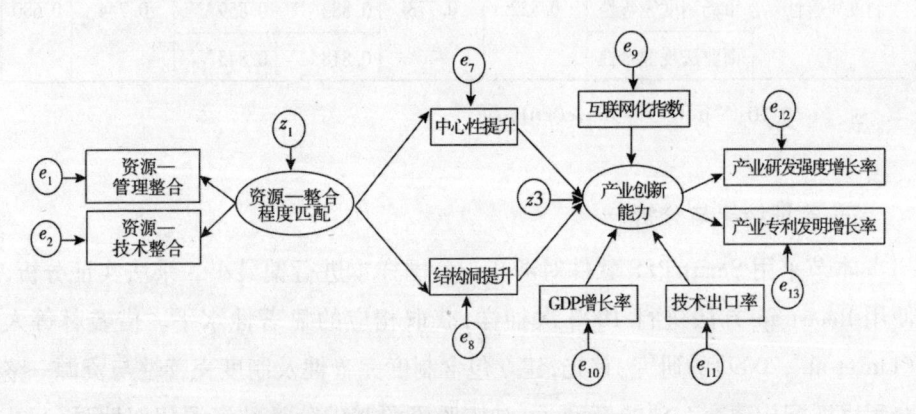

图4-2 制度视角的海外并购整合与产业创新能力研究模型Ⅱ

注：椭圆形内为潜在变量，矩形内为测量变量，圆形内为误差变量。

表 4-4 研究模型 I 分组路径系数统计检验结果

路径			A、E 群组 (N=73)		B、F 群组 (N=71)		C、G 群组 (N=40)	
			Est.	S.E.	Est.	S.E.	Est.	S.E.
中心性提升	<--	资源—整合程度匹配	0.410***	4.532	0.581***	4.637	0.455**	2.569
结构洞提升	<--	资源—整合程度匹配	0.634***	2.947	0.453***	5.218	0.313**	2.474
产业技术创新	<--	中心性提升	0.761**	2.424	0.814***	4.280	0.673***	3.544
产业技术创新	<--	结构洞提升	0.708***	3.511	0.943**	2.455	0.740**	2.781
中心性提升	<--	制度完善性	0.137	0.994	0.053	0.764	0.108	0.172
结构洞提升	<--	制度完善性	0.102	0.323	0.126	1.038	0.095	0.393
中心性变化	<--	资源—整合程度匹配×制度完善性	0.167***	2.873	0.377**	2.852	0.120**	2.789
结构洞变化	<--	资源—整合程度匹配×制度完善性	0.171*	1.943	0.145*	1.802	0.117*	1.652
产业技术创新	<--	GDP 增长率	0.423***	3.653	0.307***	3.599	0.589***	4.652
产业技术创新	<--	互联网化指数	0.107*	1.781	0.246***	5.204	0.082	1.046
产业技术创新	<--	技术出口率	0.042	1.400	0.060	0.204	0.070	1.417
资源—管理整合	<--	资源—整合程度匹配	0.746***	3.899	0.782***	6.310	0.732***	5.299
资源—技术整合	<--	资源—整合程度匹配	0.813***	8.819	0.766***	3.756	0.634***	9.101
产业研发强度增长率	<--	产业创新能力	0.691***	3.283	0.676***	6.374	0.701***	7.381
产业专利发明增长率	<--	产业创新能力	0.717***	6.722	0.705***	6.683	0.652***	4.368
产权保护度	<--	制度完善性	0.601***	6.291	0.635**	6.5011	0.729***	7.028
市场化制度	<--	制度完善性	0.946***	3.113	1.013***	3.218	0.908***	3.172
法规健全度	<--	制度完善性	0.690***	4.877	0.977***	4.852	0.795***	2.993

注：* $p<0.10$；** $p<0.05$；*** $p<0.01$。Est.(Estimate)为非标准化回归系数,S.E.(Standard Error)为估计参数的标准误。

由表4-4可知,在资源相似性强、互补性弱群组(A、E 群组)中,资源—整合程度匹配对中心性提升($\beta=0.410$, $p<0.01$)和结构洞提升($\beta=0.634$, $p<0.01$)影响为正且显著,中心性提升($\beta=0.761$, $p<0.05$)和结构洞提升($\beta=0.708$, $p<0.01$)对产业创新能力影响为正且显著,资源—整合程度匹配与制度完善性的交互项对中心性提升($\beta=0.167$, $p<0.01$)和结构洞提升($\beta=0.171$, $p<0.1$)的影响为正且显著,验证了假设4-1。表明并购双方资源相似性强、互补性弱时,制度完善性促进收购方选择较高整合程度基于提升网络中心性与结构洞对产业创新能力的传导。

在资源互补性强、相似性弱群组(B、F群组)中,资源—整合程度匹配对中心性提升($\beta=0.581$, $p<0.01$)和结构洞提升($\beta=0.453$, $p<0.01$)影响为正且显著,中心性提升($\beta=0.814$, $p<0.01$)和结构洞提升($\beta=0.943$, $p<0.05$)对产业创新能力影响为正且显著,资源—整合程度匹配与制度完善性的交互项对中心性提升($\beta=0.377$, $p<0.05$)和结构洞提升($\beta=0.145$, $p<0.1$)的影响为正且显著,验证了假设4-2。表明并购双方资源互补性强、相似性弱时,制度完善性促进收购方选择较低整合程度基于提升网络中心性与结构洞对产业创新能力的传导。

在资源相似性强、互补性强群组(C、G群组)中,资源—整合程度匹配对中心性提升($\beta=0.455$, $p<0.05$)和结构洞提升($\beta=0.313$, $p<0.05$)影响为正且显著,中心性提升($\beta=0.673$, $p<0.01$)和结构洞提升($\beta=0.740$, $p<0.05$)对产业创新能力影响为正且显著,资源—整合程度匹配与制度完善性的交互项对中心性提升($\beta=0.120$, $p<0.05$)和结构洞提升($\beta=0.117$, $p<0.1$)的影响为正且显著,验证了假设4-3。表明并购双方源相似性强、互补性强时,制度完善性促进收购方选择适中整合程度基于提升网络中心性与结构洞对产业创新能力的传导。

为了进一步比较制度完善性引起的资源—整合程度匹配对产业创新能力影响路径的差异,本节以模型Ⅱ分别对浙江和美国样本进行分析,结果如表4-5所示。

<<< 第四章 后追赶时代浙江制造企业海外并购整合提升创新能力：制度视角的国际比较

表4-5 研究模型Ⅱ分组路径系数统计检验结果

路径			浙江A、B、C群组 (N=42)		美国E、F、G群组 (N=142)	
			Est.	S.E.	Est.	S.E.
中心性提升	<--	资源—整合程度匹配	0.237***	2.316	0.493***	2.996
结构洞提升	<--	资源—整合程度匹配	0.146***	3.143	0.389***	3.228
产业创新能力	<--	中心性提升	0.413**	2.278	0.632***	3.097
产业创新能力	<--	结构洞提升	0.162***	3.169	0.479**	2.330
产业创新能力	<--	GDP增长率	0.101*	1.877	0.088*	3.276
产业创新能力	<--	互联网化指数	0.004*	1.609	0.190***	8.402
产业创新能力	<--	技术出口率	0.011	1.081	0.187	1.078
资源—管理整合	<--	资源—整合程度匹配	0.665***	7.920	0.723***	3.557
资源—技术整合	<--	资源—整合程度匹配	0.730***	6.043	0.817***	6.428
产业研发强度增长率	<--	产业创新能力	0.439***	5.073	0.218*	2.203
产业专利发明增长率	<--	产业创新能力	0.686***	3.359	0.628***	3.534

注：* $p<0.10$；** $p<0.05$；*** $p<0.01$。Est.（Estimate）为非标准化回归系数，S.E.（Standard Error）为估计参数的标准误。

在浙江群组中，资源—整合程度匹配对中心性提升（$\beta=0.237$，$p<0.01$）和结构洞提升（$\beta=0.146$，$p<0.01$）影响为正且显著，中心性提升（$\beta=0.413$，$p<0.05$）和结构洞提升（$\beta=0.162$，$p<0.01$）对产业创新能力影响为正且显著。在美国群组中，资源—整合程度匹配对中心性提升（$\beta=0.493$，$p<0.01$）和结构洞提升（$\beta=0.389$，$p<0.01$）影响为正且显著，中心性提升（$\beta=0.632$，$p<0.01$）和结构洞提升（$\beta=0.479$，$p<0.05$）对产业创新能力影响为正且显著。但从横向对比来看，浙江群组的路径系数小于美国群组的路径系数，可知制度更为完善的环境下，资源—整合程度匹配通过中心性和结构洞对产业创新能力提升的作用更强，由此进一步验证了假设4-1、假设4-2、假设4-3。

本节根据不同资源群组模型Ⅰ的分析结果，以及浙江和美国样本模型Ⅱ结果对比，可以得出以下结论：不同资源组合类型的海外并购中，并购方对目标方采取相应匹配的整合程度，即资源相似性强、互补性弱时应匹配高度整合，资源相似性弱、互补性强时应匹配低度整合，资源相似性与互补性均强时应匹配中度整合时,将能通过提升收购方在全球创新网络中的中心性与结构洞地位提高收购方所在产业的技术创新能力。而在母国制度更为完善的环境下,资源—整合程度的匹配关系通过中心性和结构洞对产业创新能力提升的作用更强。

由实证结果可知,资源识别与整合匹配对于海外并购最终技术获取成功与否至关重要。浙江并购方企业应该重视对核心技术与并购双方资源特征的研判,判断目标方标的资产与自身技术的相似性与互补性,而后根据并购双方资源特征构建恰当的整合模式,实现并购协同收益。

对比浙江与美国的实证结果,中美两国的制度环境都会影响资源相关性下的整合匹配,提升网络位置推动产业技术创新,但美国在更为完善的制度环境下,美国并购方企业整合提升中心性和结构洞进而促进产业技术创新的整体路径效应显著更强。由 T 检验结果可知,美国产权保护制度、市场化程度和商业法规健全度都显著高于中国,高效的财政支持体系、专业的投资促进和信息咨询机构帮助美国并购方企业占据更高的网络位置,以获取非冗余信息,筛选有益的合作对象,对组合技术资源做出更合理的布局,实现利益最大化。因此,对于浙江省政府层面而言,应当加快建立健全联动协同、资源集聚的体系化创新机制,加强知识产权的保护与信息动态跟踪,以开放的公共技术服务引导浙江企业发挥网络位置优势,识别信息,把握机遇,制定更为合理的创新能力提升战略。

第二节 后追赶时代浙江制造企业海外并购整合提升创新能力:制度视角的中韩实证对比

一、理论与假设

收购方应基于并购双方资源特点选择匹配的整合程度(Bauer and Matzler,2014)。结合企业的网络嵌入观点,企业受益于优势网络位置,实现网络地位提升是企业重要的组织目标(Shipilov and Li, 2008)。赫尔南德斯和梅农(Hernandez and Menon,2017)的仿真研究表明并购能够提升收购方在网络中的位置并促进其绩效,但该研究忽视了并购中不同整合程度导致的差异。基于以往研究,本节分资源相似性强、互补性弱,资源相似性弱、互补性强与资源相似性强、互补性强三种情况①分析,提出收购方对目标方实施与资源匹配的整合策略有利于通过提高其在全球创新网络中的位置,带动产业创新能力提升,收购方母国制度完善性能够放大匹配整合程度对产业创新能力的促进效应。

(一)收购方企业全球创新网络位置与产业创新能力

中心性和结构洞是本研究中描述收购方创新网络位置的关键指标,在以往创新网络研究中也受到了广泛关注(Zaheer and Bell,2005)。已有研究表明企业在网络中的高中心性(Bell,2005)与高结构洞(Vasudeva and Zaheer,2013)有利于自身技术创新能力的提升。

在全球创新网络中占据优势位置的企业通过获取先进创新资源促进自身技术创新的同时,其知识也会通过研发交流合作、出版物、逆向工程等多途径向国内企业扩散(Kafouros and Buckley,2008),包括对同行业企业的水平扩散与对前后关联行业企业的垂直扩散(Griliches,1992)。扩散的方式包括优势位置企业的主动溢出(Appleyard,1996)、组织间学习(Grant and Baden-Fuller,2004)、模仿效应(Katila and Chen,2008;Operti and Carnabuci,2015)、人力资源流动(Mawdsley and Somaya,2016)等。因此本节在以往研究基础上进一步提出,企业在全球创新网络中占据优势位置获取创新资源能够促进所在产业的技术创新。

中心性衡量了企业在网络中处于中心位置的程度(Lin et al.,2009)。高中心性的企业具有丰富的资源与信息来源(Powell,Koput,and Smithdoerr,1996),更利于整合、利用与分享如信息、技术和知识的创新资源(Borgatti,2005),从而通过显性知识传递及隐性知识溢出向产业内企业扩散,带动产业创新能力提升。与网络边缘的企业相比,海外技术创新向高中心性企业扩散更有效率(Borgatti and Halgin,2011),创新网络中心位置企业率先掌握先进技术,在降低成本的同时提高产品质量,能够促进本土同行企业形成模仿(Katila and Chen,2008)与竞争(Kafouros and Buckley,2008),调动产业内其他同类企业研发的积

---

① 由于资源相似性低、互补性低的海外并购缺少整合价值,多属于财务投资,不属于本节关注的范畴,因此本节不考虑资源相似性低、互补性低的情况。

极性,从而促进产业创新能力提升。

伯特(Burt,1992)提出结构洞即给定节点作为连接两个不相连节点的经纪人的位置,证明结构洞是经纪对象间知识与信息流动的机会。高结构洞的企业具有获取非冗余信息的优势(Zahee,Castañer,and Soda,2013),对技术创新动态占有先机(Burt,2002),有利于收购方企业技术创新并带动产业内配套上下游企业技术创新能力提升。结构洞还增强了收购方企业对全球创新网络内资源与信息的控制与制约作用(Martin and Becerra,2015),有利于企业在决策中摆脱限制拥有更多的自主权(Wang et al.,2014),搜寻与利用网络中有价值的创新信息与资源,从而摆脱跟随模式,带领产业实现突破性创新的技术变革。

(二)制度视角下资源相似性强、互补性弱的海外并购整合与产业创新能力

高度整合有利于收购方在资源相似性主导的并购中获取基于效率提升的协同效应(Puranam,Singh,and Zollo,2006)。当资源相似性强、互补性弱时,收购方利用目标方满足自身创新需求的能力较强(Weigelt and Sarkar,2009),且交易双方的同业竞争会使目标方阻碍收购方嵌入其原有网络,因此有必要对目标方高度整合,作为同一节点与其他企业产生关系(Borgatti and Halgin,2011)。通过有效管理目标方生产价值链环节嵌入其创新网络,增强收购方识别目标方网络内有益连接并建立直接关系,提高收购方企业在全球创新网络中的中心性。同时,高度整合有利于收购方剔除目标方网络内冗余连接,保留能够提供非冗余信息与资源的异质性企业,同时吸引海外先进技术企业与收购方通过技术合作交流达成新的连接,使收购方新建非冗余的海外技术资源吸纳渠道,提高收购方企业在全球创新网络中的结构洞。

收购方母国制度环境是影响与资源匹配的整合程度促进产业创新能力路径的重要因素。海外并购整合中收购方对目标方的整合嵌入于制度环境的影响下,制造业海外并购中的目标方多位于制度环境较完善的东道国(Nicholson和Salaber,2013)。当资源相似性强、互补性弱时,收购方母国制度越完善,整合的合法性缺失风险(Xu and Shenkar,2002)越低,市场监督机制保证了合作伙伴收益并降低了合作成本(Das and Teng,2001),高度整合并构建新连接的障碍越少,越促进中心性提升。收购方母国制度越完善,完善的制度为企业提供信用担保(Deng and Yang,2015),收购方基于高度整合维持非冗余连接的能力越强,

越促进结构洞提升。因此,当母国制度越完善时,高度整合提升企业中心性与结构洞位置的效应越强。结合上节中企业中心性及结构洞位置影响产业创新能力的分析,提出假设4-4a与假设4-4b。

假设4-4a:当并购双方资源相似性强、互补性弱时,收购方母国制度完善性越强,收购方选择较高整合程度基于提升网络中心性对产业创新能力的传导效应越强。

假设4-4b:当并购双方资源相似性强、互补性弱时,收购方母国制度完善性越强,收购方选择较高整合程度基于提升网络结构洞对产业创新能力的传导效应越强。

(三)制度视角下资源相似性弱、互补性强的海外并购整合与产业创新能力

企业层面的并购整合研究指出,低度整合有利于收购方在资源互补性主导的并购中获取技术创新绩效(Kim and Finkelstein,2009)。当资源相似性弱、互补性强时,收购方对目标方的整合会产生更高的摩擦成本,低度整合有利于降低目标方的敌意从而减少组织冲突发生(Paruchuri, Nerkar, and Hambrick, 2006),使收购方企业克服由互补性引起的对目标方网络资源的识别困难,促进收购方企业以目标方为媒介与目标方网络内企业形成连接,提高了收购方企业在全球创新网络中的中心性。同时,由互补性引起的信息不对称下,低度整合降低了破坏目标方原有网络内异质性的可能,有利于维持与收购方非冗余的研发、供销、合作关系,收购方企业在熟悉领域内与互补领域内的企业间形成桥接关系,结构洞位置提升。

收购方母国制度完善性也会影响低度整合促进产业创新能力路径。收购方母国制度完善性能够通过增加稳定性、提高对合作伙伴的承诺以及抑制机会主义行为降低交易成本(Kirca et al.,2012),为合同协议和研发合作提供保护框架(Jean,Sinkovics,and Hiebaum,2014),向企业提供能够获取与学习知识、保护投资的低风险环境(Du and Boateng,2015)。当资源相似性弱、互补性强时,收购方母国制度越完善,低度整合下目标方与收购方共享技术并合作开发新技术的意愿越强,越促进中心性提升。母国制度越完善,收购方越顺利地基于低度整合利用目标方互补资源,并以目标方为媒介在互补领域新建直接连接,越促进结构洞提升。因此,母国制度越完善时,低度整合提升企业中心性与结构洞

位置的效应越强。结合上节中企业中心性及结构洞位置影响产业创新能力的分析,提出假设4-5a与假设4-5b。

假设4-5a:当并购双方资源相似性弱、互补性强时,收购方母国制度完善性越强,收购方选择较低整合程度基于提升网络中心性对产业创新能力的传导效应越强。

假设4-5b:当并购双方资源相似性弱、互补性强时,收购方母国制度完善性越强,收购方选择较低整合程度基于提升网络结构洞对产业创新能力的传导效应越强。

(四)制度视角下资源相似性强、互补性强的海外并购整合与产业创新能力

当资源相似性与互补性均强时,收购方应对目标方实施中度整合以平衡整合收益与整合成本间的关系(Chen,Li,and Meng,2016)。一方面,中度整合能够避免目标方管理层出于高相似性可能导致的同业竞争,而阻碍收购方嵌入其创新网络;另一方面,中度整合能够避免过高的整合程度在强互补性下产生过高的摩擦成本。因此在资源相似性、互补性均强的海外并购中,中度整合最有利于收购方企业中心性与结构洞位置提升。

当资源相似性强互补性强时,母国制度完善性通过降低合法性缺失风险与提供合作保护框架,增强收购方中度整合目标方,维持有益连接、剔除冗余连接并新建非冗余连接的能力。因此,当母国制度越完善时,中度整合提升企业中心性与结构洞位置的效应越强。结合上节中企业中心性及结构洞位置影响产业创新能力的分析,提出假设4-6a与4-6b。

假设4-6a:当并购双方资源相似性强、互补性强时,收购方母国制度完善性越强,收购方选择适中整合程度基于提升网络中心性对产业创新能力的传导效应越强。

假设4-6b:当并购双方资源相似性强、互补性强时,收购方母国制度完善性越强,收购方选择适中整合程度基于提升网络结构洞对产业创新能力的传导效应越强。

二、样本与数据

(一)样本选取

本研究选取韩国与浙江省形成对比,比较二者海外并购整合影响产业创新能力路径的差异。韩国是新兴国家的代表,其电子业、半导体业依靠外部技术获取途径已取得国际领先的发展水平,其经验值得借鉴参考。此外,韩国与中国地理上是邻国,文化较为相似,其国土面积与浙江省相仿,浙江省与韩国的对比更能够体现制度差异对海外并购整合促进产业创新能力路径的影响。

本研究使用 BvD-Zephyr 全球并购交易分析库筛选浙江省与韩国 2002—2017 年海外并购样本,并以省金融办 2018 年提供的浙江省对外投资数据补充浙江省海外并购为样本。未选取 2017 年之后的并购案例是由于对海外并购整合与并购绩效的考察滞后于并购活动的发生。样本按以下标准筛选:(1)并购交易已实际完成。(2)样本限制为制造业海外并购交易,SIC 码前两位为20~39(Puranam, Singh, and Chaudhuri, 2009)。(3)剔除数据有遗漏的交易。(4)剔除关联交易。(5)对同一目标企业进行多次收购的视为一起并购。经以上筛选共得到 39 个浙江制造业上市公司海外并购样本案例与 87 个韩国制造业上市公司海外并购样本案例。根据资源相似性、互补性分组[1]后剔除资源相似性弱、互补性弱群组,最终模型中采用的样本为浙江 37 个样本与韩国 74 个样本。

(二)变量与数据来源

1. 产业创新能力

参考《中国制造 2025》,以并购后两年每亿元产值产业专利申请数均值与并购后两年每亿元产值产业研发经费支出均值两个指标衡量产业创新能力。浙江省产业产值来自浙江省科技厅,韩国产业产值数据来自韩国统计信息服务网站(Korean Statistical Information Service, KOSIS),并按当年韩元兑人民币汇率中间价折算为人民币元;浙江省产业专利数据来自 Incopat 数据库同族专利数,韩国产业专利数据来自韩国知识产权局统计数据年报;浙江省产业研发投入数据来自浙江省科技厅,韩国产业研发投入数据来自韩国国家科技信息服务系统(National Technical

---

[1] 资源相似性与互补性变量的衡量与分组方法见下文中资源相似性与互补性变量说明部分。

Information Service,NTIS),并按当年韩元兑人民币汇率折算为人民币元。

2. 资源—整合程度匹配值

首先,需衡量每起海外并购的资源相似性、互补性与收购方对目标方实施的整合程度。其次,判断每起海外并购的资源相似性、互补性与整合程度匹配与否,得到资源—整合匹配关系值。

对于资源相似性与资源互补性,参考马克里、希特和莱恩(Makri,Hitt,and Lane,2010),以并购前五年收购方与目标方间同类、同部类专利数量占比衡量。具体计算公式:

$$资源相似性 = \frac{并购双方相同专利类别下专利数}{并购双方专利数总数} \times \frac{并购方相同专利类别下专利数}{并购方专利数总数} \qquad (4-3)$$

$$资源互补性 = \frac{并购双方相同专利分部类下专利数}{并购双方专利数总数} - \frac{并购双方相同专利类别下专利数}{并购双方专利数总数} \times \frac{并购方相同专利分部类下专利数}{并购方专利总数} \qquad (4-4)$$

分别以浙江、韩国样本的资源相似性、资源互补性的中位数为界限,可将样本分为8个群组(见表4-6 群组A—群组H)。

表4-6 样本按资源相似性、互补性分组

分组	样本数量
浙江—资源相似性强、互补性弱 群组A	17
浙江—资源相似性弱、互补性强 群组B	17
浙江—资源相似性强、互补性强 群组C	3
浙江—资源相似性弱、互补性弱 群组D	2
韩国—资源相似性强、互补性弱 群组E	30
韩国—资源相似性弱、互补性强 群组F	30
韩国—资源相似性强、互补性强 群组G	14
韩国—资源相似性弱、互补性弱 群组H	13

第四章 后追赶时代浙江制造企业海外并购整合提升创新能力：制度视角的国际比较

对于整合程度，本节从任务整合程度、技术整合程度与人力资源整合程度三方面衡量，任务整合是为了资源共享和能力转移进行的协调活动（Birkinshaw, Bresman, and Håkanson, 2000），技术整合刻画了对目标方研发活动的干预度，人力资源整合侧重于人事整合。借鉴（Kapoor and Lim, 2007）的做法，根据上市公司年报、LexisNexis数据库、Wind数据库和新闻资讯等公开资料整理后取值衡量。当资料中涉及"停止目标方现有业务"等类似内容时，任务整合程度为高度整合，涉及"调整目标方现有业务方向""建设新的生产线"等类似内容时为中度整合，涉及"对目标方业务不作调整""保留目标方运营独立性"等类似内容时为低度整合。当资料中涉及"研发部门转移至中国"等类似内容时，技术整合程度为高度整合，涉及"收购方与目标方共同研发""收购方帮助目标方进行技术改造升级"等类似内容时为中度整合，涉及"保留目标方原有研发团队"等类似内容时为低度整合。当资料中涉及"派遣新的管理层接管目标方""裁员"等类似内容时，人力资源整合程度为高度整合，涉及"收购方与目标方原有管理层共同管理目标方""对员工进行整合培训"等类似内容时为中度整合，涉及"保留原有管理层与员工"等类似内容时为低度整合。

最终得出资源—整合程度匹配值，具体地，对样本资源相似性、互补性分组后，参照表4-7根据样本的资源与任务整合程度、技术整合程度及人力资源整合程度的匹配程度赋以整合程度的匹配值，得到资源—任务整合、资源—技术整合、资源—人力资源整合三个资源—整合程度匹配值的指标。

表4-7 资源—整合程度匹配值

资源相似性	资源互补性	资源—整合程度匹配值		
		高度整合	中度整合	低度整合
强	弱	1	0.5	0
弱	强	0	0.5	1
强	强	0.5	1	0

注：当资源相似性高、互补性高时，高度整合可能会破坏不熟悉的互补资源价值而引起创新网络嵌入不畅，而低度整合下由于高相似性引起较强的同业竞争，目标方管理层会阻碍收购方嵌入创新网络并利用互补资源的创新价值，因此，当资源相似性高、互补性高时，设定高度整合的匹配值高于低度整合的情况。

3. 中心性与结构洞变化

本节采用专利合作与专利引用信息为基础构建创新网络。首先，由 Incopat 专利数据库收集浙江与韩国企业并购发生前两年到并购发生后两年内专利合作申请与专利引用信息并构建每个并购方企业并购前与并购后的创新网络。其次，将收集到的信息整理为对应的邻接矩阵。最后，将整理得到的邻接矩阵导入 Ucinet 软件，计算得到并购发生前后对应的中心性与结构洞指标，并以并购发生后的指标值减去并购发生前的指标值衡量并购引起的收购方企业在全球创新网络中位置变化。

中心性。以往研究发现，不同的中心性指标间具有高度相关性（Salman and Saives, 2005），因此，我们选择度中心性（Degree Centrality, DC）衡量中心性。假设收购方企业创新网络具有 N 个节点，节点 i 的度为 K_i，度中心性即网络中与节点 i 直接相连的企业数除以 (N−1)，其计算公式为 $DC_i = \dfrac{K_i}{N-1}$。

结构洞。参考扎希尔和贝尔（Zaheer and Bell, 2005），采用描述节点 i 结构洞匮乏程度（Koka and Prescott, 2002）的网络限制变量 C_i（Burt, 1992）衡量结构洞。$C_i = \sum_j (p_{ij} + \sum_{q, q \neq i, q \neq j} p_{iq} p_{qj})^2$，$p_{ij}$ 为节点 i 与 j 联系的强度。参考王（Wang et al., 2014），用 2 减 C_i 计算结构洞值 SHs_i，即 $SHs_i = 2 - C_i$。

4. 制度完善性

本节从收购方母国并购当年商业法规健全度、市场化制度与产权保护度三方面衡量制度完善性。商业法规健全度以世界银行公布的全球治理指数（WGI）[①]的法制指标衡量；市场化制度以美国传统基金会发布的经济自由度指数（EFI）[②]公布的商业自由度、金融自由度、投资自由度、贸易自由度 4 个指标分数的平均值衡量；产权保护度以 EFI 中的产权保护指标分数衡量。由于各指标量度不同，因此本节对收集到的原始数据进行简单的数据处理，处理后各指标阈值为 0~10，指标值越大，则对应指标的制度完善性越强。

---

① 全球治理指数包括法制指数、监管治理指数、腐败监管指数、政府稳定指数、政府效能指数、民主权利自由指数 6 个维度。

② 经济自由度指数共包括 10 项指标，本节制度变量中未包含财政自由度、货币自由度、政府开支、劳工自由度与腐败 5 项指标。

5. 控制变量

本节还在考虑数据可得性的基础上加入了其他可能影响收购方所在产业创新能力的控制变量，目的在于减少其他干扰因素对实证结果的影响，主要包括母国 GDP 增长率、信息化指数两个变量。

母国 GDP 增长率。为控制产业的宏观市场环境的时间差异效应，本节增加并购当年 GDP 增长率均值为控制变量，浙江省数据来自中国经济与社会发展统计数据库，韩国数据来自世界银行 GDP 增长率数据。

母国信息化指数。韩国是全世界信息化程度最高的国家之一，根据国际电信联盟对全球发达国家与新兴国家信息系统技术（Information and Communication Technology, ICT）市场发展情况的分析报告，韩国的全球信息化发展指数居全球第 1 位，中国居第 82 位，韩国高度的信息化可能是影响其产业创新能力的重要因素，因此本节将信息化指数纳入控制变量，具体采用收购方母国海外并购当年固定宽带互联网用户数量（每百人）进行衡量，数据来自世界银行数据库中对应的指标。

浙江与韩国样本的描述性统计分析与均值 T 检验结果见表 4-8，由均值 T 检验结果可知，浙江每亿元产值专利申请数显著高于韩国，每亿元产值研发投入量显著低于韩国。从制度来看，中国在商业法规健全度、市场化制度与产权保护度三方面显著低于韩国，说明与韩国相比，中国的制度完善性较低。

表 4-8 样本描述性统计分析与均值 T 检验结果

变量	浙江（N=37）				韩国（N=74）				T 值
	极小值	极大值	均值	标准差	极小值	极大值	均值	标准差	
专利申请数（/每亿元）	1.107	4.211	3.112	0.648	0.582	5.695	2.490	1.022	3.289***
研发投入量（/每亿元）	1.451	3.883	2.347	0.666	2.124	7.672	3.872	1.423	6.113***
资源—任务整合	0.000	1.000	0.658	0.312	0.000	1.000	0.541	0.348	1.802*
资源—技术整合	0.000	1.000	0.622	0.343	0.000	1.000	0.508	0.402	1.554
资源—人力资源整合	0.000	1.000	0.544	0.386	0.000	1.000	0.512	0.429	0.428
中心性变化	-0.123	0.690	0.261	0.269	-0.186	0.738	0.218	0.224	0.836
结构洞变化	-0.269	0.88	0.273	0.276	-0.251	0.718	0.236	0.221	0.751

续表

变量	浙江(N=37)				韩国(N=74)				T值
	极小值	极大值	均值	标准差	极小值	极大值	均值	标准差	
产权保护度	2.000	3.000	2.054	0.233	7.000	9.000	7.082	0.403	64.414***
市场化制度	4.243	4.569	4.418	0.101	6.422	7.892	7.374	0.499	33.642***
商业法规健全度	4.454	4.675	4.591	0.069	5.777	6.018	5.946	0.059	95.080***
母国GDP增长率	7.303	12.718	8.561	1.292	0.714	7.426	3.742	1.601	15.513***
母国信息化指数	2.834	14.375	11.792	2.865	22.428	83.764	38.951	16.453	9.827***

注：* $p<0.10$；** $p<0.05$；*** $p<0.01$。

三、实证结果与分析

(一) 模型建立

本研究参考林等人(Lin et al., 2009)的研究,首先对全样本按资源分为三组(群组 A、E,群组 B、F,群组 C、G),构建包含资源—整合程度匹配与制度完善性构造的交互项的模型Ⅲ,分析不同资源基础的条件下,资源与整合程度匹配关系通过提升收购方创新网络位置促进产业创新能力的路径受制度完善性影响的程度。其次,分别对浙江(群组 A、B、C)与韩国(群组 E、F、G),构建不包含制度完善性变量的模型Ⅳ,比较浙江省与韩国的海外并购中,资源与整合程度匹配关系提升收购方创新网络位置促进产业创新能力路径的差别,从而进一步验证制度的作用与影响。

由于模型Ⅲ中交互项由整合程度与制度完善性两个潜变量构造得到,因此本节选用能够建立潜变量交互项的 Mplus7.4 软件建立研究模型。

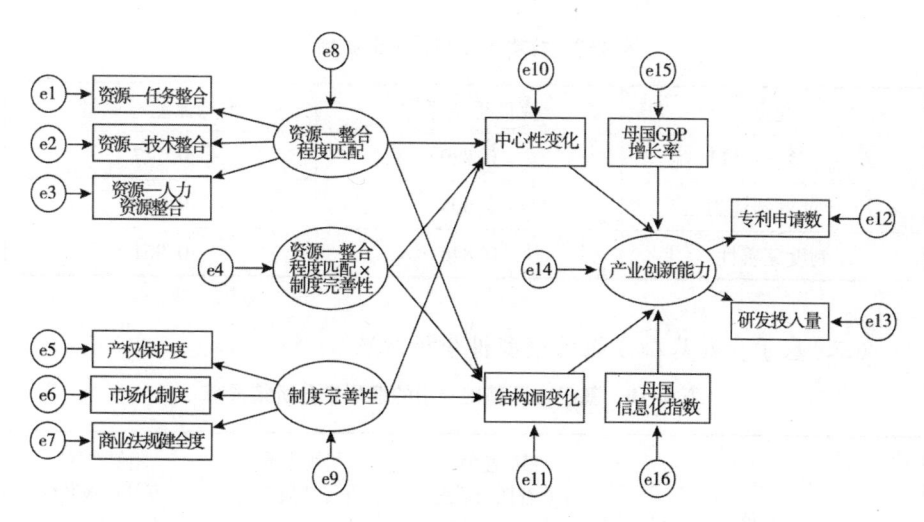

图4-3 制度视角的海外并购整合与产业创新能力研究模型Ⅲ

注：椭圆形内为潜在变量，矩形内为测量变量，圆形内为误差变量。

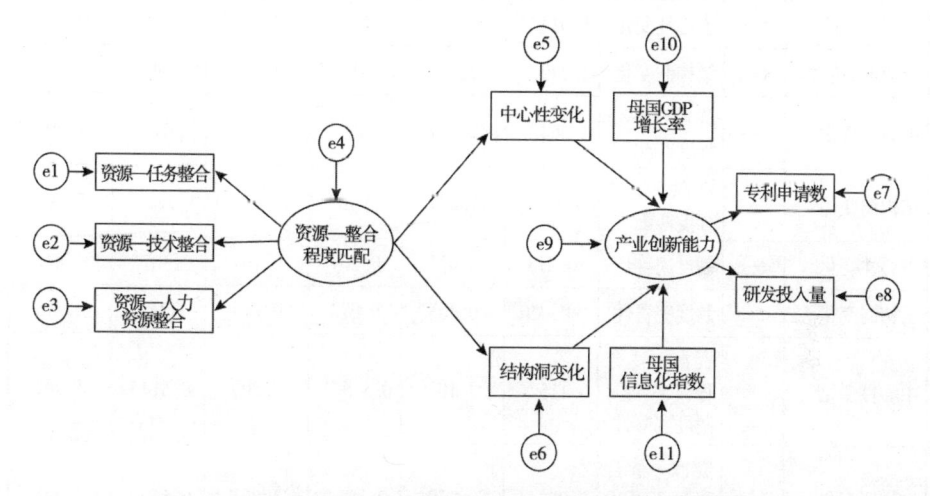

图4-4 制度视角的海外并购整合与产业创新能力研究模型Ⅳ

注：椭圆形内为潜在变量，矩形内为测量变量，圆形内为误差变量。

（二）变量信度与效度分析

本节采用克朗巴哈系数（Cronbach's Alpha）值衡量信度，采用平均方差萃取量（AVE）值衡量效度。整合程度、产业创新能力与制度完善性的克朗巴哈系数值均大于0.6，信度较好，AVE值均大于0.7，效度良好。

表4-9 样本信度与效度分析结果

变量	克朗巴哈系数	平均方差萃取量
资源—整合程度匹配	0.829	0.747
产业创新能力	0.605	0.661
制度完善性	0.846	0.961

(三)基于资源基础分组的模型Ⅲ分析结果

表4-10 基于资源基础分组的模型Ⅲ分析结果

路径			相似性强、互补性弱群组 A、E(N=47)		相似性弱、互补性强群组 B、F(N=47)		相似性强、互补性强群组 C、G(N=17)	
			Est.	Est./S.E.	Est.	Est./S.E.	Est.	Est./S.E.
产业创新能力	<--	中心性变化	1.014**	2.115	1.429**	2.116	1.002**	2.857
产业创新能力	<--	结构洞变化	1.279**	2.182	1.698***	3.528	1.104***	3.303
中心性变化	<--	资源—整合程度匹配	0.564**	2.169	0.509*	2.204	1.079*	1.792
结构洞变化	<--	资源—整合程度匹配	0.304*	1.837	0.996*	1.825	1.720**	2.194
中心性变化	<--	制度完善性	0.018	0.411	0.064	0.794	0.307*	1.831
结构洞变化	<--	制度完善性	-0.020	0.105	0.072	0.914	0.064	1.215
中心性变化	<--	资源—整合程度匹配×制度完善性	0.115**	2.182	0.516**	2.203	0.614*	1.902
结构洞变化	<--	资源—整合程度匹配×制度完善性	0.089**	2.179	0.333*	1.863	0.662*	1.895
控制变量								
产业创新能力	<--	母国GDP增长率	-0.238	0.305	0.311	0.551	-0.108	0.022
产业创新能力	<--	母国信息化指数	0.018*	1.819	0.017*	1.802	0.009	0.991
外部因子载荷								
资源—任务整合	<--	资源—整合程度匹配	1.000		1.000		1.000	

续表

路径			相似性强 互补性弱群组 A、E(N=47)		相似性弱 互补性强群组 B、F(N=47)		相似性强 互补性强群组 C、G(N=17)	
			Est.	Est./S.E.	Est.	Est./S.E.	Est.	Est./S.E.
资源—技术整合	<--	资源—整合程度匹配	0.812***	4.714	1.021***	4.350	1.042***	4.815
资源—人力资源整合	<--	资源—整合程度匹配	0.674***	4.550	0.554***	3.886	0.603***	3.971
产权保护度	<--	制度完善性	1.000		1.000		1.000	
市场化制度	<--	制度完善性	1.676***	4.013	2.205***	4.021	2.040***	3.921
商业法规健全度	<--	制度完善性	0.755***	3.912	0.932***	4.115	1.326***	4.665
专利申请数	<--	产业创新能力	1.000		1.000		1.000	
研发投入量	<--	产业创新能力	0.633***	3.119	0.616***	3.518	0.714***	3.996

注：* p<0.10；** p<0.05；*** p<0.01。Est.(Estimate)为非标准化回归系数，S.E.(Standard Error)为估计参数的标准误。

表4-10为对样本按资源分组分析的结果。资源相似性强、互补性弱的群组A、E，资源—整合程度匹配对中心性变化有正向影响(β=0.564,p<0.05)，中心性变化对产业创新能力有正向影响(β=1.014,p<0.05)，资源—整合程度匹配与制度完善性的交互项对中心性变化的路径系数为正(β=0.115,p<0.05)，验证了假设4-4a。资源—整合程度匹配对结构洞变化有正向影响(β=0.304,p<0.10)，结构洞变化对产业创新能力有正向影响(β=1.279,p<0.05)，资源—整合程度匹配与制度完善性的交互项对结构洞变化的路径系数为正(β=0.089,p<0.05)，验证了假设4-4b。

资源相似性弱、互补性强的群组B、F，资源—整合程度匹配对中心性变化有正向影响(β=0.509,p<0.10)，中心性变化对产业创新能力有正向影响(β=1.429,p<0.05)，资源—整合程度匹配与制度完善性的交互项对中心性变化的路径系数为正(β=0.516,p<0.05)，验证了假设4-5a。资源—整合程度匹配对结构洞变化有正向影响(β=0.996,p<0.10)，结构洞变化对产业创新能力有正向影响(β=1.698,p<0.01)，资源—整合程度匹配与制度完善性的交互项对结

构洞变化的路径系数为正($\beta=0.333,p<0.10$),验证了假设4-5b。

资源相似性强、互补性强的群组C、G,资源—整合程度匹配对中心性变化有正向影响($\beta=1.079,p<0.10$),中心性变化对产业创新能力有正向影响($\beta=1.002,p<0.05$),资源—整合程度匹配与制度完善性的交互项对中心性变化的路径系数为正($\beta=0.614,p<0.10$),验证了假设4-6a。资源—整合程度匹配对结构洞变化有正向影响($\beta=1.720,p<0.05$),结构洞变化对产业创新能力有正向影响($\beta=1.104,p<0.01$),资源—整合程度匹配与制度完善性的交互项对结构洞变化的路径系数为正($\beta=0.662,p<0.10$),验证了假设4-6b。

表4-10的结果表明,海外并购中收购方依据双方资源基础对目标方实施恰当程度的整合,有利于收购方提升在创新网络中的中心性与结构洞位置,并促进产业创新能力的提升,制度完善性促进收购方选择适中整合程度基于提升网络中心性对产业创新能力的传导。

(四)浙江、韩国样本模型Ⅳ分析结果

为了进一步验证浙江省与韩国海外并购中,制度引起的资源与整合程度的匹配关系影响产业创新路径的差异,本研究以模型Ⅳ分别对浙江、韩国样本进行分析,结果如表4-11所示。

表4-11 浙江、韩国样本模型Ⅳ分析结果

路径			浙江样本(N=37)		韩国样本(N=74)	
			Est.	Est./S.E.	Est.	Est./S.E.
产业创新能力	<--	中心性变化	1.198***	3.172	2.058***	2.835
产业创新能力	<--	结构洞变化	0.833**	2.294	2.216***	3.169
中心性变化	<--	资源—整合程度匹配	0.482***	3.654	0.579***	5.759
结构洞变化	<--	资源—整合程度匹配	0.558***	2.895	0.633***	6.204
控制变量						
产业创新能力	<--	母国GDP增长率	0.157*	1.825	-0.113	1.429
产业创新能力	<--	母国信息化指数	0.068	1.343	0.019***	3.130
外部因子载荷						
资源—任务整合	<--	资源—整合程度匹配	1.000		1.000	
资源—技术整合	<--	资源—整合程度匹配	1.576***	3.554	1.925***	3.815

续表

路径			浙江样本(N=37)		韩国样本(N=74)	
			Est.	Est./S.E.	Est.	Est./S.E.
资源—人力资源整合	<--	资源—整合程度匹配	1.378***	3.166	1.689***	4.008
专利申请数	<--	产业创新能力	1.000		1.000	
研发投入量	<--	产业创新能力	0.654***	2.600	0.428***	3.531

注：* $p<0.10$；** $p<0.05$；*** $p<0.01$。Est.（Estimate）为非标准化回归系数，S.E.（Standard Error）为估计参数的标准误。

在浙江与韩国样本的分析结果中，资源—整合程度匹配变量影响中心性的路径系数均为正，中心性影响产业创新能力的路径系数均为正，但浙江样本的路径系数小于韩国样本；资源—整合程度匹配变量影响结构洞的路径系数均为正，结构洞影响产业创新能力的路径系数均为正，但浙江样本的路径系数小于韩国样本，表4-11的结果在整体上证明了制度完善性的作用。

本研究根据基于资源基础分组模型Ⅲ的分析结果，与浙江、韩国样本模型Ⅳ分析结果的对比，可以得到以下结论：首先，海外并购中与收购方及目标方间资源相似性、互补性匹配的整合程度，能够通过提升收购方在全球创新网络中的中心性与结构洞地位提高收购方所在产业的技术创新能力，当资源相似性强、互补性弱时应匹配高度整合，资源相似性弱、互补性强时应匹配低度整合，资源相似性与互补性均强时应匹配中度整合。其次，匹配的整合程度通过中心性与结构洞提高产业创新能力的路径受到收购方母国制度完善性的影响，收购方选择恰当的整合程度时，母国制度完善性越强，其中心性与结构洞的提升幅度越大，促进产业创新能力的效应越强。

第五章

后追赶时代浙江制造企业海外并购整合提升创新能力的案例分析

第一节 传统产业海外并购整合提升创新能力案例：万向并购美国 A123

一、万向并购美国 A123 背景介绍

2013 年 1 月 29 日，中国最大的汽车零部件制造商万向集团（以下简称"万向"）以 2.566 亿美元成功收购最大的新能源电池制造商美国 A123 系统公司（A123 Systems，以下简称"A123"），成为中国民营企业成功收购美国知名高新技术企业的标志性事件，写入哈佛商学院教材。

万向始建于 1969 年，以年均递增 25.89% 的速度，发展成为主导产品市场占有率超 60%、营收超 1000 亿元、利润过 100 亿元的现代化跨国企业集团，被誉为"中国企业常青树"。万向以汽车零部件制造和销售为主业，是中国汽车零部件制造代表企业，也是中国向世界名牌进军具有国际竞争力的 16 家企业之一。万向在国内与一汽、二汽、上汽、广汽等建立了稳定的合作关系，在国外成为通用电气公司（General Electric Company，以下简称"通用"）、大众汽车集团（Volkswagen Group，以下简称"大众"）、福特汽车公司（Ford Motor Company，以下简称"福特"）、克莱斯勒汽车公司（Chrysler Corporation，以下简称"克莱斯勒"）等国际主流汽车厂的配套合作伙伴。1999 年以来，万向就开始了清洁能源的产业研发，并已在大功率、高能量聚合物锂离子动力电池、一体化电机及其驱动控制系统、整车电子控制系统、汽车工程集成技术等方面取得了不少成果。但在投入大量费用多年努力之后，高精尖技术研发团队的缺乏不断掣肘其零部件核心技术的更新换代速度,万向遭遇了发展瓶颈。为了在动力电池领域的技术上得到突破,进入美国新能源汽车供应体系,万向将目光瞄准了全球著名的电池系统领域技术领先企业 A123。

A123 公司创立于 2001 年,是美国政府新能源战略重点资助扶持的明星企业。公司主要研究、生产及销售新一代锂离子电池,在锂电池理想正极材料磷酸铁锂上占据了将近一半的全球供应量,与通用汽车、宝马汽车等很多国际汽车巨头都有采购协议。自上市以来就持续出现的亏损使得 A123 积重难返,2012 年 3 月的电池召回事故使 A123 濒临破产,万向抓准时机立即展开行动,以承诺整体收购、不裁员等策略,最终在与美国江森自控有限公司(Johnson Controls Inc)、日本电气股份有限公司(NEC Corporation)和德国西门子股份公司(Siemens AG)的竞标中取得了胜利。

与国内企业动辄进行"蛇吞象"的海外并购不同,万向近 20 年的海外并购史,堪称稳扎稳打,具有循序渐进的海外并购思维和互联贯通的海外战略布局。在并购 A123 之前,万向已与美国电池制造商亿能(Ener1 Inc),合资建立了 3 亿美元的全自动化电芯及电池系统生产基地。而后,万向投资 1 亿美元与美国史密斯电动车公司成立了合资公司,拓宽在美国动力电池领域的战略实力。通过前期多次小规模的并购,积累海外并购经验,并熟悉美国当地政经民情,为其后的大规模并购降低系统风险。此次并购 A123 可谓是万向丰富海外并购经验的完美体现,其并购手法的连通性和灵活性值得海外并购屡屡受挫的我国企业界借鉴与反思。

二、万向并购美国 A123 的资源联系性分析:资源相似性强、互补性强

在文化资源上,随着在美国投资和业务拓展的逐渐深入,万向熟悉当地社会文化环境的同时,也日益为美国人所接纳和欢迎。万向在美国已有员工 12500 人,制造工厂 28 家。美国制造的汽车中,每三辆就有一辆使用万向制造的零部件。万向在当地投资收购可靠的合作伙伴时,一直遵循救活企业、增加就业、创造税收、回报社区的轨迹前行,赢得了当地政府的充分认可与社区的良好口碑。此外,万向美国公司积极参与奥巴马政府提出"十万强计划",从创新的最初环节开始共同培养人才。自 2012 年以来已与芝加哥地区最负盛名的西北大学、芝加哥大学等机构建立合作关系,投入超过525万美元支持了600多名美国学生前往中国学习。这些举措表明,万向已建立起兼容并蓄、选贤与能的全球性企业文化,而这背后折射出深厚的中国哲学思想渊源,与美国商业环境实现了有机融合。

在技术资源上,万向着手布局清洁能源战略后,累计投入数10亿元大力发展电池、电动汽车、天然气发电、风力发电等产业,拥有10万套台电动汽车用锂离子动力电池系统、1.2亿安时锂离子动力电池、2000台套电动力总成的产业能力。但在产品质量、安全性、核心技术等方面,总体上仍与国际先进水平存在差距。A123在纳米磷酸铁锂电池系统上具有创新管理和完整设计,具有高功率、安全性和寿命长卓越优势。对于万向而言,收购A123锂离子电池制造商有效嫁接了美国技术和中国市场,在以市场为导向的技术发展过程中,提高了万向工艺设计能力和产品创新开发能力。对于A123而言,电池的研发和制造需要有长期投入的雄厚资金实力才能承担,A123管理团队看重万向公司在电动车电池领域的长期战略规划,万向的财务支持将给A123提供继续培养核心业务的必要资金,在实质上推动A123进入汽车电动化、电网储能及其他全球性市场。因此,双方具有极强的资源相似性和互补性。

三、万向并购美国A123的整合策略分析:适中整合程度

对于并购后的整合,万向采取了适中的整合程度。主要的做法是不拿走技术和就业,支持企业就地整合、就地优化、就地提升,形成中国投资、美国技术、全球市场的优势,最终达成双赢。

在管理整合方面,万向没有对A123公司裁员,对公司2000多名员工工作岗位不做调整,保证人力资源完整性。万向延续A123的美国业务运营承诺也将增加A123现存美国工厂的雇员。与此同时,为获得A123的控股权,A123董事会中的九个席位将有四个由万向集团任命。万向投资的美国公司拥有超过一半的美国雇员,每兼并投资一个企业,总会保留原来企业名称、尽量留任原先管理团队,而不急于从文化、人力、制度等方面进行整合。万向注重培训,但不会强迫员工按中国方式行事,以和而不同的理念在员工之间形成一种相互欣赏、相互理解、相互尊重的人文格局。

在技术整合方面，万向不转移A123的厂房和科研成果，保留了拥有约100名科学家的研发部门，保证其技术独立性和完整性，研发团队在被收购后继续承担着整个电池制造厂"大脑"的功能。A123的电化学体系被万向集团收购之后，万向根据市场需求重新考量电化学技术体系，设立专门的基础研究团队研发更高工艺。万向持续为A123提供资金支持，稳定其财务状况，并继续在密歇根州和马萨诸塞州工厂建立更强大的生产制造和系统工程产能，在现有基础上进一步增强A123工程和制造能力。万向也将其所有的电池制造业务交由A123承担，并整合其实力集中精力研发低压电池，凭借高标准的技术成果获取了来自法拉利和戴姆勒的合同。

四、万向并购整合美国A123前后的全球网络位置分析

万向进入新能源汽车领域已有14年，在一体化电机及其驱动控制系统、整车电子控制系统、汽车工程集成技术等方面颇具建树。但新能源电池是世界级难题，万向在聚合物锂离子动力电池领域发展缓慢。由于起步晚、缺少高端技术研发人员，万向的电动车零部件核心技术先进程度落后于很多外国企业。A123公司是美国最大新能源锂电池制造企业，技术全球领先。成功并购A123后，获取其除军工合同以外所有汽车电池、电网储能和商业业务资产、技术与合同使万向在这一领域站到了世界最前沿。A123美国公司被重新整合成电网储能、汽车电池和研发三部分，在万向的系列举措下很快起死回生并逐步走上正轨。2015年，鲁伟鼎表示万向汽车启停电池和储能电池已处于全球领先水平，车用动力电池国内领先。目前万向A123系统有限公司在全球有1700多名员工，每年产值在2亿多美元。

并购双方通过恰当的整合策略实现了协同发展，万向着手构筑开放式技术合作平台，成立名为"A123创业技术项目"的行业孵化器，把承担产业研发功能的A123实验室的技术资源向社会开放，向20多家前沿电池技术公司提供实验设备、测试能力、技术输出、联合开发、委托授权等合作形式，从而建立互利的商业模式。A123不仅在技术领域内具有标杆性的地位，更重要的是从基础材料做起，建立了范围广阔的研发系统支持，与世界上最重要的汽车公司如宝马、福特、奔驰、通用以及菲斯克（Fisker）等都有合作。万向获得了A123公司汽车、电网储能和商业业务资产，形成电池产业链条的完整布局。通过整合其所有技术、产品、客户合同和工厂设施，成功嵌入 A123 的供销和研发网络。

借助 A123 作为全球知名企业的品牌优势，万向集聚技术、渠道和市场产业资源，扩大在美国市场的销售份额同时，也在中国的电动市场占据了有利位置，迅速架构了 A123 拓展中国业务的桥梁。美国新能源汽车市场表现乏力影响了 A123 的经营，目前 A123 最大的订单均来自中国。2014 年，A123 设计研发专供混合动力汽车使用的新型电池并在杭州投产。此外，A123 也为中国汽车制造商奇瑞、上汽集团旗下荣威品牌的三种车型和客车制造商天津松正提供汽车电池。A123 持续投资扩大在北美及中国的工厂，带动中国本土新能源汽车产业的研发与生产。

为了更清晰地展示万向并购整合 A123 前后所处全球网络位置的状态，本文首先查找案例中并购方、目标方并购前两年到并购后两年内的合作专利申请数以及专利的互引数，并进一步检索这些企业的联合专利申请和引用信息。中国并购方的专利信息来自国家知识产权局专利信息检索，美国并购方专利信息来自 USPTO 数据库。然后，根据查找到的专利信息利用 Matlab 软件构建邻接矩阵。最后，将并购方对应的邻接矩阵导入 Ucinet 软件，使用 Netdraw 工具绘制并购前后的创新网络图，如图 5-1 和图 5-2 所示。通过对比可以直观看出，万向在本土新能源汽车产业居于核心位置，通过并购整合 A123 获取了目标方网络内的资源，与更多的海外企业建立关系，同时辐射带动了本土产业内的其他企业连接和获取全球知识。

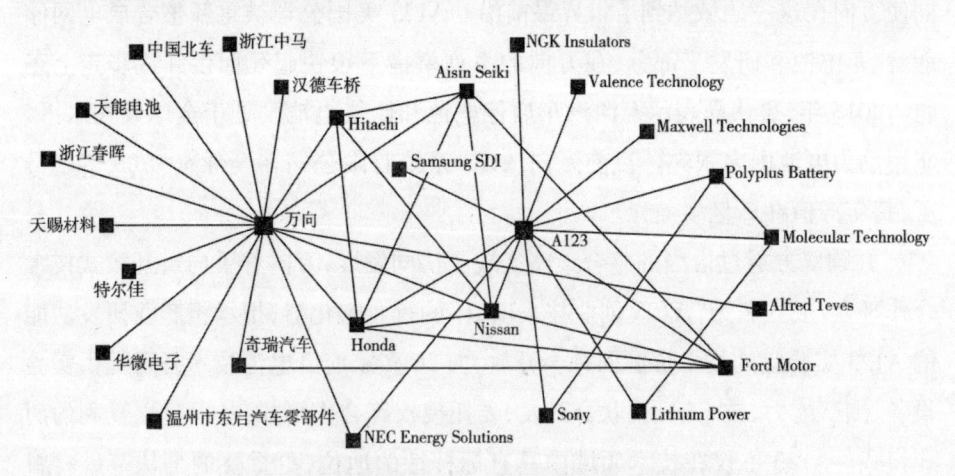

图 5-1 万向并购整合 A123 前的创新网络结构图

数据来源：国家知识产权局专利信息、USPTO 专利数据库

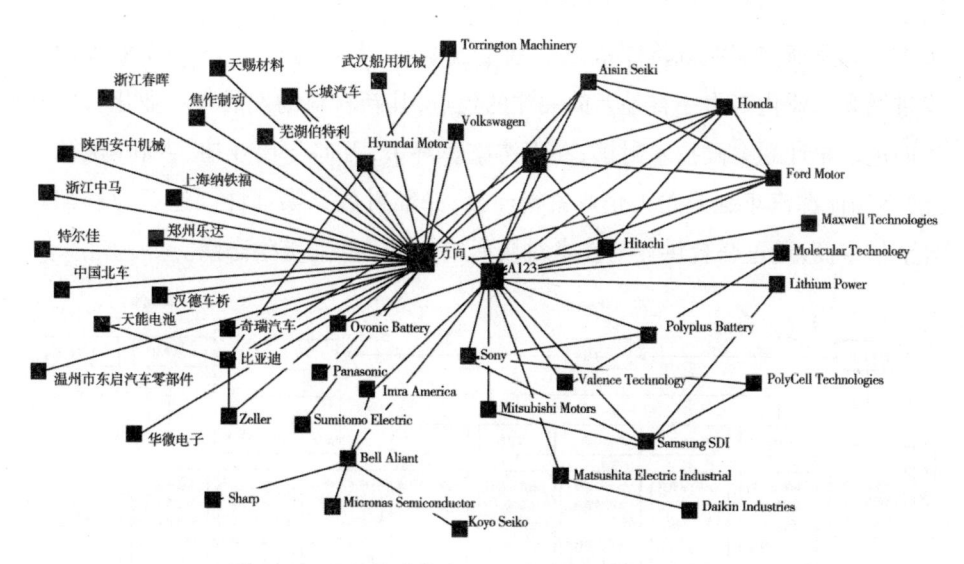

图 5-2　万向并购整合 A123 后的创新网络结构图

数据来源：国家知识产权局专利信息、USPTO 专利数据库

五、万向并购整合美国 A123 对产业创新能力的促进作用

万向作为浙江省汽车及零部件行业的骨干企业，是国家重点扶持的 520 家大型企业、国务院 120 家试点企业集团之一，也是唯一的汽车零部件企业，并在《浙江省新能源汽车产业"十三五"发展规划》中被列为重点扶持的科技创新型企业。如图 5-3 所示，万向 A123 所处产业链环节是电池和电机制造。根据《2016 年中国新能源汽车产业链分析》，新能源汽车产业价值链将围绕最为核心的电池业务展开，并逐步延伸至电气系统（驱动电机、控制系统）、整车（乘用车、客车）以及上游资源（锂、稀土）领域。

为了更清晰地展现万向并购整合 A123 后对浙江新能源产业内的技术溢出状态，笔者查找了图 5-3 中各个产业链环节主要浙企在并购后两年内的合作专利申请数以及专利的互引数，并进一步检索这些企业的联合专利申请和引用信息，利用 Netdraw 工具绘制网络结构图。如图 5-4 所示，并购后，在动力电池环节，万向（黑色节点）与超威电池、天能电池、微宏动力（灰色节点）等五家主要浙企均有直接或间接的连接关系，由此辐射到浙江吉能电池、宁波维科电池等产业链环节内的其他浙企，凝聚力量突破新能源电池核心技术；在上游关键材料环节，万向与伟星集团、大东南（灰色节点）等企业有一定的联系，例如万向与

141

大东南同属浙江新能源汽车战略规划重点企业,大东南对于170500隔膜的研发进展和产业化努力一直是万向关注的焦点,其新材料的发展与产业化有助于万向电动车计划突破技术封锁;在下游整车环节,万向与比亚迪、吉利(灰色节点)等新能源汽车制造龙头企业紧密连接,并辐射数家零部件制造厂商和配套环节供应商,通过联合供货与技术对接形成完整的产业链生态圈。

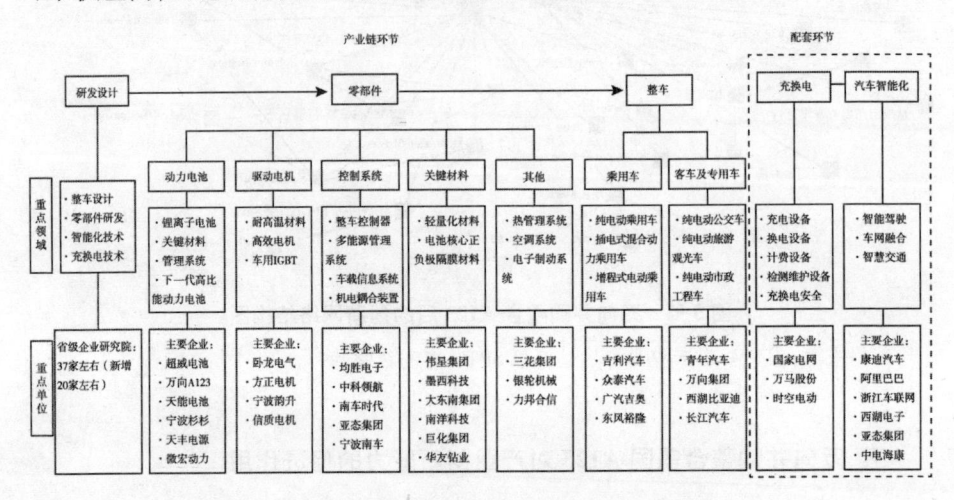

图5-3 浙江省新能源汽车产业链及各环节主要浙企

资料来源:《2016年中国新能源汽车产业链分析》报告

表5-1 浙江汽车制造业自主创新能力指标统计

年度	2012	2013	2014
研发人员(人)	23422	27460	28621
研发经费内部支出(万元)	458188	468288	511567
有效发明专利数(件)	1041	1114	1449

数据来源:《浙江科技统计年鉴》

表5-1显示了万向并购A123前后浙江汽车制造业自主创新能力的相关指标变化,从中可以看出,研发人员、研发经费内部支出和有效发明专利数在并购后分别提升了4.2%、9.2%和30.1%。《2014年浙江省战略性新兴产业发展分析报告》显示,2014年浙江省新能源汽车产业增加值增速为9.1%,高于规模以上工业平均水平。浙江省新能源汽车产业发展和推广应用工作会议发布数据显示,2015年浙江全省新能源汽车整车产量约为7万辆,约占全国的五分之

<<< 第五章　后追赶时代浙江制造企业海外并购整合提升创新能力的案例分析

一,销售产值将近 250 亿元,产业规模居于国内领先地位。《浙江省新能源汽车产业"十三五"发展规划》报告显示,浙江省新能源汽车产业创新能力显著增强,在充电时间、续航里程、单电芯比能量等重要技术领域取得突破。

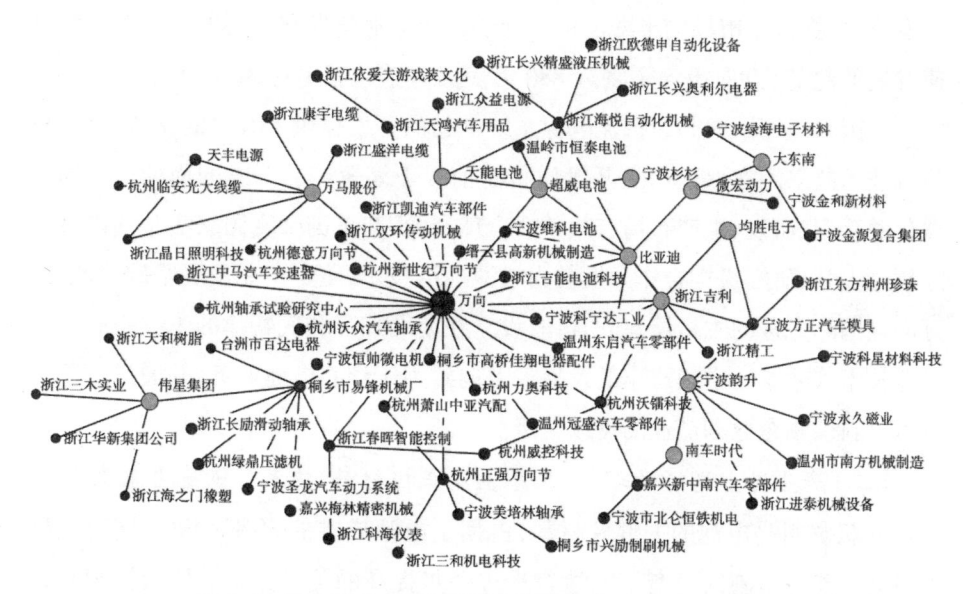

图 5-4　万向并购后两年浙江新能源汽车产业网络结构图

数据来源:国家知识产权局专利信息

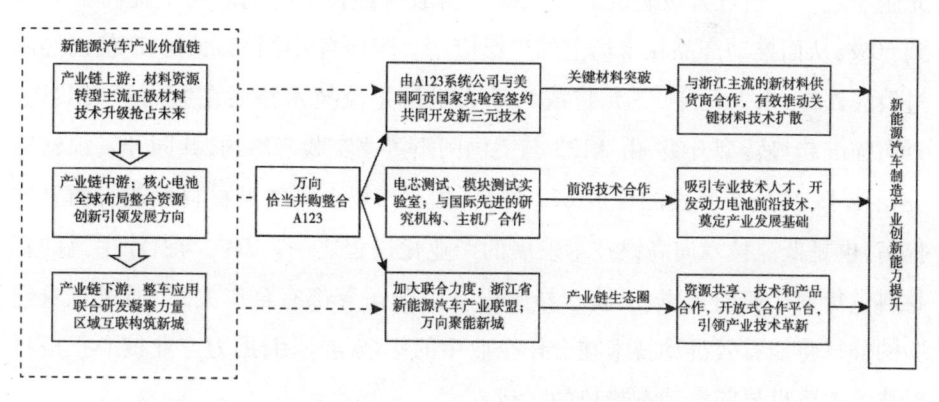

图 5-5　万向并购整合 A123 促进产业创新能力提升的传导机制

(一)产业链核心电池环节:全球布局整合资源,创新引领发展方向

电池是新能源汽车产业链中最关键的环节之一。智研咨询发布的《2016—2022 年中国新能源汽车产业运营态势与发展前景分析报告》显示,锂电池将成

143

为未来新能源电池的主流电池。国内锂电池研发在加工制造、基础设备、基本材料上与国际先进水平仍有一定的差距。万向是国内主要的锂电池企业,收购美国电动车核心技术后,一旦电动汽车电池技术获得突破,电动汽车产业将飞速发展,占据汽车市场的半壁江山。为了适应电池研发和中国电动汽车市场高速发展的趋势,万向投入了将近880万美元建造包括电芯测试、模块测试的实验室。国际级测试中心为保证电源系统产品的开发提供了有效的支持,计算机仿真技术的采用在保证产品开发质量的前提下缩短产品开发的周期。万向全球化的管理、研发、生产布局有效整合全球资源,与美国阿贡国家实验室以及国际领先大学、研究机构合作开发动力电池前沿技术,奠定产业发展基础。此外,万向与国际先进的主机厂建立合作,设立在斯图加特和底特律的工程中心吸引专业技术人才参与中国汽车的发展。万向致力于核心电池业务,并通过不断的技术创新引领企业和产业的持续升级。

（二）产业链上游资源环节:转型主流正极材料,技术升级抢占未来

正极材料是电池的关键性材料,占据了电池成本的30%~40%,同时正极材料的性能也是制约锂离子电池容量进一步提高的关键因素。磷酸铁锂是目前较理想的锂电正极材料,A123是该领域内掌握较为成熟量产技术的国际领先企业之一。通过升级研发的超级纳米磷酸铁锂技术将电芯功率提高了50%到60%,从而推动产品在市场上的广泛应用。2016年中国三元材料产值已经超过磷酸铁锂,未来几年,三元将成为动力电池主流技术路线在业内达成共识。万向瞄准趋势转型升级,由A123与美国阿贡国家实验室签约,共同开发镍锰钴三元技术,其最新研发的合成622材料,相比市场上同类型材料性能有明显的提高,也是低镍技术向高镍技术发展的产业化进程之一。万向与浙江主流的新材料供货商比亚迪集团、宁波杉杉股份有限公司等都有合作关系,通过自身经验的分享将能有效推动技术在合作企业中的扩散与应用,助力产业核心正极材料技术追赶世界前沿动态趋势的步伐。

（三）产业链下游整车环节:联合研发凝聚力量,区域互联构筑新城

通过多起成功的海外并购,"万向制造"的国内国际品牌效应已逐渐显现,带领行业不断加快技术进步,提高质量,树立品牌,走向国际。万向确立了"联合一切可以联合的力量,利用一切可以利用的资源,调动一切可以调动的积极

因素"的发展方针,采取模块化供货与联合研发合作的模式持续向本土产业内的其他企业进行知识溢出。

第一,以"联合"为主线,实现从零件到部件到系统模块化供货。在国内,当时万向有42家专业制造企业,形成6平方千米制造基地,与一汽、二汽、上汽、广汽等建立了稳定的合作关系,主导产品市场占有率达65%以上。模块化的供货方式促使汽车零部件供应商获取更多的订单业务,部分厂商可以集中实力专注特定产品技术突破,从而加速技术的发展和更新。

第二,积极寻求与国际先进技术和领先企业合作。近年来,万向加大联合力度,先后与中国上汽合资合作生产新能源客车,通过并购的美国卡玛汽车公司(Karma Automotive)与宝马公司达成重要合作伙伴关系,在未来推出一系列高品质的、拥有最前沿技术的混合动力和纯电动豪华汽车,引领产业技术革新。

第三,发起浙江省新能源汽车产业联盟,组织技术对接。万向与吉利等20多家企业发起浙江省新能源汽车产业联盟,重点开展电池、电机、电控、车联网、轻量化及安全技术等核心部件关键技术和新能源整车技术开发和产业化落地,实现成员间的资源共享、技术和产品合作,从而为形成产业链生态圈作出贡献。

第四,投资建设"万向聚能新城",打造以区块链和人工智能为核心的"双创"平台。该项目是《浙江省新能源汽车产业"十三五"发展规划》重点落实的整车产业化项目。集物联网、互联网、车联网于一体,以研发、孵化、转化、生产、运营为生命全周期,基于未来科技应用,将成为开放、分享的创新创业平台,力助区块链技术在行业的应用与发展。

第二节 传统产业海外并购整合提升创新能力案例:吉利并购瑞典沃尔沃

一、吉利并购瑞典沃尔沃背景介绍

浙江吉利控股集团(以下简称"吉利")始建于1986年,自1997年进入轿车领域以来,凭借灵活的经营机制和持续的自主创新,取得了快速的发展,被评为首批国家"创新型企业"和"国家汽车整车出口基地企业"。吉利总部设在杭州,在浙江台州临海、宁波、台州路桥区、上海、兰州、湘潭、济南、成都和慈溪等地建有汽车整车和动力总成制造基地,在澳大利亚 DSI 公司(Drivetrain Systems International, DSI)拥有自动变速器研发中心和生产厂。现有帝豪、全球鹰、英伦等三大品牌 30 多款整车产品,拥有 1.0L—2.4L 全系列发动机及相匹配的手动/自动变速器。

沃尔沃轿车公司(Volvo Car Corporation,以下简称"沃尔沃"),瑞典著名豪华汽车品牌,曾译为富豪。该品牌于 1927 年在瑞典哥德堡创建,创始人是古斯塔夫·拉尔森(Gustaf Larson)和阿瑟·格布尔森(Assar Gabrielsson)。沃尔沃集团是全球领先的商业运输及建筑设备制造商,主要提供卡车、客车、建筑设备、船舶和工业应用驱动系统以及航空发动机元器件;以及金融和售后服务的全套解决方案。1999 年,沃尔沃集团将旗下的沃尔沃轿车业务出售给美国福特汽车公司。

2010 年 8 月 2 日,吉利正式完成对沃尔沃的全部股权收购。吉利集团向福特公司支付了 13 亿美元现金和 2 亿美元银行票据,余下资金也将在下半年陆续结清。随着吉利沃尔沃的资产交割的顺利完成,也意味着这场至今为止中国汽车行业最大的一次海外并购画上了一个圆满的句号。

二、吉利并购瑞典沃尔沃的资源联系性分析:资源相似性弱、互补性强

吉利进入汽车领域时以"制造老百姓开得起的汽车"的低价取胜策略,产品线也更专注平民化市场,沃尔沃更加注重汽车安全性是世界顶级的豪华车品牌,沃尔沃研发实力强劲,拥有约 4000 名高素质人才组成的研发队伍,具备研发、生产豪华车型的能力,满足欧 6 和欧 7 排放规则的车型与发动机的研发与生产能力,以及在汽车主动和被动安全领域的国际领先技术。吉利的自主创新能力较为落后于世界一流水平的沃尔沃,在技术、管理与品牌并购双方相似性均较弱。从文化维度分析,成立 80 多年的沃尔沃有着一套适应本国的成熟企业文化。瑞典是高福利国家,其社会福利制度也与中国相差巨大,如按当地法律规定,为沃尔沃工作的瑞典工人的平均月薪必须在 2 万瑞典克朗以上,高出我国同行业员工 6 至 8 倍,并购双方的文化整合的摩擦效应会更大。瑞典工程师和工会主席马格努斯·桑德莫(Magnus Sundemo)表示:"最主要的担忧来自吉利是否理解沃尔沃的文化——沃尔沃品牌价值、沃尔沃员工的工作方式。"在欧美国家,企业工会组织政治影响力强,对企业发展有很大影响。并购后,若劳资双方不能迅速建立互信,不能有效处理好工会和企业文化融合等问题,新沃尔沃的运营就将困难重重,因此,并购双方的文化相似性也会较弱。

资源互补性为并购整合实现"1+1>2"的协同效应、增强技术创新能力创造机会。当增加一种资源的数量会带来另外一种资源的超额回报时,两种资源被视为互补。从资源互补性角度分析,吉利通过多年发展积累了财富,在拥有资金优势和中国本土市场优势的同时,吉利还拥有更低的生产成本,在技术获取型海外并购过程中与沃尔沃形成较强的资源互补性。市场方面,沃尔沃品牌的本土市场是在瑞典,市场规模相对于美国、英国等老牌汽车强国太小,福特自身高档车品牌也和沃尔沃有冲突,导致其在美国市场销售受到了很多的竞争挑战。市场互补性可以很好地为沃尔沃解围。吉利与沃尔沃在市场区域方面存在很大程度互补,沃尔沃的本土市场规模小,而吉利的本土市场即中国市场对中高档的轿车需求量大而且增速惊人。吉利同样考虑到针对市场资源的互补利用,并购沃尔沃后迅速填补了其中高档产品的空白,扩大其在国内市场的销售。

三、吉利并购瑞典沃尔沃的整合策略分析:较低整合程度

(一)整合前期:"一企两制""沃人治沃"的低度整合策略

从组织结构整合来看,"吉利和沃尔沃是兄弟而不是父子"。在成功并购沃尔沃之后,吉利董事长李书福对外表示,沃尔沃是沃尔沃,吉利是吉利,确立双方同在吉利集团下面,各自独立运营的原则。这种"沃人治沃"的战略,成为整合与经营沃尔沃成功的基石。按照收购协议,吉利将继续保持沃尔沃与其员工、工会、供应商、经销商,以及与用户建立的关系。交易完成后,沃尔沃的总部仍然设在瑞典哥德堡。在组建新的董事会后,沃尔沃的管理团队全权负责其日常运营,但将在中国建立新工厂。李书福团队非常清醒地认识到,离开欧洲本土市场的沃尔沃,将失去其品牌特征,也便不再是沃尔沃。因此,欧洲仍是沃尔沃的第一本土市场,中国是第二本土市场。两个市场形成了互相依存的关系,

而不是主导与被主导的关系。

从文化整合角度来看,吉利倡导"全球性企业文化",降低文化摩擦。并购重组的案例中有一个著名的"七七定律",70%的并购案以失败告终,失败的案例中有70%是由于文化整合不到位,可见文化整合对跨国并购是多么重要。吉利在文化整合方面也是可圈可点的。吉利深刻认识到文化融合对并购带来的风险,倡导建立全球性的企业文化,包容不同的信仰和理念。其管理层中,既有德国人,又有瑞典人、英国人、法国人等,吉利收购沃尔沃100%股权后,李书福董事长深刻地体会到,企业跨文化融合和交流尤为重要。吉利在其拥有的海南大学三亚学院专门设立了全球型企业文化研究中心,聘请了将近20位来自美国、英国、加拿大、瑞典、香港和北京等著名大学和研究机构的教授任研究员,去探讨和研究全球型企业文化理念。为了促进双方的有效沟通,李书福创新设立了一个全新的职位——"企业联络官"。选取富有亲和力、工作经验、经历适合且丰富的人员担任,没有多大的权限,也并不在企业的管理层之中,主要用以传播吉利的基因,主要职责就是沟通。通过策划活动、组织调研,将吉利的理念与被并购企业的需求进行充分的交流。通过这样的方式,有效化解并购带来的文化冲突。

(二)整合后期:沃尔沃换帅和管理层重组的逐步深化整合

并购整合后,吉利专注于学习沃尔沃的技术和精髓,特别是沃尔沃在历史发展长河中积累了大量的核心技术,吉利能够从中学习到不少的技术理念和管理经验,对吉利车型进行改进,提升品牌价值。有沃尔沃参与提供支持的吉利欧洲技术研发中心以及杭州湾研发中心的落成,更是为吉利造车技术的进阶增添了驱动力,甚至吉利内部评估,预计并购后3~5年吉利的技术研发实力将能够赶超沃尔沃。

随着整合的深入,吉利与沃尔沃之间的技术互动,已经开始走向人的层面,这将奠定吉利和沃尔沃下一步发展的重要基石。2012年10月沃尔沃集团"换帅",任命原沃尔沃董事会独立董事汉肯·塞缪尔森(Hakan Samuelsson)为新一任总裁兼首席执行官。董事会也与前任总裁兼首席执行官斯蒂芬·雅各布(Stefan Jacoby)先生就此任命达成良好共识。2012年任命沃尔沃英国设计总监彼得·霍布(Peter Horbury)为吉利汽车设计副总裁,开启吉利全新的设计之路,随着博越、帝豪GS(字母"G"代表"Grand",字母"S"代表"Sporty")、帝豪GL

(字母"G"代表"Grand",字母"L"代表"Luxury")、远景SUV(运动型多用途汽车,Sport Uutility Vehicle)等3.0时代产品的上马,带来了吉利汽车的品牌形象、造车水平和实力的进一步提升。2017年3月袁小林接任拉尔斯·邓(Lars Danielsson),担任沃尔沃全球高级副总裁和亚太区总裁兼首席执行官CEO(Chief Executive Officer)。袁小林先生曾作为收购总监领导了2010年吉利对沃尔沃的并购,之后他在瑞典哥德堡担任董事长办公室主任兼沃尔沃集团董事会秘书。随着管理层的重组,吉利与沃尔沃将能够实现深度融合,两者在"联姻"以及之后实现融合发展与共享共赢。

四、吉利并购整合瑞典沃尔沃前后的全球网络位置分析

产业内核心领军企业的恰当的海外并购整合,能够形成产业内示范效应,通过获取全球创新资源对本土产业研发反馈和技术溢出,如吉利"蛇吞象"的国际化战略,通过对沃尔沃的并购整合,自身获得具备国际竞争力的汽车核心技术和国际知名品牌,跻身进入世界500强,提升在全球创新网络中的核心位置。

(一)成功嵌入沃尔沃的全球研发与营销网络

作为一家民营企业,吉利起初从模仿国外高档汽车起家,逐步研发自我技术,完善产品系列,同时它不断地寻求技术的提升。面对具有国际一流品牌、业界领先的安全技术、丰厚的技术和知识产权积累、遍布全球营销网络的沃尔沃,吉利紧紧地抓住了这个极具诱惑力的"公主",吉利在海外建有近200个销售服务网点;从品牌影响力来看,沃尔沃作为世界四大豪车之一,其品牌观念也逐步影响着吉利。吉利新推出的帝豪品牌规划为吉利的中高端系列产品,其品牌个性为"豪华、稳健、力量",其产品核心价值为"中国智慧、世界品质",从2012年起,吉利正式开始在英国销售吉利车,选择的出口车型便是帝豪EC7,首开中国车正式进入欧洲之先河。吉利在世界范围的影响也得到了进一步提升,形成完备的整车、发动机、变速器和汽车电子电器的开发能力;在中国上海、瑞典哥德堡、西班牙巴塞罗那、美国加州设立了造型设计中心,构建了全球造型设计体系;在瑞典哥德堡设立了吉利汽车欧洲研发中心。

(二)实现沃尔沃国产化,打造"多国研发军队"

吉利收购沃尔沃,最看重的就是其自身强大的技术研发能力和品牌影响力。从技术方面来看,沃尔沃拥有多个研发中心和4000多人的研发队伍,尤其是其汽车安全中心更是为沃尔沃赢得了"全球最安全汽车"的赞誉,这能为吉利提供强大技术支持。同时吉利一方面建立上海研发中心,另一方面申请在大庆和成都建立厂,希望能够实现沃尔沃的国产化,获得高端车的生产技术,实现对现有产品链的补充。2012年3月,双方签署了技术转让协议,沃尔沃将以同吉利联合开发的方式,向后者转让小排量、高性能、绿色环保系列发动机,环保型的小型车平台,和电动车、油电混合动力、插入式混合动力等新能源汽车总成系统技术,可见吉利在逐步获取沃尔沃的技术优势。作为中国汽车企业收购国外豪华汽车品牌第一宗,吉利收购沃尔沃并非一家之事,吉利和沃尔沃联合建立上海研发中心,在大庆和成都建立生产线,带动当地汽车产业的发展,更促使吉利供应链上的汽配企业努力通过升级转型来适应吉利发展的机遇和挑战。

借鉴有些学者的建议,将专利引用和联合申请人相结合构建并购方与目标方的全球创新网络,同时兼顾了显性知识的溢出与隐性知识的流动。目标方及海外企业的专利合作与互引数据来自美国专利统计局 USPTO,美国专利统计局 USPTO 的专利数据包含了最为全面准确的专利申请与专利引用信息,经常被用于测量跨国技术溢出与技术创新表现的实证研究(Guan and Chen,2012)。并购方及中国本土产业内企业的专利数据来自中国 SIPO 专利数据库。由于专利组合生产活动的持续性特征,创新网络构建中加入两年期的时间窗口。列出与并购方、目标方有专利联合申请与专利引用的全部企业,作为创新网络的节点,然后查找所有这些企业之间的相互专利关系,记作创新网络的连接。

接着使用 Ucinet 网络分析软件,使用 Netdraw 工具分别画出并购整合前的创新网络拓扑结构图与并购整合后的创新网络拓扑结构图做出图5-6为吉利并购整合沃尔沃之前的全球创新网络图,图5-7是吉利并购整合沃尔沃之后的全球创新网络图,从中可以看出,吉利是中国汽车产业内的核心企业,但是在并购前与海外企业的连接较少,通过对沃尔沃的并购整合,不仅自身与海外企业的连接增多,网络位置提升,还能够辐射到更多的本土产业内企业,同时带动本土产业内企业进入全球网络的"知识池"。

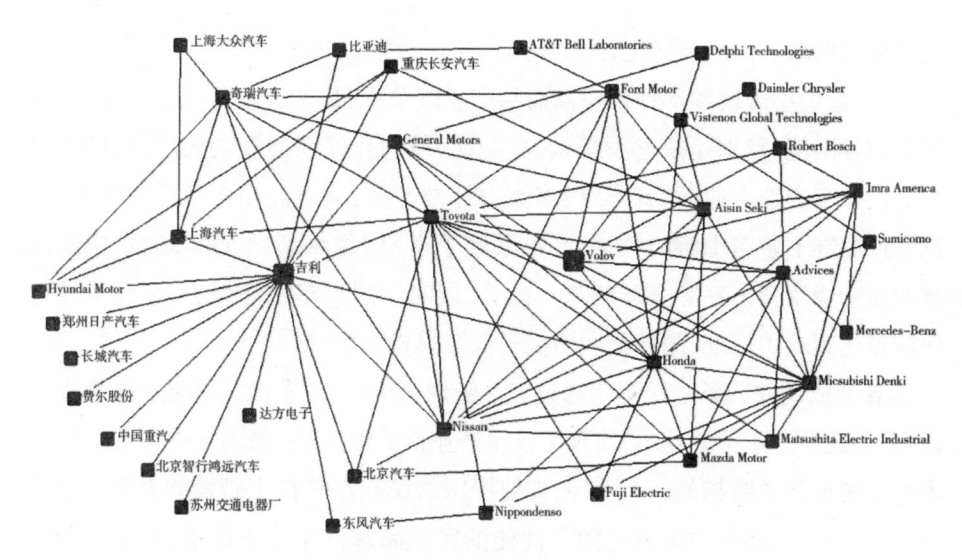

<<< 第五章 后追赶时代浙江制造企业海外并购整合提升创新能力的案例分析

图 5-6　吉利并购整合沃尔沃前的创新网络结构图

数据来源：SIPO 专利数据库、USPTO 专利数据库

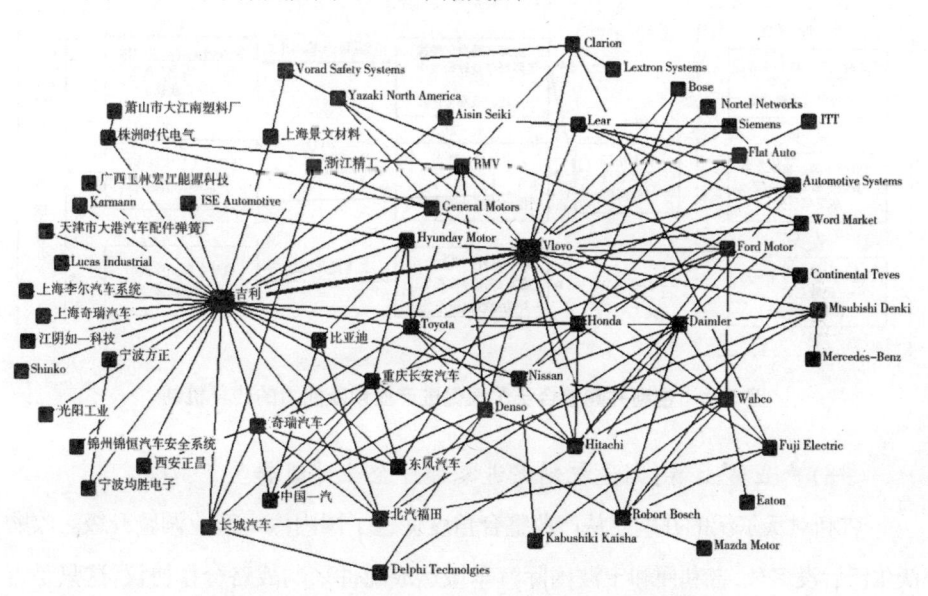

图 5-7　吉利并购整合沃尔沃后的创新网络结构图

数据来源：SIPO 专利数据库、USPTO 专利数据库

五、吉利并购整合瑞典沃尔沃对本土产业创新能力的促进作用

经过几十年的发展，中国汽车行业已经建立起较成熟的产业配套体系和庞

大的销售网络。但产业链上游的零部件企业长期以来陷入技术空心化的发展危机,大量中小规模零部件供应商面临产品线单一、技术含量低、抵御外部风险能力弱等困境,特别是缺乏小排量、高性能、绿色环保系列发动机零件;产业链中游的整车制造企业面临产品线多为中低端产品,缺乏高端产品系列的困境;汽车产业链下游与中游的弊端,严重限制了产业上游的汽车销售环节,中国民族汽车未能培育出享誉全球的汽车品牌,同时中国汽车在环保、安全和节能方面较难达到欧美标准,国际化营销陷入低端模式。

吉利成功并购整合沃尔沃通过产业链倒逼机制、技术提升机制和品牌提升机制,突破了产业核心技术,实现了汽车产业价值链升级(如图5-8),是中国汽车产业实现技术跨越的一个捷径,促使中国的民族汽车自主研发能力上一个台阶,为能够造出属于中国自己的高性能的民族品牌汽车打下通道,对于中国由汽车大国转变为汽车强国,具有重要意义。

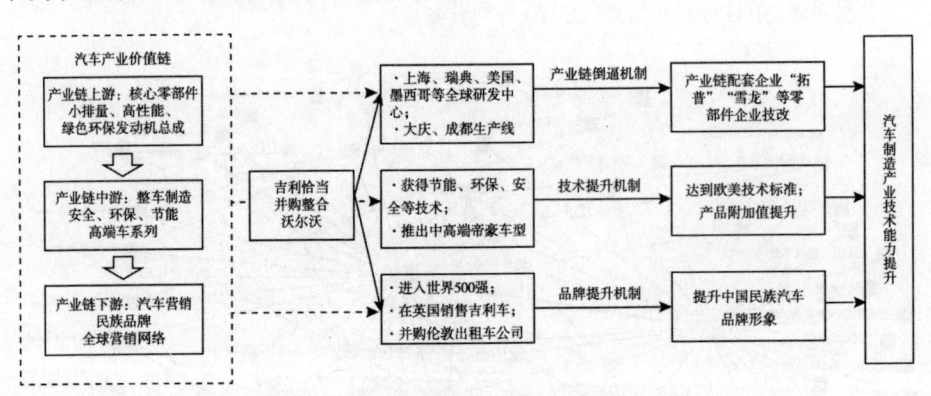

图 5-8 吉利并购整合沃尔沃促进产业创新能力的传导机制

(一)产业链上游:倒逼机制促进零部件企业升级转型

吉利对沃尔沃的并购还从产业整合角度促进了国内汽车产业调整升级。收购沃尔沃后没多久,吉利便和宁波国际汽车城达成配件采购战略合作协议,这只是吉利新一轮全球供应链整合的开端。事实证明,吉利收购沃尔沃并非一家之事,更促使吉利供应链上的汽配企业努力通过升级转型来适应吉利发展机遇和挑战。据了解,吉利收购沃尔沃之后,90%以上的北仑配套企业立即追加技改投入。在北仑,一个以吉利为龙头,"拓普""辉旺""雪龙"等 60 多家动力装置、底盘、电器仪表零件生产企业作支撑的产业协作集团已经显现。如图5-9所示,吉利并购沃尔沃之后,中国汽车产业专利申请数量与新产品销售收入均逐年增长。

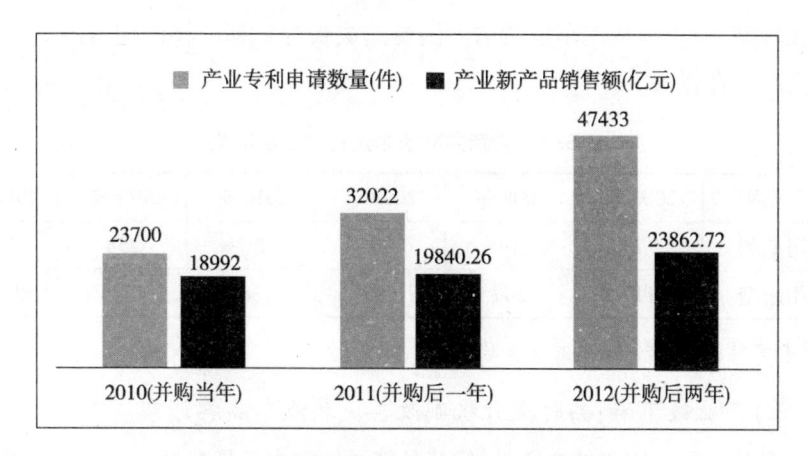

图 5-9　吉利并购整合沃尔沃后产业创新能力

数据来源：《中国科技统计年鉴》《中国统计年鉴》

（二）产业链中游：技术提升机制突破整合核心技术

技术是汽车企业的重要生存与发展资源，吉利并购沃尔沃的重要目的是通过消化吸收并应用沃尔沃的技术提升吉利自身的技术能力。就技术水平本身而言，吉利虽然建立了汽车研究院和国家级技术中心，具备了整车、发动机、变速器和汽车电子电器的研发能力，但现有技术难以达到欧美在环保、安全、节能方面的技术标准，自主研发创新能力尤其是关键技术上和国际市场的要求还有差距。沃尔沃则拥有多个研发中心和4000多人的研发队伍，尤其是其汽车安全中心更是为沃尔沃赢得了"全球最安全汽车"的赞誉，这能为吉利提供强大的技术支持。吉利收购沃尔沃之后，有关吉利与沃尔沃的技术合作的话题双方一直没有停止过。2012年3月，沃尔沃与吉利在上海签署《沃尔沃汽车公司向吉利汽车公司转让技术协议》，这项转让战略使沃尔沃的一些高端技术开始运用在吉利的汽车上。除了吉利受让沃尔沃的技术之外，双方还在积极推进，联合开发小排量、高性能、绿色环保系列发动机，环保型的小型车平台，及电动车、油电混合车及插入式混合动力等新能源汽车总成系统技术。从专利数据来看，如表5-2所示，并购后不论是在发明专利还是实用新型方面，吉利专利申请数量均出现了较大程度的增长，专利产出远远高于并购前。

这些技术的运用，都将有助于吉利全面提升品质，并在短时间内提高其在国内和全球市场的竞争力。同时,这种技术嫁接,也将大大促进中国汽车产业的升级转型,使中国从汽车消费的大国迅速成长为日韩那样的拥有独立知识产权的汽车产业强国。

表5-2　吉利并购沃尔沃前后专利数量

专利类别	2007年	2008年	2009年	2010年	2011年	2012年
发明专利	7	19	77	173	258	518
实用新型	117	209	699	1380	1785	2466

数据来源:根据吉利集团财务数据整理

(三)产业链下游:品牌提升机制改善民族汽车品牌形象

吉利作为国内知名的自主品牌,其品牌溢价能力还是有限。品牌的缔造是一个历史沉淀的过程。在汽车产业高度成熟的今天,从头做起培育高端品牌,是一件非常困难的事情。于是,以品牌资产所有权的转让为主要特征的品牌并购就成为缓慢的品牌进化之外的一条捷径。据统计,2011年吉利海外出口同比增长120%,这一成绩抵消了吉利去年并不理想的国内业务,使集团整体增幅保持正增长,是中国国内自主品牌海外市场增幅最快的企业。此外,吉利收购沃尔沃使中国汽车企业走向多品牌战略运作进入实质阶段,从原来的以产品为主的网络营销形式向分品牌营销转变,向多品牌战略布局,形成新的合力,提高中国汽车产业的世界影响力和抵御市场风险能力,从另一方面促进了汽车产业的优化升级。

第三节　支柱产业海外并购整合提升创新能力案例:日发精机并购意大利MCM

一、日发精机并购意大利MCM背景介绍

航空装备制造产业是浙江省近年来大力发展的高端装备制造领域之一。《浙江省航空产业"十三五"发展规划》(以下简称"《规划》")提出,浙江到2025年要成为全国领先的航空制造高地和全国通用航空业发展示范省,实现航空制造业产值3000亿元,通航运营服务业营收突破500亿元。《规划》提出要构建

航空产业的"一核四区十镇一网","一核"是以舟山航空产业园为核心,"四区"是指杭州、宁波、温州、绍兴四个航空产业集聚区,"十镇"是指建设十个航空特色小镇,"一网"指打造航空运营网络。

航空装备制造产业与浙江省机械电气、仪器仪表、化纤、材料等优势产业关系密切,配套工业产业关联度高,其发展将催生工业经济的新增长点,关系着浙江省产业优化升级。航空产业已成为浙江省支柱产业,其技术、人才、资本集聚化程度高,带动效应明显。通过恰当的海外并购整合加快获取海外先进的航空装备制造技术、切入全球航空工业市场,对浙江集聚高端资源要素,增强产业核心竞争力,促进经济转型具有重要意义。结合浙江省的资源禀赋、产业基础及航空产业发展趋势,《规划》提出在航空整机制造方面,重点发展大型飞机、通用飞机、无人机;在航空关联制造方面,重点发展航空零部件、航空新材料、航空电子。

浙江省航空制造产业起步较晚,国家发改委高技术产业司的统计数据显示,2011年浙江航空工业总产值0.71亿元,仅占全国的0.05%。在缺乏技术积累,产业基础薄弱的环境下,浙江航空制造业近年来取得了较快的发展。航空装备制造产业链可分为发动机、机体材料与零件、机体制造、机载设备四个模块,目前,浙江省航空装备制造业龙头企业浙江西子航空工业集团、万丰集团、精功集团、日发精机集中分布在机体材料与零件和机体制造两个模块,在发动机与机载设备方面缺少龙头企业的引领。

表5-3 浙江航空装备制造产业链分析

产业链模块	技术模块	浙江企业分布
发动机	发动机、吊舱	浙江华擎、恒鹰动力、天扬机械
机体材料与零件	铝合金、钛合金、金属材料、非金属材料、蜂窝复合材料、碳纤维复合材料、铸锻件	西子航空、日发精机、精功集团、久立特材、美盾防护
机体制造	机头、机身、机翼、尾翼、雷达罩、整流仓、起落架、机轮、整机组装、内饰系统	万丰集团、精功集团、牧星科技
机载设备	航电系统:飞行控制系统、飞行管理系统、座舱显示系统、通信和导航系统、数据与语音通讯、客舱娱乐及其他机电设备;电力系统、空气管理系统、燃油系统、液压系统、辅助动力系统、照明生活系统	—

资料来源:《航空产业链深度报告—航空制造:下一个国家战略》报告与公司网站、新闻资讯整理得到。

在缺乏技术积累的前提下,海外并购是快速获得先进技术,嵌入航空制造产业的有效途径。2014年日发精机并购了专为航空航天领域供应关键零部件的意大利 MCM 公司(Machining Centers Manufacturing S. p. A.,以下简称"MCM"),结合其原有机床业务的技术积累,通过整合 MCM 公司获取了海外企业先进技术,快速提升了在航空装备制造领域的竞争力。

MCM 是全球领先的卧式加工中心制造商,主要从事高端数控机床,包括大型加工中心、重型机床和关键零部件的研发、生产和销售,服务于航空航天、军工、汽车和能源等领域的客户,是欧洲宇航防务集团(The European Aeronautic Defense and Space Company,EADS)的重要合作伙伴,公司客户包括空中客车公司(Airbus,以下简称"空客")、全球第二大直升机厂家意大利奥古斯塔韦斯特兰公司(Agusta Westland,以下简称"奥古斯塔韦斯特兰")、法拉利汽车公司(Ferrari,以下简称"法拉利")、全球最大商用车制造商戴姆勒股份公司(Daimler AG,以下简称"戴勒姆")、法国阿尔斯通公司(Alstom,以下简称"阿尔斯通"),以及一些军工方面的武器厂家。MCM 的子公司遍布意大利、法国、德国和美国,拥有诸多全球知名客户。

日发精机并购前主要从事精密机械研发、生产和销售,2012年开始布局航空装备领域,以与浙江大学合作开发的蜂窝加工设备为起点,开启航空装备领域发展新格局,2013年日发的蜂窝加工设备——五轴桥式龙门加工中心的高效、环保、高精的心更难获得航空领域的广泛赞誉,2014年成立日发航空数字装备有限责任公司,同年对 MCM 的并购整合使日发精机技术实力大幅提升,开拓了新的市场,形成了航空零件制造的完整产业链。

航空机床、航空零部件加工,以及航空装配线方面具有很高的技术壁垒。MCM 在航空航天方面的客户占其整个业务的50%以上,这与布局航空领域的日发精机在战略上高度匹配。成功并购 MCM 后,日发精机初步完成在航空产业的布局,填补了公司在合金切削领域产品的空白,有助于打造航空装备制造全产业链。同时,MCM 公司在海外的航空企业客户资源,将助力日发精机快速占领航空制造业市场份额。

二、日发精机并购意大利 MCM 的资源联系性分析：资源相似性弱、互补性强

日发精机并购 MCM 属于资源相似性弱、互补性强的海外并购，日发精机基于原有精密机床生产加工的技术积累，通过并购整合 MCM 和嫁接其在航空装备制造领域的产品技术以及欧美市场渠道资源，将日发精机传统的机械制造向高端的航空军工行业实现价值链的延展。

首先，在业务方面，MCM 的优势是金属材料的加工，日发航空装备主要做复合材料的加工设备和数字化装备线，日发精机具有大龙门加工中心，并购后三者结合可完成飞机大型结构加工、航空零部件加工及自动化装配线等业务，打通了航空上游的全产业链。

其次，在技术方面，MCM 的研发实力雄厚，具有制造卧式加工中心的全球领先技术和生产管理系统独立研发能力，产品技术与生产能力均处于世界先进水平，为空客 A380 的起落架划轨、发动机的整体式叶盘等航空精密件提供整体切削解决方案。原属精密机床生产加工业的日发精机于 2012 年布局航空业，以与浙江大学合作开发的蜂窝加工设备为起点，开启航空装备领域发展新格局，2013 年日发精机的蜂窝加工设备——五轴桥式龙门加工中心的高效、环保、高精的心更难获得航空领域的广发赞誉，2014 年成立日发航空数字装备有限责任公司，在航空装备制造方面积累较少，并购 MCM 有利于日发精机利用其先进技术与专业人才在短时间内快速提高其技术研发实力。

最后，在市场方面，MCM 在产品制造与生产管理软件等方面显著的技术优势使其拥有空客、奥古斯塔威斯特兰、法拉利、戴姆勒、阿尔斯通等重量级客户，有利于日发精机扩展其在欧美的业务。MCM 还可借助日发精机在中国的销售网络与售后服务机构快速打开中国高端机床市场。MCM 的相关经验、客户资源与技术储备可以帮助公司快速获得发展航空数字化装备业务的战略资源，抢占市场先机。

三、日发精机并购意大利 MCM 的整合策略分析：较低整合程度

日发精机对 MCM 的整合采用"慢换血"的低度整合方式。在人力资源整合方面，日发精机从意大利当地招聘了总经理，从国内委派了财务总监，其他都沿用了原公司的团队，以诚信获得了原团队和市场的认可，使企业快速通过交

割过程中的高危期,实现了平稳过渡。并购后 MCM 成为日发精机人力资源培训基地,以增进公司内部的技术交流,促进技术革新,使公司贴近世界先进制造业的前沿,了解行业发展动态。

在技术整合方面,保持了 MCM 的原有研发团队不变。MCM 继续发挥在金属加工方面的优势,日发精机与 MCM 互相派遣技术和装配人员交流学习,在研发方面进行合作,已经开发出七轴七联动铣头,属于世界先进水平。并购后日发精机在航空装备板块形成从金属材料(特别是高温合金)到非金属材料(复合材料),从零件加工到装配线对的一体化解决方案,促进日发精机形成完整的产品线。2016 年,日发精机剥离了传统机床业务的部分不良资产,进一步聚焦航空产业推进战略转型,致力于打造中高端数控机床产品、飞机数字化装配线及高附加值的航空零部件三大板块业务,设立了国产化项目组并成立了杭州日发智能化系统工程有限公司,促进引进和汉化 MCM 公司软硬件技术。

在任务整合方面,MCM 维持原有业务不变,日发精机提供资金支持,帮助 MCM 摆脱了财政问题与新产品完善服务问题,于 2015 年获得 5000 多万欧订单扭亏为盈,实现几年来最佳业绩,2016 年成为空客公司供货商。MCM 为利用日发精机在中国的低成本优势,逐步将一些零部件的生产和制造转移为日发精机的业务。日发精机与 MCM 在航空领域实现市场资源共享,协助日发航空将蜂窝加工设备进入国际中高端市场,利用 MCM 在欧洲的市场声誉和地理优势将日发精机的产品在意大利实施再制造技术。

四、日发精机并购整合意大利 MCM 前后的全球创新网络位置分析

日发精机通过并购 MCM 进一步贴近世界先进制造业的前沿和了解行业发展动态。MCM 拥有雄厚的研发实力,在产品制造与生产管理软件等方面有显著的技术优势。日发精机以 MCM 为据点,从整个欧洲招募专业技术人才,为公司的研发团队源源不断地提供人力资源支持。为进一步扩充 MCM 公司产能,日发精机 2015 年收购了天水星火机床有限责任公司直接和间接持有的意大利高嘉(Colgar)公司 100% 股权,并在高嘉厂区设立欧洲研发中心,利用国际先进技术与吸引国际人才、创新资源为其所用。随着并购 MCM,日发精机成功涉足航空机械制造、航空零部件加工业务,日发在航空业的国际地位提升,于 2017

年收购新西兰最大的通用航空服务供应商艾尔沃克公司(Airwork Holdings Limited,简称"Airwork"),进一步整合全球航空资源。

并购 MCM 使日发精机提高了自身在全球创新网络中的位置。本研究基于专利申请与引用信息构建了日发精机并购整合 MCM 前后所处的创新网络,如图 5-10 与图 5-11 所示。并购 MCM 后,日发精机在网络中的位置得到了提高,其中心性提高了 0.054,结构洞提高了 0.041。

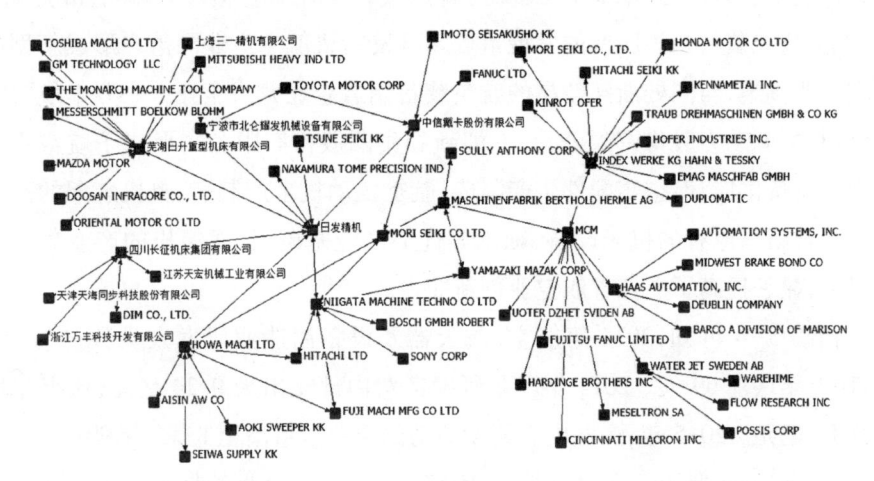

图 5-10　日发精机并购 MCM 前的创新网络图(中心性=0.059　结构洞=1.875)

数据来源:Incopat 专利数据库

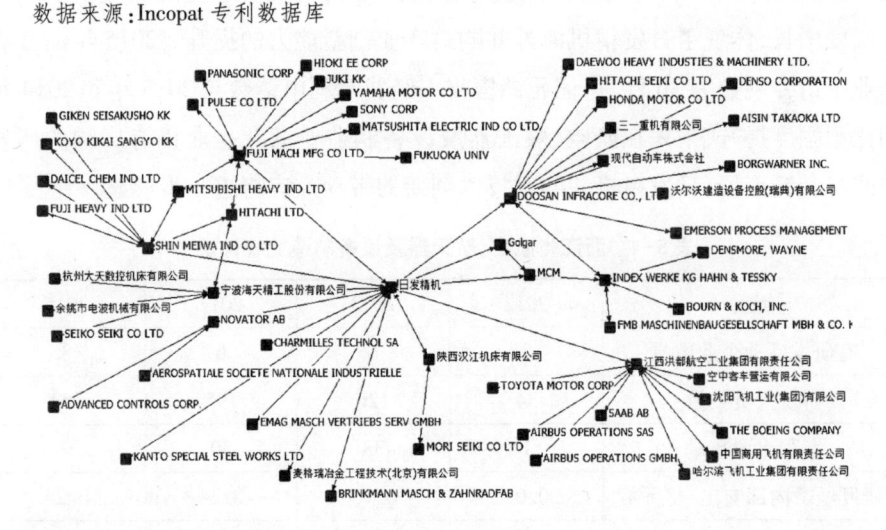

图 5-11　日发精机并购 MCM 后的创新网络图(中心性=0.113　结构洞=1.916)

数据来源:Incopat 专利数据库

五、日发精机并购整合意大利 MCM 对产业创新能力的促进作用

(一) 日发精机并购整合 MCM 后的技术区域溢出分析

日发精机于 2014 年并购整合 MCM 后,带动了浙江省航空、航天器及设备制造业创新能力的提高。2016 年,日发精机在新昌高新园区的智能装备小镇建立日发航空装备产业园,该园区现拥有规模以上工业企业 98 家、上市公司 8 家,航空智能装备是该园区的发展重点。日发精机航空产业园落户形成新型的航空产业基地,与同处浙江新昌的航空装备制造企业龙头企业——万丰航空有限公司、恒鹰动力股份有限公司、五洲新春集团股份有限公司形成了航空零配件生产设备供应、航空零配件生产制造、航空发动机生产制造、整机装配的产业链。结合新昌原有的机床设备、轴承等优势产业基础,日发精机的产业集聚效应显现,显著提高了浙江省航空业创新能力。

由表 5-4 可知,2014 年航空、航天器及设备制造业研发人员数量为 195 人,比上年增加 69 人。2014 年产业研发经费内部支出为 0.24 亿元,比上年增加 0.11 亿元。2015 年,产业内有研发活动的企业数量增至 8 家,专利申请数量为 36 起,研发经费内部支出维持 0.25 亿元水平,主营业务收入增长至 5.9 亿元。由图 5-12 可知,并购后浙江省每亿元销售收入研发经费内部支出实现了大幅度增长,体现了日发精机海外并购对产业创新能力的提升。2015 年浙江省产业申请专利数为 36 件,每亿元销售收入经费专利申请数与 2013 年和 2014 年相比小幅度提升,未来在航空、航天器及设备制造业浙江企业仍有广阔的研发空间与利润市场,日发精机并购对技术创新的带动效应将进一步彰显。

表 5-4　浙江省航空、航天器及设备制造业统计表

年度	2012	2013	2014	2015
有研发活动企业数量	3	6	6	8
研发人员数量	34	126	195	154
专利申请数量	1	33	30	36
研发经费内部支出(亿元)	0.05	0.13	0.24	0.24
主营业务收入(亿元)	3.8	5.6	5.2	5.9

数据来源:《中国高技术产业统计年鉴》

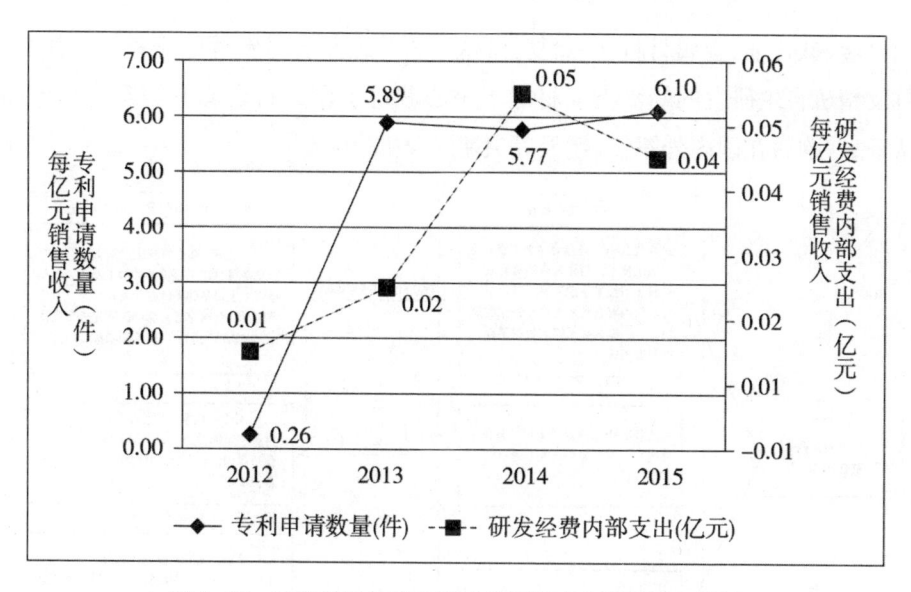

图 5-12 日发精机并购 MCM 前后的产业创新情况统计

数据来源：《中国高技术产业统计年鉴》

（二）日发精机并购整合 MCM 后的技术沿产业链溢出分析

日发精机在航空领域的产业定位处于航空装备制造产业的中上游，主要业务为航空材料、零件生产加工设备的研发制造，企业也具备航空材料、零件的生产加工能力。日发精机并购 MCM 获取了高温合金材料加工设备的生产技术，与其原有机床技术积累结合，并购后日发精机不仅能够生产为航空材料、零配件生产加工提供特种专用设备，也能自行生产加工航空装备制造所需要的复合材料与航空装备零配件，其产品可向中下游航空装备成品生产商供货，此外并购 MCM 后引进的飞机数字化装配系统能够提高航空装备装配精度与效率。如图 5-13 所示，日发精机并购整合 MCM 后，对航空装备制造业的上中下游溢出有力地促进了浙江省航空产业创新能力的提高。

1. 产业链上游技术创新能力提高

通过并购整合 MCM 公司，日发精机获取了其高温合金材料加工装备的生产技术，能够为航空材料加工提供特种加工设备，目前日发在航空装备制造领域的主要产品为复合材料加工设备、飞机大部件数字化装配生产线、壁板类零件自动钻铆设备、碳纤维自动铺层/辅丝专用设备。作为行业技术标准拥有者，日发引领了航空装备制造业技术进步，先进的装备保证了航空装备制造需要的铝合金、钛合金、金属材料、蜂窝复合材料、碳纤维复合材料等的完备加工体系。日发精机自主研发的蜂窝类复材加工中心获得了国家首台套和国际先进产品认证，并购后在国内外军工、航天等尖端工业推广。

```
┌─────────────────┐         ┌──────────────────────────┐              ┌────────────────────────────┐
│                 │         │    核心技术获取           │              │  航空装备制造产业创新能力提升 │
│                 │         ├──────────────────────────┤              ├────────────────────────────┤
│                 │         │ 交购获取MCM高温合金加工设备生│ 树立行业技术规范标准│ 上游 航空材料生产加工        │
│                 │────────▶│ 产加工技术，与原自有的蜂窝复合│─────────────▶│ 为航空材料加工提供特种加工设备，包括│
│                 │         │ 材料加工技术形成良好互补；   │              │ 蜂窝加工设备和碳纤维设备；   │
│                 │         │ 并购后拥有在技术上全球领先的高│              │ 蜂窝材料获国家首台套和国际先进产品认│
│                 │         │ 温合金、钛合金及蜂窝材料零部 │              │ 证，并购后在军工、航天领域推广。│
│                 │         │ 件制造机床。              │              │                            │
│  日发精机并购   │         └──────────────────────────┘              └────────────────────────────┘
│  整合MCM        │         ┌──────────────────────────┐              ┌────────────────────────────┐
│                 │         │ 并购获取MCM高温合金加工装备， │ 产能扩大提升行业实力│ 中游 航空零部件生产加工     │
│                 │────────▶│ 辅助日发航空装备研发制造航空 │─────────────▶│ 为航空零部件加工提供加工设备；│
│                 │         │ 零部件。                 │              │ 在新昌梅渚建立年产10000件航空│
│                 │         │                          │              │ 零部件建设项目。           │
│                 │         └──────────────────────────┘              └────────────────────────────┘
│                 │         ┌──────────────────────────┐              ┌────────────────────────────┐
│                 │         │                          │              │ 下游 飞机装备生产制造       │
│                 │         │                          │              │ 引进MCM飞机数字化装配系统及专用工装│
│                 │────────▶│ 并购获取MCM飞机数字化装配系统。│ 沿价值链加强技术溢出│ 夹具的研发制造，实现自动化、柔性化、│
│                 │         │                          │─────────────▶│ 数字化装配，提高了航空飞机装配效率。│
│                 │         │                          │              │ 在新昌设立新昌航空产业园项目，技术辐│
│                 │         │                          │              │ 射新昌直升机、固定翼小飞机及航空设备│
│                 │         │                          │              │ 生产企业。                 │
└─────────────────┘         └──────────────────────────┘              └────────────────────────────┘
```

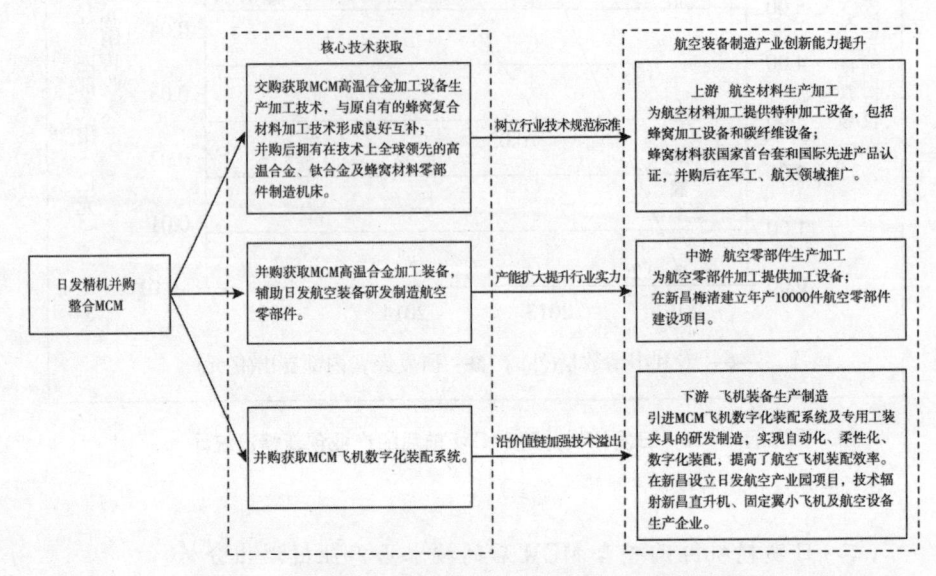

图 5-13　日发精机并购整合 MCM 后提升产业创新能力

2. 产业链中游技术创新能力提高

日发精机并购整合 MCM 后，依托新昌高新园区，年产 10000 件航空零部件建设项目落户新昌梅渚镇，总投资 10 个亿，项目按照工业 4.0 样板工厂设计，内设研发中心、全自动化数控装备车间、机械加工车间，形成年产 10000 件航空零部件的生产能力。日发航空数字装备有限责任公司获得《国军标质量体系认证证书》，表明日发航空装备的航空器零部件的机械加工和服务符合军品任务生产的标准及相关要求，促进了航空装备零部件生产加工行业的解释创新能力提高。

3. 产业链下游技术创新能力提高

日发精机成为中航复材中心合格供应商，中标中航贵飞飞机数字化精加工台项目，该项目是国内收条全自动脉动生产项目，也是 MCM 公司的柔性线监控软件 JFMX 系统在国内飞机自动化装备先的首次应用。在军机业务领域，日发精机取得了中航汉中飞机分公司总装脉动生产线系统订单，在民机领域，与中航国际下属西班牙子公司埃瑞泰克斯（Aritex Cading S. A）达成合作。随着浙江省新昌万丰航空小镇等10个航空小镇的建立、国产化大飞机项目的推进与舟山波音交付中心等项目的实施,日发精机将进一步带动航空装备制造业技术创新能力提升。

2016年日发精机在新昌设立日发航空产业园项目,预计三年建成。产业园内设研发中心、全自动化数控装备车间、机械加工车间,拥有年产1万件航空零部件和60台航空装备(航空航天特种加工设备、飞机数字化装配系统及专用工装夹具)的生产能力。新昌在直升机、固定翼小飞机和一些航空设备的制造生产等方面已有起色,日发航空产业园的建设将进一步发挥日发精机龙头企业的技术辐射效应,提升浙江在飞机零部件制造方面的实力。

第四节 新兴产业海外并购整合提升创新能力案例:万丰科技并购美国帕斯林

一、万丰科技并购美国帕斯林背景介绍

中国浙江万丰科技开发股份有限公司(以下简称"万丰科技")3.02亿美元收购美国帕斯林公司(The Paslin Company,以下简称"帕斯林"),2016年4月18日在美国胡佛工厂正式交割。

帕斯林成立于1937年,总部位于美国密歇根州沃伦市,是国际领先的焊接机器人应用系统服务商,是北美弧焊系统的主要供应商,也是特种连接和电阻点焊领域的公认专家,研发人员比例占50%,以其领先的自动化系统概念和工程设计能力为美国汽车产业和重工业的生产提供自动化系统解决方案。与福特、通用、本田技研工业株式会社(Honda Motor,以下简称"本田")等排名靠前的汽车业厂商建立有长期合作关系。

万丰科技是万丰奥特控股集团下属全资子公司,坐落于浙江新昌省级高新技术园区,是一家专业从事工业机器人、工业自动化装备、低压(差压、重力)铸造机的研发与制造,并提供有色合金铸造交钥匙工程服务的系统制造商。

二、万丰科技并购美国帕斯林的资源联系性分析：资源相似性弱、互补性强

万丰科技机器换人的步伐起步于2005年，通过建立万丰国家级技术中心，万丰工业机器人自动化研发中心，万丰有色铸造研发中心，致力于打造以技术为核心的竞争优势，长期专注于机器人自动化生产线的系统集成与应用研究开发。万丰科技起草《低压铸造机技术条件》《工业机器人重力浇注》等国家级标准4项，其中多工位平台、低压铸造机器人自动化获得国家科学技术奖。帕斯林是国际领先的焊接机器人应用系统服务商，为包括美国三大汽车公司在内的北美汽车产业和重工业生产提供自动化系统解决方案。

万丰科技的技术领域重点为工业自动化装备系统，是浙江机器人上游技术领域控制器的代表企业，帕斯林技术领域为机器人产业下游细分焊接机器人领域，并购双方在机器人技术中位于不同的生产环节，并购双方在技术领域的相似性水平较低。

在产业链上，通过此次并购，形成机器人铸造和焊接的完美扩展，在技术领域双方互补性水平较高。在地域上，可以形成美国技术与中国市场的协同；在资金上，可以实现中国资本驱动技术升级、生产扩展。帕斯林和万丰科技双方资源的互补性，为双方在产业结构、发展战略上形成互补的协同效应提供资源基础。

三、万丰科技并购美国帕斯林的整合策略分析：较低整合程度

通过并购帕斯林，万丰科技试图从经营国际化向资本、人才、科技、品牌国际化转型升级，打造成以美国技术研发中心与中国运营总部的"双核心"国际化产业布局体系。鉴于此，万丰科技选择了维持帕斯林较高的目标方自主性水平，采取较为温和的整合策略。通过选择较低的整合程度，逐步达成充分发挥并购协同效应，打通智能装备上下游产业链的并购目标，实现并购后双方在人力资源、技术资源、市场资源上的有效融合。

（一）人力资源整合

万丰科技以3.02亿美元的高价收购帕斯林，目标是成为全球焊接机器人集成系统的领跑者。帕斯林被收购后维持原组织架构，保留管理层和800多名雇员,此外还将为密歇根州新添150个就业岗位,万丰科技没有安排任何高管到帕斯林,只是定期派人去了解对方需要何种支持。

(二)技术资源整合

万丰科技维持帕斯林原有研发团队,并持续增加研发人员,与当地学校展开合作促进技术升级。整合后双方实现优势互补,万丰科技现以工业机器人、工业自动化装备的研发与制造为主业,帕斯林主要从事以工业机器人为重要组成部分的自动化生产线的设计和系统集成业务。为降低人工成本,帕斯林将部分研发、设计、组装、调试内容外包给万丰科技,万丰科技的业务从并购前的部件到单机再到生产单元,最后扩展到自动化生产线的系统集成商,打通了从机器人本体到大规模机器人系统集成的上下游产业链。

(三)市场资源整合

万丰科技并购整合帕斯林是双赢的选择。帕斯林近八十年来在北美焊接自动化领域积累了顶级的技术和客户群,但其市场却仅局限于北美区域,通过本次收购一方面可帮助帕斯林分享中国市场,另一方面可采购万丰科技的基础组件降低采购成本,顺利实现帕斯林的国际化战略。万丰科技则利用帕斯林稳定的客户和订单,在美国焊接自动化领域占有大份额市场的优势,进军欧美市场,与国际一流企业同台竞技提升国际影响力。

四、万丰科技并购整合美国帕斯林前后的全球创新网络位置分析

(一)全球网络构建方法

根据 Derwent Innovation Index 数据库,查询并购前两年(2014—2015年)内并购方万丰科技以及目标方帕斯林的全部专利申请、前引及后引情况。记录上述专利中,涉及联合申请的专利收益人企业,以及专利的前引、后引专利对应的受益人企业信息。

按上述专利信息,当存在专利互相引用关系时,认为存在网络联系,从而构建收购方与目标方并购前的全球创新网络;按同样方法,对并购后两年(2016—2017年)重复上述操作,将并购双方企业进行连接,构建整合后新的全球创新网络。

(二)并购前后全球网络位置分析

1. 并购前万丰科技的网络位置分析

图5-14给出并购前万丰科技和帕斯林所处全球网络图示。左侧网络节点代表海外企业,右侧网络节点代表浙江省内企业。网络节点代表企业,用方块表示,方块大小按节点具有的节点度(直接连接数量)进行加权。企业节点方块越大,表示企业具有的节点度越高。

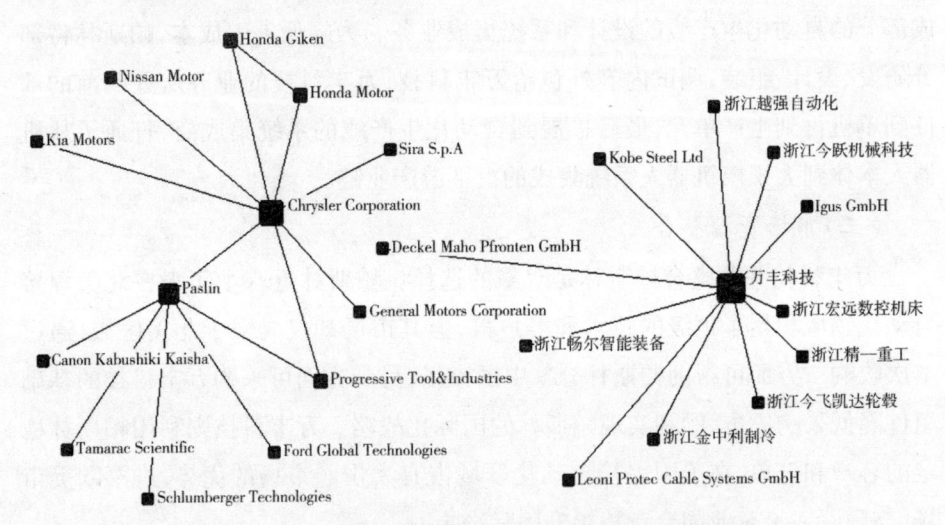

图5-14 万丰科技并购帕斯林前的全球网络示意图

数据来源:Derwent Innovation Index 数据库

由图5-14可知,并购发生前,万丰科技已经通过引用4家海外企业专利,获取海外研发信息,参与国际创新网络。国内浙江省企业在创新网络方面,万丰科技从浙江宏远数控机床和浙江精一重工2家企业进行专利前引获取其研发创新信息,并凭借专利后引,对其他剩余5家浙江省内企业进行创新研发信息溢出。

由图5-14可知,帕斯林和美国克莱斯勒汽车公司节点的大小在整体网络中较高,这两个企业有更多的连接,位于较为中心的位置。并购发生前,帕斯林与美国、德国以及日本企业具有广泛的创新网络连接。而万丰科技在国际创新网络合作数量、涉及国家范围以及伙伴企业知名度方面,与目标方企业帕斯林存在明显差距。并购前,万丰科技与美国帕斯林之间没有形成连通创新网络。

2. 并购整合后的全球网络位置分析

图 5-15 体现了并购整合后收购方和目标方企业所在全球创新网络位置。网络中节点用方块表示，节点大小按节点度中心性。节点越大，表示企业在网络中占据的中心位置越高。如图 5-15 所示，通过对帕斯林的并购整合，万丰科技嵌入了帕斯林所在的全球创新网络，间接地与波音公司（The Boeing Company，以下简称"波音"）、克莱斯勒等国际知名企业构建了间接专利前引关系。通过这宗跨国并购整合，以目标方企业帕斯林为中介，获得了接触海外优质创新研发信息的渠道。

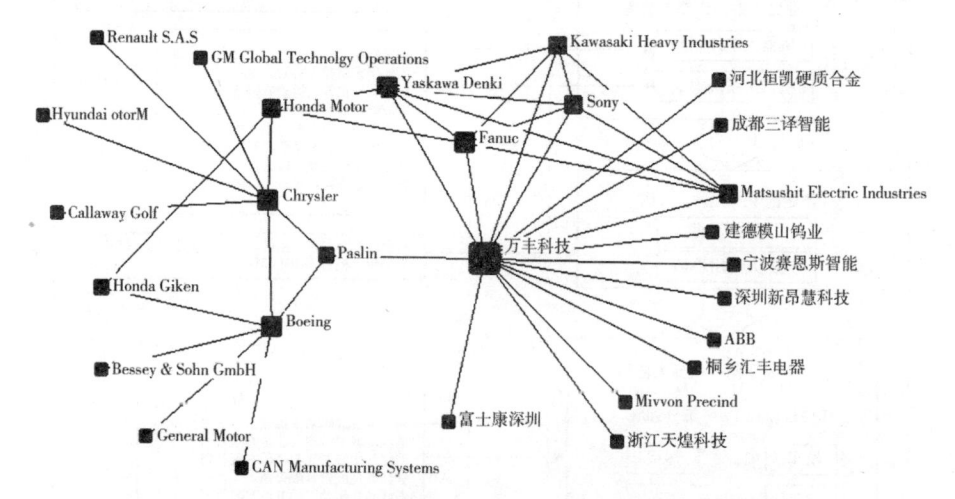

图 5-15　万丰科技并购帕斯林后的全球网络示意图

数据来源：Derwent Innovation Index 数据库

五、万丰科技并购整合美国帕斯林对产业创新能力的促进作用

（一）整合技术的产业链溢出效应

万丰科技位于浙江机器人产业链上游的核心零部件技术——控制器；此项海外并购整合，对于攻克核心技术，通过产业链向中下游进行技术扩散具有更长的产业链辐射性，如下图 5-16 所示。

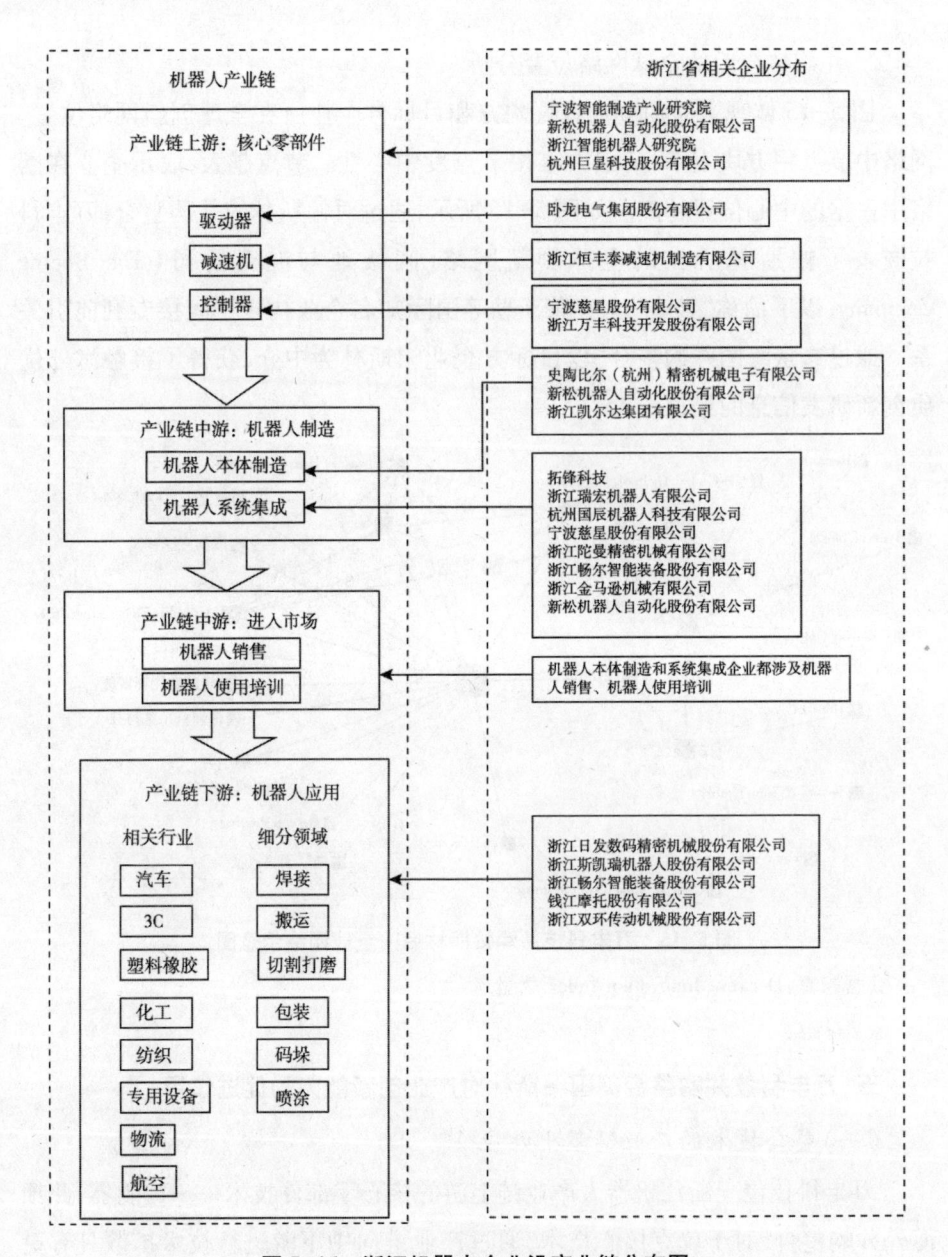

图 5-16 浙江机器人企业沿产业链分布图

资料来源：浙江省发改委《浙江省工业机器人发展情况调查报告》

1. 产业链上游核心技术

特别考虑国际机器人产业龙头企业代表的对产业链上游的嵌入，在并购整合过程中，万丰科技进一步实现了对瑞典艾波比集团公司（Asea Brown Boveri，

ABB)、日本发那科(Fanuc Corporation)、日本安川电机(Yaskawa Electric Corporation)研发技术的专利信息引用。相对于并购前收购方全球网络,在嵌入网络合作数量、涉及国家范围以及伙伴企业知名度方面,具有明显提升。

2. 产业链中下游技术溢出

通过此次并购,起到从铸造工艺自动化系统向下游细分领域,焊接机器人业务的价值链延展;依托自身在机器人领域的技术,对浙江省相关应用产业进行产业核心技术的研发及溢出。

在汽车行业,帕斯林现有直接及间接创新网络关系的企业,包含了焊接机器人下游产业中的优势企业,例如航空业的美国波音公司,汽车产业的本田汽车、通用汽车、克莱斯勒汽车。对上述具有产业链上下游关系企业创新网络的接近,将为浙江万丰科技在整合技术二次应用创新转化中开拓国际视野。万丰科技现与上海交通大学合作研发自动导向车 AGV(Automated Guided Vehicle,AGV)小车,对其母公司万丰奥特控股集团进行汽车行业核心技术的溢出。

在航空行业,万丰科技母公司万丰奥特控股集团参加捷克布尔诺国际机械工业博览会,与捷克 Direct Fly 公司(Direct Fly S. R. O)签署了战略合作协议,迈出了整机制造业务的实质性一步。万丰奥特控股集团又与捷克政府贸易促进局签署合作备忘录,将在捷克开展航空产业合作并将捷克航空产品和技术引进浙江。万丰奥特控股集团还将在捷克成立飞机研发中心,进一步加强与捷克航空龙头企业合资合作。

3. 整合技术的区域溢出效应

依托浙江省区域内的行业协会、技术联盟,万丰科技整合技术后与省内机器人企业的技术交流搭建有力平台,实现了并购整合技术在浙江省内的技术与信息交流。

万丰科技参与了浙江省机器人产业集团项目、浙江省机器人产业技术联盟,通过以宁波智能制造产业研究院、浙江大学机器人研究中心、杭州自动化技术研究院为研发引擎,建立从人才链、技术链、供需链、服务链、资金链等方向纵横整合的创新联合体,将促进万丰科技海外并购整合推动以浙江机器人产业集团为核心的全球机器人产业链集聚平台构建目标。并购后,2017 年一季度,浙江省战略性新兴产业等产业增加值增长 9.3%,增速比去年全年加快 0.7 个百分点,占规模以上工业的比重为 28.5%,比重比并购前同期提高 0.8 个百分点。

新产品增长贡献率进一步提升。2017年一季度工业机器人等新产品产量快速增长,较并购前增长49.3%。

特别地,通过此次海外并购整合,万丰科技将对其所在地绍兴嵊州机器人等相关产业发展起到巨大的溢出效果。

并购后万丰科技组建中国帕斯林公司,在浙江嵊州建设万丰锦源高端装备制造园,形成年产各类工业机器人智能装备1000台,自动化浇铸设备143套和铸件146.2万件的生产能力,推广智慧工厂。带动属地同类型企业实现智能化改造,推动技术在本地产业园区内的溢出效应。万丰科技的母公司万丰奥特控股集团,联合万林国际控股有限公司、嵊州市产业发展投资有限公司和浙江震元股份有限公司以有限合伙形式,于2016年参与浙江绍兴转型升级产业基金投资万丰越商产业并购基金项目,以支持注册地在绍兴市范围的上市公司及关联方优质并购项目。

从专利申请来看,以机器人为关键字在佰腾专利数据库中搜索浙江自2012年以来的企业专利申请与授权数量,结果见表5-5,由结果可知2016年浙江省机器人相关专利申请量大幅增长,2017年专利授权量高于往年水平,反映了浙江省机器人行业技术水平的提升。

表5-5 万丰科技并购帕斯林前后专利数量

年度	2012年	2013年	2014年	2015年	2016年	2017年1—10月
专利申请量	23	27	44	72	163	133
专利授权量	8	11	16	25	25	47

数据来源:佰腾专利数据库

第五节 新兴产业海外并购整合提升创新能力案例:泰格医药并购美国方达医药

一、泰格医药并购美国方达医药背景介绍

杭州泰格医药科技股份有限公司(以下简称"泰格医药")成立于2004年,

总部位于杭州,专注于为医药产品研发提供临床试验全过程专业服务,在中国大陆60个主要城市和中国香港、中国台湾、韩国、日本、马来西亚、新加坡、印度、澳大利亚、加拿大、美国等地设有全球化服务网点,国际化专业团队人员2500多人次,为全球600多家客户开展600余项临床试验服务、生物统计和注册申报等项目,主要服务于国内外药品研发企业。自成立以来,泰格医药建立了国际化标准操作规程,逐步成长为临床试验业务(Clinical Research Organization,CRO)的行业代表,因参与80余种国内创新药临床试验而被誉为"创新型CRO"。

方达医药技术有限公司(Frontage Laboratories, Inc., 以下简称"方达医药")成立于2001年,总部位于美国宾夕法尼亚州,是一家在全球制药业声誉极佳的合同研发组织,以高素质人才和先进技术为主要资源。主营业务领域覆盖临床前研究、早期临床研究和部分后期临床研究,其生物分析、化学成分生产和控制(Chemical, Manufacturing and Control,以下简称"CMC")医药产品研发能够服务于整个药物研发过程,在早期临床试验和产品研发方面具有优势。方达医药以"总部为后盾,分公司为前沿",在中国境内拥有的全资子公司方达医药技术(上海)有限公司成立于2006年年初,是中国第一个按照美国食品和药品管理局(Food and Drug Administration, FDA)标准建立和优良实验室规范运营(Good Laboratory Practice, GLP)的实验室,也为中国制药公司和跨国公司提供早期临床研究、生物分析、制剂工艺开发和CMC的服务。

泰格医药公司全资子公司香港泰格在2014年5月以超募资金和自有资金支付方式收购了美国方达医药技术有限公司控股股权,交易完成后,香港泰格持有方达医药69.84%股份的绝对控股权,并购完成后方达医药将继续保持独立运转,并保留现有公司名、管理团队和操作设备。

二、泰格医药并购美国方达医药的资源联系性分析:资源相似性弱、互补性强

泰格医药与方达医药的资源具有相似性弱、互补性强的特征,通过并购后可以优化公司的产品生产和市场布局。

从技术资源角度来看,泰格医药作为临床试验业务(CRO)的行业代表,以临床研究服务为主,包括I至IV期临床试验技术服务、临床试验数据管理和统计分析、注册申报以及上市后药物安全监测等。而方达医药在早期临床研究的领先优势与泰格医药现有对于后期临床的研究具有鲜明的互补性,可以弥补泰格医药的临床前期试验服务的缺少,完整服务内容全过程,实现可持续性发展。

从市场资源角度来看,泰格医药收购美国 BDM 公司(BDM Consulting Inc,简称"BDM")后,完成了在美国、加拿大、韩国、日本、新加坡、马来西亚、澳大利亚等国的布局,但重点集中于亚太地区,希望进一步打造国际市场地位,将国产创新型医疗机械推向国际市场。而总部位于美国的方达医药享有国际声誉,以上海分公司为前沿的举措开始,希望深入中国市场拓展客户资源,巩固国际临床试验网建立,双方在市场和客户资源上也具有较强的互补性。

从文化资源来看,泰格医药在企业管理理念上重视风险把控,对于项目和公司发展秉持谨慎把控的态度,重在质控,对于产业订单全过程的内容进程上虽然有探索但是态度相对保守;比较了解国内市场业务从而重视员工的沟通协调能力,在发掘客户和沟通客户中体现相对高的积极性。而方达医药对于全产业链的一体式服务有极高热情态度,相对开放进行业务内容拓展;但在业务承接等方面惯用西方体制的按部就班相对刻板,对于中国市场文化运行体系了解较少。在公司运营和文化资源上同样具有较强的互补性。

三、泰格医药并购美国方达医药的整合策略分析:较低整合程度

泰格医药采取了较低整合程度对方达医药进行了并购后整合。泰格医药创始人及总裁叶小平博士认为两家公司优势互补,与方达医药的合作关系推进了公司国际临床试验网的建立,在经营理念和运作模式上志同道合,提高了研究的完整性和可靠性;强化了泰格医药在国际市场上的地位,有效地帮助公司的客户快速把产品推向国际市场,惠及更多客户。

(一)文化整合:开放包容文化,顺其自然融合

泰格医药对于文化整合一直秉持开放包容的理念,追求双方公司的和谐相处。在整合过程中,泰格医药秉持以下原则:只有在管理层、领导理念相同情况下,才会采取融合措施。对于管理理念融合采用"水到渠成"的思路,并购后对于双方企业文化的融合采取"不作为"的管理方法,在业务交互中让双方平等自由地进行沟通和接触,不自觉地学习对方的优势管理理念和企业文化会。泰格

医药拥有"谁强就融合谁"的气魄,不阻止目标方对于自身的文化影响渗透,保留目标方完整团队管理文化与特色。

(二)业务市场资源整合:相互补充,"强强"合作共谋发展

泰格医药和方达医药由于在临床后期阶段和前期阶段以及立足亚太和主攻美国及国际市场的优势不同,在业务市场上形成了鲜明的优势互补的局面。并购后,泰格医药并没有将方达医药的生产线重整合并入自身内部进行重整,而是依然保持着各自的生产线,并扩充布局各自薄弱区域的生产和销售条线。方达医药帮助泰格医药将原有在美国的业务从数据业务发展到生物分析、CMC医药产品研发服务等领域,推广后期临床试验服务的持续性发展,打造公司在CRO领域的全覆盖一站式服务能力,将国产创新型医疗机械推向国际市场。双方合作推进了公司国际临床试验网的建立,使得方达医药立足中国国内全资子公司获得更多国内客户。泰格医药和方达医药以相互补充的形式扩展了双方公司各自的业务和市场资源,使得两家公司都获得了长足的进步。

(三)组织结构整合:独立运转,保存原有团队

泰格医药在并购完成后明确表示,方达医药将继续保持独立运转,并保留现有公司名、管理团队和操作设备,秉承独立运营的原则,仍以美国作为方达医药的大本营,中国作为新开拓市场。双方公司以一种合作伙伴的关系进行交流和学习,而没有形成主从附属关系。方达医药以孵化临床项目最终美国食品药品监督管理局的批准为优势和强项,必须依托美国与国际市场的影响力才能继续维持行业内领先地位。泰格医药的管理团队清晰知道立足美国团队模式和国际化是方达医药的核心优势,需要完整保留和进行学习来帮助泰格医药在美国业务拓展并推进国际市场。所以泰格医药并没有派国内管理团队深入方达医药进行管理和指导,而是继续以相对独立的身份让方达医药以一贯的方式进行国际业务的拓展。

四、泰格医药并购整合美国方达医药前后的全球创新网络位置分析

(一)完成一体化服务链条,完善企业产业链布局

泰格医药并购方达医药后有效的 CRO 业务板块互补后,通过发挥协同效应,打造公司 CRO 一站式服务,进一步加快和完善公司成为亚太地区领先 CRO

公司的进程。随着之后的一系列并购,公司的业务更多元化,非监管业务占比也不断提高,抗风险能力进一步增强。

公司从临床 CRO 业务,通过并购美国方达,把业务拓展到临床前 CMC 和生物分析,并全面布局数据分析、临床试验基地管理组织、临床试验学术研究组织、影像、药物警戒等外包服务,填补和拓展公司目前的产业服务链。

从公司个体来讲,泰格医药典型地通过并购使得公司业务范围扩宽,完善公司自身在产业链上的布局。而对美国方达的并购,更决定性地进行了延展临床前 CRO 的业务,使得公司在原本不精通的临床前期业务领域扩充了强有力的业务基础,将临床服务业务的完整一体化服务链条建设完成。

公司 CRO 业务通过为研发企业提供服务,获取稳定的劳务收入。CRO 作为新药研发的信息交点,同时为多家药企提供服务,视野开阔,能把握最新的研究方向,天然处于风险投资的最佳位置。当投资项目逐渐成熟时,泰格一方面可以通过提供 CRO 服务快速收回成本,另一方面可以享受新药转让后的投资收益或上市后的销售分成。

布局新药研发产业链,资源卡位,获取"CRO+创新药"的双重收益。医药行业真正的大利润在于创新药上市后获得的收益,泰格医药之前的业务增速主要是 CRO 行业的爆发,为了进一步增强公司的盈利能力,打破行业成长的空间,公司积极参与创新药公司合作,成立基金参与创新药的研发。

泰格医药向上游产业链完善,进一步增强一体化服务的能力,是国内制剂出口通过 FDA 认证的重要途径,鉴于我国一致性评价对于在欧美上市的药物具有豁免权,泰格医药目前所做的国际化布局的优势将会不断显现,而且全球 CRO 向中国转移,以方达国际化水平以及专业能力,将会承担更多的来自国际企业的 CRO 业务。公司及其子公司美思达在临床数据管理和统计分析业务水平非常高,能够为欧美大型企业提供外包服务,国内少有企业能够参与到全球医药研发产业链中;上海方达在生物样本分析领域国内领先,细分行业龙头,随着生物等效性试验备案制及一致性评价的开展,拥有高质量生物分析业务的上海方达将会获取更多订单。

(二)全球化服务网设立,表率作用参与国际产业链,促使国际 CRO 市场向中国转移

在中国内地 53 个主要城市和中国香港、中国台湾、韩国、日本、马来西亚、

新加坡、印度、澳大利亚、加拿大、美国等地设有全球化服务网点,拥有超过2000多人的国际化专业团队和1500家临床试验机构合作;公司目标是承接国际公司的亚太区多中心临床项目,目前已布局韩国泰格子公司(DreamCIS Inc)、澳大利亚泰格子公司、新加坡泰格子公司、马来西亚泰格子公司、中国香港泰格子公司等亚太区临床中心,除日本外,亚太区多中心临床已经基本完成。同时在美国、加拿大也进行了相应布局,进军国际CRO市场。伴随大环境CRO市场向中国转移,作为行业中核心企业的代表泰格医药完善全球化服务网点的建设可以推动资源和市场的转移,促进在国际市场的流动。

如图5-17和图5-18所示,构建创新网络时我们借鉴哈纳基、纳卡基玛和奥古拉(Hanaki, Nakajima, and Ogura, 2010)及其他学者的网络创建做法,将专利引用信息和专利联合申请人信息共同作为创建网络的依据。本节采用的共同专利申请和专利引用数据来源于USPTO专利数据库、EPO(European Patent Office)专利数据库、佰腾数据库和Incopat专利数据库,对并购方(泰格医药)和目标方(方达医药)在并购前和并购后的专利申请数据分别进行查找。对每一条专利信息进行专利共同申请人和专利引用信息相关的企业进行记录,记为相互间存在网络连接关系。记录后,将这些所有出现的企业与并购方、目标方一起列入横向和纵向的对称矩阵,构建成邻接矩阵。再后续查找这些企业之间的专利合作和共同申请信息,遍历所有企业。所记录企业之间有连接关系的,邻接矩阵相应位置数字记为1,无连接关系的则记为0。企业自身的对应位置记为0,并购后并购方和目标方的对应位置记为1。

可视化并购前后的网络图后,采用中心度和结构洞指标来刻画泰格医药的创新网络位置的变化。泰格医药并购前中心度指标为0.37243,并购后为0.40426,增加了8.8%;并购前结构洞指标为1.846,并购后为1.894,增加了2.6%。从指标上看,泰格医药的创新网络位置得到了提升。

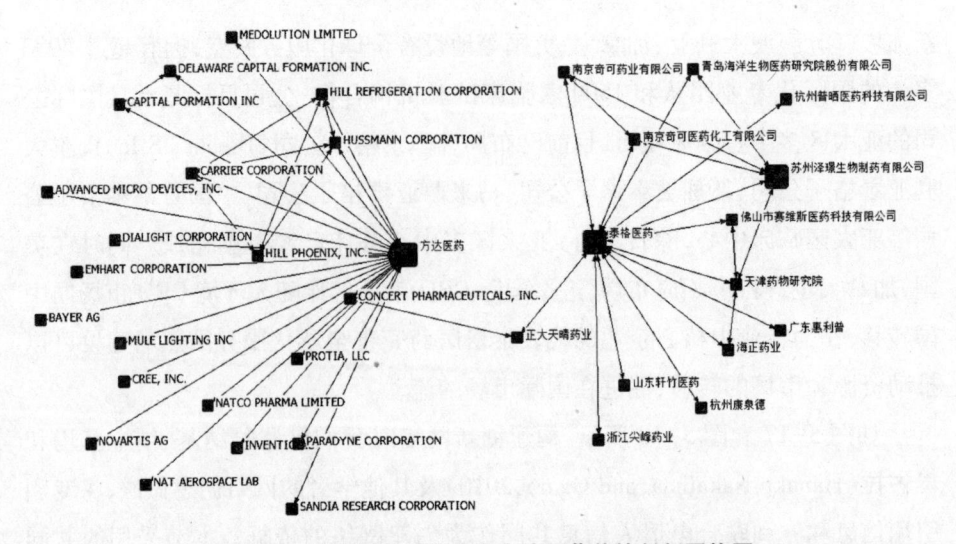

图 5-17 泰格医药并购整合方达医药前的创新网络图

数据来源:USPTO 专利数据库、EPO 专利数据库、佰腾数据库和 Incopat 数据库

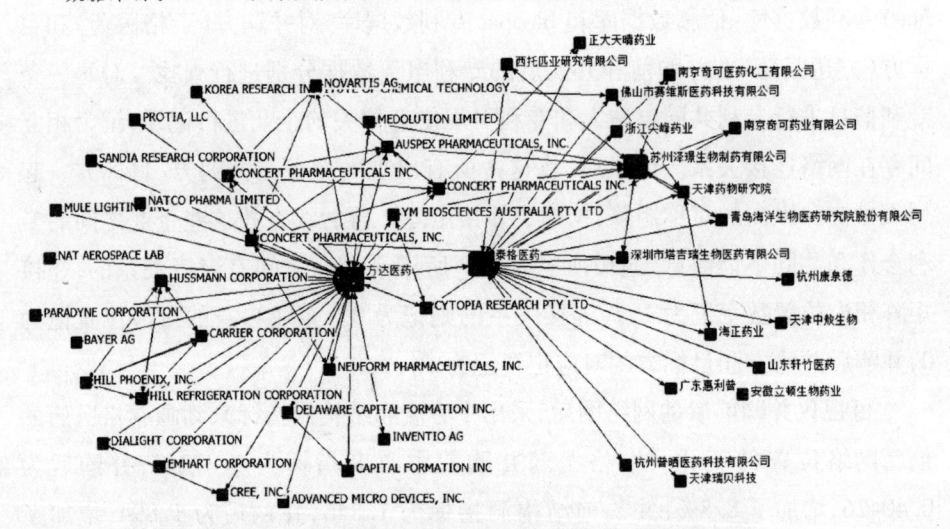

图 5-18 泰格医药并购整合方达医药后的创新网络图

数据来源:专利数据库、EPO 专利数据库、佰腾数据库和 Incopat 数据库

(三)并购后优化国内 CRO 生态圈,以行业领头身份创造协同价值

泰格医药在经过并购后准备搭建智慧医疗云平台,预设远程医学影像诊断中心、药物警戒信息化平台、乙肝人群临床管理平台、电子数据捕获系统等方面的投资。预计智慧医疗平台的全面启动未来将成为公司临床试验服务发展的一个核心竞争力并为现有业务创造协同附加的增值服务。随着卫健委在各省

远程医疗政策的落地,医疗信息化将成为公司进一步挖掘产业价值的平台。云平台的搭建会促进国内CRO整个生态圈向信息化管理、电子云数据处理的方向发展,带动整体行业优化和升级。并购举措使得公司依据向医疗机械布局进一步扩展的发展计划,临床全方位一体化的服务链以及先进丰富临床试验技术服务、数据统计、医学影像、临床试验电子数据捕获系统、非干预性研究、第三方稽查和培训、药物、慢病管理等业务集群业务有助于在未来利用丰富的医患渠道和数据资源向医药企业的市场营销外包服务以及智慧医疗等方向拓展。

五、泰格医药并购整合美国方达医药对产业创新能力的促进作用

生物制剂与生命科学技术在基因组学、分子生物学的发展下,正在治疗中发挥越来越重要的作用:在生物制剂方面,越来越多的单抗药物对肿瘤、糖尿病等疑难杂症产生突破性疗效,"重磅炸弹"级新药频出。

医疗机械市场在国内起步较晚,但发展迅速,从2001年至2014年,我国医疗器械市场规模从173亿元增长至2556亿元,增长了近15倍,复合增速达到23%。全球医疗器械市场规模大致为全球药品市场规模的40%,而我国这一比例低于15%,随着经济的发展以及国内老龄化程度的提高,医疗器械市场发展潜力巨大。

据中国医药物资协会医疗器械分会抽样调查统计,2014年全国医疗器械销售规模为2555亿元,而浙江省的产值约120亿元,仅占全国的4.46%。据省医疗器械行业协会提供的"浙江省医疗器械工业统计",至2016年10月底,全省医疗器械工业总产值同比增长46%,工业销售产值同比增长42%,出口交货值同比增长28%,医疗器械工业经济总量位列全国前五名。全省共有医疗器械生产企业1255家,其中第一类、第二类和第三类企业分别为433家、630家和192家。2014年12月底,全省医疗器械有效注册证为6647个,其中第一类、第二类和第三类证书分别为2568张、3461张和663张,至2016年有效注册(备案)证书7890张,其中第一类、第二类和第三类证书分别为3410张、3941张和539张,总数和一类、二类证书有了明显的增加提升。由上述时间显示,浙江省医疗器械行业有了显著的提升和进步。

2014年医疗器械设备及仪器仪表制造申请专利数3290件,拥有专利数

1403件,研发项目1981件,科研经费支出10709万元,新产品产值3751320万元,新产品销售收入3353115万元。较2011年申请专利2305件,增长42%,拥有专利数1142件,增长22%,新产品产值2732533万元,增长37%,新产品销售收入2537315万元,增长32%:都有较大幅度的增长。

在政策方面,《创新医疗器械特别审批程序(试行)》等一批政策的出台,为国产创新医疗器械的快速成长奠定了坚实的基础。作为本土产业的龙头之一,泰格医药面对本土医药产业的帮助潜能巨大,可以将国外业务引进中国,协助其他企业完成实验和业务,实现"引进来共进步",提高公司综合实力的同时带动全行业的升级发展。

如下图5-19所示,泰格医药并购整合方达医药后从产业链上游、中游和下游方面促进了本土产业技术创新。

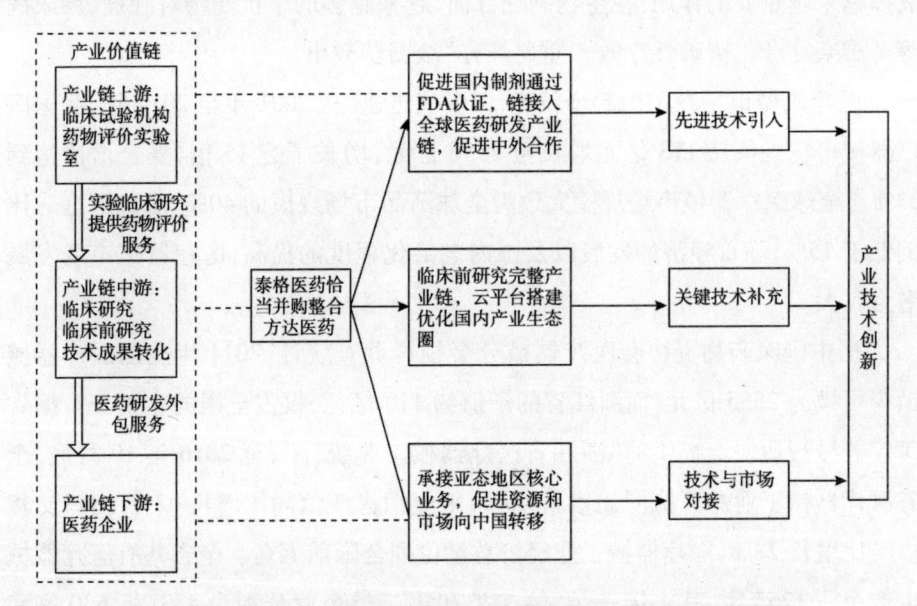

图5-19 泰格医药并购整合方达医药促进产业创新能力的传导机制

(一)产业链上游:先进技术研究环境引入带动产业价值创新更多可能

泰格医药并购后方达医药带来的符合美国FDA要求建立的实验室,为国际制药企业提供符合FDA标准的科研服务,更顺利地进入了全球医药研发产业链,促进中外合作。泰格医药作为CRO行业的领头羊,率先拥有先进国际标准的实验室后,为我国高端产品方面提升技术研发水平,并带动产业内企业共同发展进步。泰格医药的一体化服务后积极挖掘国内客户一类创新药的临床试验,如北京生物制品研究所的乙克临床试验、东营力达医药有限公司的艾替沙敏胶囊临床试验、江苏黄河药业股份有限公司的硫酸舒欣啶临床试验等创新药项目,推进我国创新药的使用和生产带动新兴医疗技术的形成。

(二)产业链中游:关键技术补充完整产业链,云平台优化国内产业生态圈

医疗整体行业发展后,智慧医疗和CRO生态圈构建是行业未来的必然发展趋势。泰格医药通过方达医药先进临床前研究技术的引用而产生一体化服务能力后,成为了构建云平台服务的先行者。云平台搭建后促使国内产业生态圈的信息管理和电子数据共享是整体行业优化升级的重要动力,为现有业务创造协同附加提供更多便利。泰格医药与方达医药的结合建立了临床全过程一站式服务体系平台,为制药企业提供了高效的合作对象,全行业更具有开放性。《2017—2022年中国医疗器械行业市场需求预测与投资战略规划分析报告》显示,2011年,医疗器械行业市场规模1354亿元,2014年突破2000亿元,2016年市场规模达到2448亿元,同比增长7.9%,从2011年至2016年的平均复合增长12.57%。

(三)产业链下游:技术与市场对接,带动行业国际化竞争机会

从行业发展和行业需求角度来看,泰格医药学习方达医药的技术和管理方法,完善公司在北美的布局,加速拓展美国市场份额,急速抢占美国需求市场。与国外相比,中国的医疗器械企业规模较小,在国际竞争中资源少、实力弱,泰格医药作为领军企业,率先在国际中抢占市场份额、占据先机,为我国其他企业进入国际竞争争取了机会;同时自身提供的医疗器械开发和使用代用我国医疗领域的高端医疗仪器生产和使用医院信息化趋势引发医疗器械需求增长。如果以15%的增长率来计算的话,那么到2022年,我国医疗器械行业市场规模将达到5662亿元。对于我国整体生物医药和医疗器械行业来说,扮演了最初市场需求建立者的角色,可以带动行业整体拓展国外市场、经验分享减少本土同行业企业海外经营的不必要损失,提高业务合作和增长成功率。

第六章

后追赶时代浙江制造企业海外并购整合提升创新能力的路径与对策

第一节 企业层面的后追赶时代浙江制造企业海外并购整合提升创新能力途径建议

一、尽职调查,识别核心技术资源

收购方应重视尽职调查,可聘用专业的第三方机构协助调查与并购整合,充分识别资源价值与整合风险。收购方应重视对核心技术与资源特征的研判:第一,收购方应研判行业技术发展趋势。例如汽车领域,德国大陆集团(Continental AG)收购芬兰伊莱比特(Elektrobit),提高自动驾驶技术的开发能力。美国特斯拉(Tesla)收购德国格鲁曼(Grohman),获取新能源汽车自动化技术。趋势性技术的开发对驱动汽车行业整体创新具有重要意义。第二,收购方应判断并购双方资源基础的相似性与互补性,分析并购获取资源与自有资源的战略契合度。

二、恰当整合,提升创新网络地位

收购方企业为提升自身创新网络地位,应结合资源相似性与互补性特点选择匹配的整合模式。资源相似性强、互补性弱时,宜采取高度整合;资源互补性强、相似性弱时,宜采取低度整合;资源相似性强、互补性强时,宜采取中度整合。企业应强化网络治理能力,整合应将技术合作、市场渠道、东道国优势资源等网络关系纳入考虑范围,避免因信息不对称、文化差异等可控因素错失提升创新网络位置的良机。

第二节 产业层面的后追赶时代浙江制造企业海外并购整合提升创新能力途径建议

一、建设产业园区,打造高端产业集群

可鼓励海外并购企业在特色高新区、产业园内设立研发机构,或申请新建产业园区,发挥先进技术的辐射效应,吸引本土配套企业形成完善产业链。支持龙头企业搭建"双创"平台,集聚、整合、共享全球创新资源,以举办技术研讨会、为客户提供高质量产品等方式,打造高端产业集群。例如日发精机建立日发航空装备产业园,万丰科技建立万丰锦源高端装备制造园,便于收购方发挥协作引领、技术示范、知识输出、产品延伸的作用。

二、技术标准化,提高先进技术转化效率

为提高海外先进技术的溢出效率,应加快构建高层次技术标准体系。江苏省质量和标准化研究院的《标准化对制造业转型升级的作用研究》指出,标准化对制造业转型升级的年均贡献率为7.13%。海外并购企业应以模块化方式整合吸收技术,提高共性技术的通用性。利用海外并购企业国际化优势瞄准国际先进技术标准,浙江制造企业应积极主导或参与制订国际标准,促进技术对接与本土溢出效率。

三、设立海外并购基金,推动组团出海

借助产业海外并购基金,推动企业组团出海。充分发挥产业海外并购基金的资金杠杆作用,以"多家企业抱团+产业海外并购基金"形式,推动组团出海形成蜂群效应,支持产业链"走出去"。例如参考日本经验,日本设立"海外投资调查辅助制度",为海外投资企业组团海外调查提供资助。日本机器人产业以财团型、产业型企业相互持股建立强连接纽带,以提升海外并购投融资和整合中的谈判实力。目前浙江菲达环保科技股份有限公司与浙江水晶光电科技股份

有限公司、浙江双环传动机械股份有限公司、浙江晶盛机电股份有限公司等浙企,已在美国组建投资基金"联利资本"为海外并购谋篇布局,其经验值得借鉴。

第三节 政府层面的后追赶时代浙江制造企业海外并购整合提升创新能力途径建议

一、完善海外并购信息服务系统

及时发布国别指导、环境评估及产业导向目录,引进有丰富国际投资经验的咨询机构,构建全方位的信息和咨询服务平台。可参考国际先进经验,如韩国提供配套资源服务与风险预警报告,设置"海外投资企业支援团"提供咨询服务;德国每年举办汉诺威工业博览会,展出前沿产品、技术和解决方案,提供技术前沿信息。浙江应当加快完善海外并购信息服务系统,加强与国外机构在信息咨询、技术法规和认证方面的沟通,提供优质咨询服务。

二、建立海外并购整合专业分析智库

第一,建立专业的并购整合分析指导智库。聘请技术分析及并购整合领域的专家建设智库,为浙江企业海外并购整合提供专业咨询。第二,建立并购整合案例库,树立整合模式的成功典范。全面收录海外并购整合案例关键信息,组织设立论坛、高端交流会推广整合经验,提高海外并购成功率。例如参考韩国经验,韩国政府建立有机互联网生态系统(Organic Internet System,OIS),汇总海外投资信息与成功、失败案例形成专业智库,为企业免费提供海外投资信息支持及与专家在线沟通的服务。

三、发挥政府资源优势与信用附加作用

政府应积极发挥资源优势和信用附加作用,一是政府提供人才保障,可派遣具有国际谈判经验的人员或接洽有并购整合经验的专家加入海外并购小组,提供专业指导;二是政府邀请境外专业力量来华洽谈业务或带队国外考察,提

升企业投资协议谈判地位,提供全球网络信息支持。如参考美国经验,美国驻外国使馆设立经济商业情报中心,及时提供东道国文化及市场信息,提高本国企业全球网络治理能力;国务院下设机构向美国海外私人投资公司(Overseas Private Investment Corporation,OPIC)拨款,由政府信用提供担保促进对外投资。

第七章

结 论

通过前面六章的研究,本研究已围绕后追赶时代浙江制造企业海外并购整合提升创新能力这一主题进行了全面、系统的理论分析与实践检验。本章将对全文的研究进行必要的总结,概括研究路线、阐明主要结论、归纳本研究的理论进展与现实意义,并指出本研究的不足之处与局限性,以及未来可供研究的方向和空间。

第一节 研究路线与主要结论

一、研究路线总结

遵循"资源联系性—并购整合策略—创新网络位置—创新能力提升"的逻辑思路,本研究探讨了后追赶时代浙江制造企业海外并购整合提升创新能力这一主题,基于浙江省产业转型升级的现实,聚焦于浙江制造企业海外并购,关注企业如何整合目标方能够提升浙江制造企业创新能力这一问题。运用理论与经验研究,定量与定性分析,静态与动态研究相结合的方法,遵循"相关文献梳理—核心假设提出—数学模型构建—仿真实验模拟—实证检验—案例分析—路径对策"的研究思路逐层深入。

数理模型部分,在理论研究的基础上,对并购决策阶段、整合阶段及整合后的网络演化过程模型化,基于基本模型进行比较静态分析,刻画了企业海外并购整合通过提高其创新网络位置促进创新能力提升的过程。

动态仿真部分,基于数学模型,运用多主体仿真方法,探寻不同资源条件下并购整合程度对创新网络演化的动态过程,以及海外并购整合对本土创新能力提升的影响过程。分别对并购双方资源相似性弱、互补性强,资源相似性强、互补性弱,以及资源相似性与互补性均强的三种情况进行了仿真模拟,观察在这三种资源组合下,不同的并购整合策略对创新能力提升的差异。

实证研究部分,基于创新网络,分析了企业海外并购整合提升本土产业创新能力的理论机制。以中国企业技术获取型海外并购案例为样本,运用多群组结构方程方法分析了不同资源条件下海外并购整合通过中心性与结构洞影响产业技术创新的路径,为本研究的假设提供了实证支持。

国际比较部分,在原有研究基础上加入制度视角,分析制度对海外并购整合影响创新能力路径的作用机制。在理论分析基础上,分别选择美国与韩国作为发达国家与新兴国家的代表,与浙江省形成对比,分析在不同制度环境下海外并购整合提升创新能力的差异。

案例研究部分,延续研究分析主线,选取万向并购美国A123、吉利并购瑞典沃尔沃、日发精机并购意大利MCM、万丰科技并购美国帕斯林共四起典型案例,对假设进一步验证,并为浙江制造企业海外并购整合提升创新能力提供经验借鉴。

路径与对策部分,基于前面的研究现象与结论,从企业、产业与政府三个层面,提出后追赶时代浙江制造企业海外并购整合提升创新能力的路径与对策建议,对未来的海外并购实践形成参考。

二、研究主要结论

本研究以资源基础观为切入点,综合海外并购整合与创新网络相关理论,研究了后追赶时代浙江制造企业海外并购整合提升创新能力的过程。全文综合运用理论研究、数理模型、仿真研究、统计研究及多案例研究等一系列研究方法,将定性与定量研究有机结合,尝试厘清并购双方资源相似性、互补性、并购整合程度、企业创新网络位置、产业创新能力之间的关系与影响路径,进一步获得与不同资源条件相匹配的最优整合决策,研究结果在相当程度上支持了本研究的假设。本研究的主要结论可以概括如下:

(一)海外并购中与资源特征匹配的整合程度能够通过提高创新网络位置促进产业创新能力提升,后追赶时代浙江制造企业应把握机遇,善用海外并购整合提升创新能力。

在已有对海外并购的研究中,大量学者关注并购整合对企业绩效的影响,而鲜有学者关注并购企业对产业技术创新的带动。本研究团队在以往企业层面的研究基础上总结发现,恰当的海外并购整合不仅能够短期内使企业技术飞跃性进步,更能通过吸纳全球创新资源对本土技术创新产生溢出效应,带动产业创新能力提升。基于现实现象与以往理论,本研究进行了"企业层次—跨层次—产业层次"的整合与创新能力的传导机制研究。本研究的基本观点是,基于并购企业与目标企业的资源相似性与互补性特点,匹配恰当的整合程度,将有利于收购方企业提升其全球创新网络位置,并进一步带动产业创新能力提升。因此,企业在进行并购整合之前,需判别并购双方的资源相似性与互补性的强弱程度:第一,若并购双方资源相似性弱、互补性强,则低程度整合与高目标方自主性有利于并购后技术创新;第二,若并购双方资源相似性强、互补性弱,则高程度整合与低目标方自主性有利于并购后技术创新;第三,若并购双方资源相似性与互补性均强,则高程度整合与高目标方自主性有利于技术创新。

(二)收购方母国的制度完善性会影响海外并购整合提升产业创新能力的路径,制度越完善则匹配的整合程度通过创新网络位置提高促进产业创新能力的效应越强。

制度完善性是企业海外并购的基本环境,影响企业投资决策与整合战略。中国在产权保护度、市场化制度与商业法规健全度三个指标中均显著弱于美国与韩国。浙江政府应注重制度的改善,一是及时出台政策作为法律法规的补充,如增强产权保护制度,为浙江企业海外投资开通绿色通道,增强财税支持,降低浙江企业与海外企业交易合作的限制,提高市场化制度完善性,为收购方并购整合目标方,以及通过整合目标方提高自身创新网络位置提供平台保障,增强海外并购企业整合收益提高产业创新能力的幅度,加快产业升级与转型。二是健全海外并购信息服务平台,针对浙江优势、弱势产业提供海外并购及整合、对外投资、技术创新、专业咨询等全方位信息,鼓励有经验的中介开展海外并购整合的相关业务,引导浙江企业顺利开展海外并购并带动本土产业创新能力快速进步。

第二节 理论进展与现实意义

一、理论进展

本研究旨在研究后追赶时代浙江制造企业海外并购整合提升创新能力的过程,基于创新网络作为微观企业海外并购整合向宏观产业创新能力的跨层次传导媒介。从资源配置视角出发,本研究构建了一个包含"资源识别—资源整合—资源利用创新"三个阶段的完整的分析框架,基于已有研究基础探索并购方恰当的整合策略通过提升并购方在全球创新网络中的位置,最终促进产业创新能力的跨层次传导机制。本研究运用数学建模、多主体动态仿真、实证研究等方法,得到了一些有益的结论,在理论推进方面主要做了以下工作:

首先,基于资源基础观视角,构建浙江制造企业海外并购整合策略选择框架。制定恰当的整合策略不能孤立考量并购后整合单一阶段(Bauer, Degischer, and Matzler, 2013),资源配置是资源基础逻辑下的管理者行为选择,包含资源解构获取、资源捆绑与整合、资源利用创新三个过程,该视角有助于构建"资源相似性与互补性及其交互作用—整合策略—产业创新能力"的中国制造业海外并购整合的综合分析框架。

其次,基于网络嵌入理论和网络动力学,探索浙江制造企业海外并购整合与产业创新能力的动态演化机制。在全球化网络化发展的背景下,发展中国家制造业要想提升产业技术创新能力,可以由产业内核心企业通过海外并购整合从全球创新网络中获取技术资源,对本土产业进行研发反馈与技术溢出,最终实现产业技术突破。同时网络动力学指出网络中个体的行动会受到关系的影响,个体间互动的过程也对整体网络结构产生影响,决定了网络跨层次分析的研究取向(Rowley and Baum, 2008)。因此,本研究基于创新网络探索海外并购整合与产业技术创新,将创新网络作为微观向宏观的跨层次传导媒介,分析了制造业海外并购整合在创新网络嵌入、创新网络生成和创新网络演化方面的作用,通过多主体动态仿真方法,刻画不同整合决策通过创新网络生成演化对产业技术创新的演化过程和动态规律。

再次,探索制造企业海外并购整合与创新能力的传导机制与影响因素。本研究检验了浙江制造企业海外并购中,不同的整合策略通过创新网络对产业创新能力的跨层次传导机制的不同点,并进而分析不同制度环境下海外并购整合影响产业创新能力路径的差异。本研究为分析海外并购整合对技术创新能力的作用效果提供分析的渠道和直观的数据结论。

最后,通过跨学科的交叉研究,本研究从国际投资理论、产业组织理论、创新理论和国际竞争优势理论出发,结合企业资源基础观、网络动力学,与后追赶时代浙江制造企业海外并购形式相结合,形成多学科、跨学科、综合的、交叉的制造业海外并购整合与产业创新能力研究,对理论具有一定推动作用。

二、现实意义

浙江省制造业在全国处于领先水平,然而与世界先进水平相比,仍然大而不强,转型升级和跨越发展的任务紧迫而艰巨。后追赶时代下,如何提升创新能力是浙江制造企业发展面临的现实难题。与此同时,以获取先进技术与品牌的海外并购实现跨越式发展,特别是产业内核心领军企业的恰当的海外并购整合,能够形成产业内示范效应,通过获取全球创新资源对本土产业研发反馈和技术溢出。

随着浙江制造企业海外并购交易量与交易金额都快速增长,呈现出后发大国投向发达国家、技术管理相对弱势企业并购强势企业的特征,缺乏并购经验与人才的浙江企业需要能够指导海外并购整合实践的理论框架。因此,本研究研究后追赶时代浙江制造企业如何进行恰当的海外并购整合,通过哪些途径带动本土产业技术创新,对浙江制造企业海外并购整合与产业技术创新,具有现实指导意义。基于现象与研究结论,本研究在第六章系统性地从企业、产业与政府三个层面提出了后追赶时代浙江制造企业海外并购整合提升创新能力的路径与对策建议,为浙江企业与浙江政府在海外并购实践中提供参考与指导。

第三节 研究局限与未来研究方向

一、研究局限

受制于各种主客观的因素,本研究也存在一些研究局限,第一,在创新网络的构建上,网络关系主要采用专利联合申请与专利引用数据来衡量,未能找到定量的企业间联盟、技术合作的相关数据,可能会导致全球创新网络连接数量的一定缺失;第二,浙江制造企业海外并购样本数量有限,较少的并购样本降低了实证结果的解释力度。

二、未来研究方向

本研究从资源基础观出发,关注后追赶时代浙江制造企业海外并购整合提升创新能力的主题,构建了包含"资源识别—资源整合—资源利用创新"三个阶段的完整分析框架。对并购双方的资源相似性与互补性强弱进行资源识别的基础上,选择恰当的资源整合策略,通过全球创新网络进行技术和知识的有效转移和配置,提升浙江制造企业创新能力,本研究尝试进行了有益的探讨,未来研究在如下方向还有进一步拓展的空间。

第一,本研究根据并购前后专利合作与互引信息构建以并购双方为核心的全球创新网络,运用 Ucinet 网络分析工具进行网络指标计算。未来的研究应该挖掘大数据分析工具,构建典型细分产业的全球网络,更全面地观测并购方企业整合后在全球网络中位置的改变,以及研究全球创新网络的拓扑结构。

第二,目前浙江省海外并购数量有限,实证中样本数量较少限制了研究结论的准确性,未来随着浙江省海外并购规模的进一步扩大,可以增加样本,对该主题进行更深入、更具体的分析。

参考文献

中文文献：

一、著作类

[1]庄卫民,龚仰军.产业技术创新[M].北京:东方出版中心,2005.

二、期刊类

[2]陈菲琼,陈珧,李飞.技术获取型海外并购中的资源相似性、互补性与创新表现:整合程度及目标方自主性的中介作用[J].国际贸易问题,2015(7):137-147.

[3]陈菲琼,李飞,袁苏苏.产业投资基金与产业结构调整:机理与路径[J].浙江大学学报(人文社会科学版),201545(3):56-67.

[4]钱锡红,杨永福,徐万里.企业网络位置、吸收能力与创新绩效——一个交互效应模型[J].管理世界,2010(5):118-129.

[5]王伟光,冯荣凯,尹博.产业创新网络中核心企业控制力能够促进知识溢出吗?[J].管理世界,2015(6):99-109.

[6]巫景飞,芮明杰.产业模块化的微观动力机制研究——基于计算机产业演化史的考察[J].管理世界,2007(10):75-83.

[7]许晖,许守任,王睿智.网络嵌入、组织学习与资源承诺的协同演进——基于3家外贸企业转型的案例研究[J].管理世界,2013(10):142-155.

三、论文类

[8]王寅.中国技术获取型海外并购整合研究[D].杭州:浙江大学,2013.

[9]钟芳芳.技术获取型海外并购整合与技术创新研究[D].杭州:浙江大学,2015.

英文文献：

一、著作类

[10] BAUER F, DEGISCHER D, MATZLER K. Is speed of integration in M&A learnable? The moderating role of organizational learning on the path of speed of integration on performance[M]. Zadar Croatia: To Know Press, 2013.

[11] BROWN T A. Confirmatory factor analysis for applied research[M]. New York: Guilford Publications, 2006.

[12] BURT R S. Structure Holes: The social structure of competition[M]. Cambridge: Harvard University Press, 1992.

[13] DEVELLIS R F. Scale development: Theory and applications[M]. London: Sage Publications, 2016.

[14] HELPMAN E, KRUGMAN P R. Market structure and foreign trade: Increasing returns, imperfect competition, and the international economy[M]. Cambridge, Mass. : MIT Press, 1985.

[15] JACKSON M O. Social and economic networks[M]. Princeton: Princeton University Press, 2010.

[16] MALERBA F, VONORTAS N S. Innovation networks in industries[M]. Cheltenham: Edward Elgar Publishing, 2009: 27-44.

[17] Morris S, Shin H S. Global games: theory and applications[M]//Dewatripont M, Hansen L P, Turnovsky S J. Advances in economics and econometrics: Theory and Applications. Eighth World Congress. Cambridge: Cambridge University Press, 2003: 56-114.

[18] PFEFFER J, SALANCIK G R. The external control of organizations: A resource dependence perspective[M]. Stanford University Press. 2003.

[19] SCHUMPETER J A. The theory of economic development: An inquiry into profits, capital, credit, interest, and the business cycle[M]. New York: Routledge, 2017.

二、期刊类

[20] ABRAMOVSKY L, SIMPSON H. Geographic proximity and firm-university innovation linkages: Evidence from Great Britain[J]. Journal of Economic

Geography,2011,11(6):949-977.

[21]ACEMOGLU D,JOHNSON S. Unbundling institutions[J]. Journal of Political Economy,2005,113(5):949-995.

[22]AHUJA G,KATILA R. Technological acquisitions and the innovation performance of acquiring firms:A longitudinal study[J]. Strategic Management Journal,2001,22(3):197-220.

[23]ALCACER J,OXLEY J. Learning by supplying[J]. Strategic Management Journal,2014,35(2):204-223.

[24]ALTUNBAŞ Y,MARQUÉS D. Mergers and acquisitions and bank performance in Europe:The role of strategic similarities[J]. Journal of Economics & Business,2008,60(3):204-222.

[25]APPLEYARD M M. How does knowledge flow? Interfirm patterns in the semiconductor industry[J]. Strategic Management Journal,1996,17(S2):137-154.

[26]BAGOZZI R P,YI Y. On the evaluation of structure equation models[J]. Journal of the Academy of Marketing Science,1988,16(1):74-94.

[27]BALA V,GOYAL S. A noncooperative model of network formation[J]. Econometrica,2000,68(5):1181-1229.

[28]BALLESTER C,CALVÓ-ARMENGOL A,ZENOU Y. Who's who in networks. Wanted:The key player[J]. Econometrica,2006,74(5):1403-1417.

[29]BANAL-ESTANOL A,SELDESLACHTS J. Merger failures[J]. Journal of Economics & Management Strategy,2011,20(2):589-624.

[30] BANNERT V, TSCHIRKY H. Integration planning for technology intensive acquisitions[J]. R&D Management,2004,34(5):481-494.

[31]BARABÁSI A L,ALBERT R. Emergence of scaling in random networks[J]. Science,1999,286(5439):509-512.

[32]BAUER F,MATZLER K. Antecedents of M&A success:The role of strategic complementarity,cultural fit,and degree and speed of integration[J]. Strategic Management Journal,2014,35(2):269-291.

[33]BAUM J A C,COWAN R,JONARD N. Network-independent partner selection and the evolution of innovation networks[J]. Management Science,2010,56

(11):2094-2110.

[34] BELL G G. Clusters, networks, and firm innovativeness[J]. Strategic Management Journal,2005,26(3):287-295.

[35] BENA J,LI K. Corporate innovations and mergers and acquisitions[J]. The Journal of Finance,2014,69(5):1923-1960.

[36] BERCOVITZ J,FELDMAN M. The mechanisms of collaboration in inventive teams:Composition,social networks,and geography[J]. Research Policy,2011, 40(10):81-93.

[37] BIRKINSHAW J, BRESMAN H, HÅKANSON L. Managing the post-acquisition integration process: How the human integration and task integration processes interact to foster value creation[J]. Journal of Management Studies,2000, 37(3):395-425.

[38] BLALOCK G,SIMON D H. Do all firms benefit equally from downstream FDI? The moderating effect of local suppliers'capabilities on productivity gains[J]. Journal of International Business Studies,2009,40(7):1095-1112.

[39] BONACICH P. Power and centrality:a family of measures[J]. American Journal of Sociology,1987,92(5):1170-1182.

[40] BORGATTI S P,HALGIN D S. On network theory[J]. Organization Science,2011,22(5):1168-1181.

[41] BORGATTI S P. Centrality and network flow[J]. Social Networks,2005, 27(1):55-71.

[42] BUCKLEY P J,CASSON M. The future of the multinational enterprise in retrospect and in prospect[J]. Journal of International Business Studies,2003,34 (2):219-222.

[43] BUCKLEY P J,CLEGG J L,CROSS A R,et al. Explaining China's outward FDI:an institutional perspective[J]. The rise of transnational corporations from emerging markets:Threat or opportunity,2008,22(1)107-157.

[44] BUSKENS V,RIJT A V D. Dynamics of networks if everyone strives for structural holes [J]. American Journal of Sociology,2008,114(2):371-407.

[45] CAPALDO A. Network structure and innovation:The leveraging of a dual

network as a distinctive relational capability[J]. Strategic Management Journal, 2007,28(6):585-608.

[46]CASSIMAN B,COLOMBO M G,GARRONE P,et al. The impact of M&A on the R&D process:An empirical analysis of the role of technological- and market-relatedness[J]. Research Policy,2005,34(2):195-220.

[47] CHADWICK C, SUPER J F, KWON K. Resource orchestration in practice:CEO emphasis on SHRM,commitment – based HR systems,and firm performance[J]. Strategic Management Journal,2015,36(3):360-376.

[48]CHEN F Q,CHEN Y,ZHONG F F. Integration decision-making in technology-sourcing cross-border M&As:A mathematical model[J]. Computational and Mathematical Organization Theory,2017,23(4):524-545.

[49]CHEN F Q,LI F,MENG Q S. Integration and autonomy in Chinese technology-sourcing cross-border M&As:From the perspective of resource similarity and resource complementarity[J]. Technology Analysis and Strategic Management, 2017,29(9):1002-1014.

[50]CHEN F Q,MENG Q S,LI F. How resource information backgrounds trigger post-merger integration and technology innovation? A dynamic analysis of resource similarity and complementarity[J]. Computational and Mathematical Organization Theory,2017,23(2):167-198.

[51]CHEN F Q,MENG Q S,LI F. Simulation of technology sourcing overseas post-merger behaviors in a global game model[J]. Journal of Artificial Societies and Social Simulation,2016,19(4):13.

[52]CHEN F Q,MENG Q S,LI X Y. Cross-border post-merger integration and technology innovation:A resource-based view[J]. Economic Modelling,2018,68: 229-238.

[53]CHEN F Q,WANG Y. Integration risk in cross-border M&A based on internal and external resource:Empirical evidence from China[J]. Quality and Quantity,2014,48(1):281-295.

[54]CHEN Y S,CHANG C H,YEH S L,et al. Green shared vision and green creativity:The mediation roles of green mindfulness and green self-efficacy[J].

Quality & Quantity,2015,49(3):1169-1184.

[55] CHI T,SETH A. A dynamic model of the choice of mode for exploiting complementary capabilities[J]. Journal of International Business Studies,2009,40(3):365-387.

[56] CHO Y,WANG J,LEE D. Identification of effective opinion leaders in the diffusion of technological innovation: A social network approach [J]. Technological Forecasting & Social Change,2012,79(1):97-106.

[57] COHEN W M,LEVINTHAL D A. Absorptive capacity: A new perspective on learning and innovation [J]. Administrative Science Quarterly, 1990, 35: 128-152.

[58] COLOMBO M G,RABBIOSI L. Technological similarity, post-acquisition R&D reorganization, and innovation performance in horizontal acquisitions[J]. Research Policy,2014,43(6):1039-1054.

[59] CORDING M,CHRISTMANN P,KING D R. Reducing causal ambiguity in acquisition integration: Intermediate goals as mediators of integration decisions and acquisition performance[J]. Academy of Management Journal,2008,51:744-767.

[60] DAS T K,TENG B S. A risk perception model of alliance structuring[J]. Journal of International Management,2001,7(1):1-29.

[61] DEGBEY W,PELTO E. Cross - border M&A as a trigger for network change in the Russian bakery industry[J]. Journal of Business & Industrial Marketing,2013,28(3):178-189.

[62] DENG P,YANG M. Cross-border mergers and acquisitions by emerging market firms: A comparative investigation[J]. International Business Review,2015,24(1):157-172.

[63] DENG P. Why do Chinese firms tend to acquire strategic assets in international expansion? [J]. Journal of World Business,2009,44(1):74-84.

[64] DIXIT A K,STIGLITZ J E. Monopolistic competition and optimum product diversity[J]. American Economic Review,1977,67(3):297-308.

[65] DU M,BOATENG A. State ownership, institutional effects and value creation in cross-border mergers & acquisitions by Chinese firms[J]. International Busi-

ness Review,2015,24(3):430-442.

[66]FARRELL J,SHAPIRO C. Scale economies and synergies in horizontal merger analysis[J]. Antitrust Law Journal,2001,68(3):685-710.

[67]FORNELL C,LARCKER D F. Evaluating structural equation models with unobservable variables and measurement error[J]. Journal of Marketing Research,1981,18(1):39-50.

[68]FREEMAN C. Centrality in social networks conceptual clarification[J]. Social Networks,1978,1(3):215-239.

[69]FREEMAN C. Networks of innovators:a synthesis of research issues[J]. Research Policy,1991,20(5):499-514.

[70]GALEOTTI A,GOYAL S,JACKSON M O,et al. Network games[J]. Review of Economic Studies,2010,77(1):218-244.

[71] GELEILATE J M G, MAGNUSSON P, PARENTE R C, et al. Home country institutional effects on the multinationality-performance relationship:A comparison between emerging and developed market multinationals[J]. Journal of International Management,2016,22(4):380-402.

[72] GEORGOPOULOS A, PREUSSE H G. Cross-border acquisitions vs. Greenfield investment:A comparative performance analysis in Greece[J]. International Business Review,2009,18(6):592-605.

[73]GOYAL S,JOSHI S. Networks of collaboration in oligopoly[J]. Games & Economic Behavior,2003,43(1):57-85.

[74]GOYAL S,MORAGA-GONZÁLEZ J L. R&D networks[J]. Rand Journal of Economics,2001,32(4):686-707.

[75] GOYAL S, VEGA-REDONDO F. Network formation and social coordination[J]. Games & Economic Behavior,2005,50(2):178-207.

[76]GRANT R M,BADEN-FULLER C. A knowledge accessing theory of strategic alliances[J]. Journal of Management Studies,2004,41(1):61-84.

[77]GRILICHES Z. The search for R&D spillovers[J]. Scandinavian Journal of Economics,1992,94(1):29-47.

[78]GUADALUPE M,KUZMINA O,THOMAS C. Innovation and foreign own-

ership[J]. American Economic Review,2012,102(7):3594-3627.

[79]GUAN J,CHEN Z. Patent collaboration and international knowledge flow [J]. Information Processing & Management,2012,48(1):170-181.

[80]GUAN J,ZUO K,CHEN K,et al. Does country-level R&D efficiency benefit from the collaboration network structure? [J]. Research Policy,2016,45(4):770-784.

[81]GULATI R,GARGIULO M. Where do interorganizational networks come from? [J]. American Journal of Sociology,1999,104(5):1439-1493.

[82]GULATI R,SYTCH M. Dependence asymmetry and joint dependence in interorganizational relationships: Effects of embeddedness on a manufacturer's performance in procurement relationships[J]. Administrative Science Quarterly,2007,52(1):32-69.

[83]HANAKI N,NAKAJIMA R,OGURA Y. The dynamics of R&D network in the IT industry[J]. Research Policy,2010,39(3):386-399.

[84]HASPESLAGH P C,JEMISON D B. Managing acquisitions: Creating value through corporate renewal[J]. Long Range Planning,1991,24(5):138-139.

[85]HELFAT C E,PETERAF M A. The dynamic resource - based view:Capability lifecycles[J]. Strategic Management Journal,2003,24(10):997-1010.

[86]HERNANDEZ E,MENON A. Acquisitions, node collapse, and network revolution[J]. Management Science,2018,64:1652-1671.

[87]HERRIGEL G,WITTKE V,VOSKAMP U. The process of Chinese manufacturing upgrading: Transitioning from unilateral to recursive mutual learning relations[J]. Global Strategy Journal,2013,3(1):109-125.

[88]HOMBURG C,BUCERIUS M. Is speed of integration really a success factor of mergers and acquisitions? An analysis of the role of internal and external relatedness[J]. Strategic Management Journal,2006,27(4):347-367.

[89]JACKSON M O,ROGERS B W. Meeting strangers and friends of friends: How random are social networks? [J]. The American Economic Review,2007,97(3):890-915.

[90]JACKSON M O,WOLINSKY A. A strategic model of social and economic

networks[J]. Journal of Economic Theory,1996,71(1):44-74.

[91]JEAN R J B,SINKOVICS R R,HIEBAUM T P. The effects of supplier involvement and knowledge protection on product innovation in customer - supplier relationships:A study of global automotive suppliers in China[J]. Journal of Product Innovation Management,2014,31(1):98-113.

[92] JOHNSON J C, BOSTER J S, HOLBERT D. Estimating relational attributes from snowball samples through simulation[J]. Social Networks,1989,11(2):135-158.

[93]KAFOUROS M I,BUCKLEY P J. Under what conditions do firms benefit from the research efforts of other organizations? [J]. Research Policy,2008,37(2):225-239.

[94]KAPOOR R,LIM K. The impact of acquisitions on the productivity of inventors at semiconductor firms:a synthesis of knowledge-based and incentive-based perspectives[J]. Academy Management Journal,2007,50(5):1133-1155.

[95]KATILA R,CHEN E L. Effects of search timing on innovation:The value of not being in sync with rivals[J]. Administrative Science Quarterly,2008,53(4):593-625.

[96] KIM H, PARK Y. Structural effects of R&D collaboration network on knowledge diffusion performance[J]. Expert Systems with Applications,2009,36(5):8986-8992.

[97]KIM J Y,FINKELSTEIN S. The effects of strategic and market complementarity on acquisition performance:evidence from the U. S. commercial banking industry,1989—2001[J]. Strategic Management Journal,2009,30(6):617-646.

[98]KIRCA A H,HULT G T M,DELIGONUL S,et al. A multilevel examination of the drivers of firm multi-nationality:A meta-analysis[J]. Journal of Management,2012,38(2):502-530.

[99]KOHPAIBOON A,JONGWANICH J. Global production sharing and wage premiums:Evidence from the Thai manufacturing sector[J]. Asian Development Review,2014,31(2):141-164.

[100]KOKA B R,PRESCOTT J E. Designing alliance networks:the influence

of network position, environmental change, and strategy on firm performance[J]. Strategic Management Journal,2008,29(6):639-661.

[101]KUEMMERLE W. The drivers of foreign direct investment into research and development:An empirical investigation[J]. Journal of International Business Studies,1999,30(1):1-24.

[102] LAM A. Multinationals and transnational social space for learning: knowledge creation and transfer through global R&D networks[J]. The Economic Geography of Innovation,2007:157-189.

[103]LANE P J,LUBATKIN M. Relative absorptive capacity and interorganizational learning[J]. Strategic Management Journal,1998,19(5):461-477.

[104]LIN Z J,PENG M W,YANG H,et al. How do networks and learning drive M&As? An institutional comparison between China and the United States[J]. Strategic Management Journal,2009,30(10):1113-1132.

[105]LIN Z,YANG H,DEMIRKAN I. The performance consequences of ambidexterity in strategic alliance formations:empirical investigation and computational theorizing[J]. Management Science,2007,53(10):1645-1658.

[106] MAKINO S, LAU C M, YEH R S. Asset-exploitation versus asset-seeking:Implications for location choice of foreign direct investment from newly industrialized economies[J]. Journal of International Business Studies,2002,33(3): 403-421.

[107]MAKRI M,HITT M A,LANE P J. Complementary technologies,knowledge relatedness,and invention outcomes in high technology mergers and acquisitions [J]. Strategic Management Journal,2010,31(6):602-628.

[108]MARSDEN C D. The mysterious motor function of the basal ganglia:the Robert Wartenberg Lecture[J]. Neurology,1982,32(5):514-539.

[109]MARTIN G,BECERRA M. Interlocks and firm performance:The role of uncertainty in the directorate interlock-performance relationship[J]. Strategic Management Journal,2015,36(2):235-253.

[110]MAWDSLEY J K,SOMAYA D. Employee mobility and organizational outcomes an integrative conceptual framework and research agenda[J]. Journal of

Management,2016,42(1):85-113.

[111]MCEVILY B,ZAHEER A. Bridging ties:A source of firm heterogeneity in competitive capabilities[J]. Strategic Management Journal,1999,20(12):1133-1156.

[112]MELITZ M J. The impact of trade on intra - industry reallocations and aggregate industry productivity[J]. Econometrica,2003,71(6):1695-1725.

[113]MEYER C B,ALTENBORG E. Incompatible strategies in international mergers:The failed merger between Telia and Telenor[J]. Journal of International Business Studies,2008,39(3):508-525.

[114] MIRC N. Connecting the micro- and macro-level:proposition of a research design to study post-acquisition synergies through a social network approach [J]. Scandinavian Journal of Management,2012,28(2):121-135.

[115]MONGE P R,Contractor N S. Theories of communication networks[J]. Understanding Consumers of Food Products,2003,5(3):93-124.

[116]NICHOLSON R R,SALABER J. The motives and performance of cross-border acquirers from emerging economies:Comparison between Chinese and Indian firms[J]. International Business Review,2013,22(6):963-980.

[117] NONAKA,TAKEUCHI H,UMEMOTO K. A theory of organizational knowledge creation[J]. International Journal of Technology Management,1996,11(7/8):833-845.

[118]NORDHAUS W D. An economic theory of technological change[J]. The American Economic Review,1969,59(2):18-28.

[119]OPERTI E,CARNABUCI G. Public knowledge,private gain the effect of spillover networks on firms' innovative performance[J]. Journal of Management,2015,40(4):1042-1074.

[120]OSBORN R N,HAGEDOORN J. The institutionalization and evolutionary dynamics of interorganizational alliances and networks[J]. Academy of Management Journal,1997,40(2):261-278.

[121]OWEN-SMITH J,POWELL W W. Knowledge networks as channels and conduits:The effects of spillovers in the Boston biotechnology community[J]. Organ-

ization Science,2004,15(1):5-21.

[122]PABLO A L. Determinants of acquisition integration level:A decision-making perspective [J]. Academy of Management Journal,1994,37(4):803-836.

[123]PARKHE A,WASSERMAN S,RALSTON D A. New frontiers in network theory development[J]. Academy of Management Review,2006,31(3):560-568.

[124]PARUCHURI S,NERKAR A,HAMBRICK D C. Acquisition integration and productivity losses in the technical core:Disruption of inventors in acquired companies[J]. Organization Science,2006,17(5):545-562.

[125]PENG M W. Institutional transitions and strategic choices[J]. Academy of Management Review,2003,28(2):275-296.

[126]PERKS H,JEFFERY R. Global network configuration for innovation:a study of international fibre innovation[J]. R&D Management,2006,36(1):67-83.

[127]PIETROBELLI C,RABELLOTTI R. Global value chains meet innovation systems:Are there learning opportunities for developing countries? [J]. World Development,2011,39(7):1261-1269.

[128]POOT T,FAEMS D,VANHAVERBEKE W. Toward a dynamic perspective on open innovation:A longitudinal assessment of the adoption of internal and external innovation strategies in the Netherlands [J]. International Journal of Innovation Management,2009,13(2):177-200.

[129]POWELL W W,COLYVAS J A. Microfoundations of institutional theory [J]. The Sage Handbook of Organizational Institutionalism,2008,276:298.

[130]POWELL W W,KOPUT K W,SMITHDOERR L. Interorganizational collaboration and the locus of learning in biotechnology[J]. Administrative Science Quarterly,1996,41(1):116-145.

[131]PURANAM P,SINGH H,CHAUDHURI S. Integrating acquired capabilities:When structural integration is(un)necessary[J]. Organization Science,2009, 20(2):313-328.

[132]PURANAM P,SINGH H,ZOLLO M. Organizing for innovation:Managing the coordination-autonomy dilemma in technology acquisitions[J]. Academy of Management Journal,2006,49(2):263-280.

[133] REAGANS R, MCEVILY B. Network structure and knowledge transfer: The effects of cohesion and range[J]. Administrative Science Quarterly, 2003, 48(2): 240-267.

[134] ROSENKOPF L, NERKAR A. Beyond local search: boundary-spanning, exploration, and impact in the optical disk industry[J]. Strategic Management Journal, 2001, 22(4): 287-306.

[135] ROWLEY T J, BAUM J A. The dynamics of network strategies and positions[J]. Advances in Strategic Management, 2008, 25: 641-671.

[136] RYCROFT R W, KASH D E. Self-organizing innovation networks: Implications for globalization[J]. Technovation, 2004, 24(3): 187-197.

[137] SAKHARTOV A V, FOLTA T B. Resource relatedness, redeployability, and firm value[J]. Strategic Management Journal, 2014, 35(12): 1781-1797.

[138] SALMAN N, SAIVES A L. Indirect networks: An intangible resource for biotechnology innovation[J]. R&D Management, 2005, 35(2): 203-215.

[139] SCHILLING M A, FANG C. When hubs forget, lie, and play favorites: interpersonal network structure, information distortion, and organizational learning[J]. Strategic Management Journal, 2014, 35(7): 974-994.

[140] SEARS J, HOETKER G. Technological overlap, technological capabilities, and resource recombination in technological acquisitions[J]. Strategic Management Journal, 2014, 35(1): 48-67.

[141] SHIPILOV A V, LI S X. Can you have your cake and eat it too? Structural holes' influence on status accumulation and market performance in collaborative networks[J]. Administrative Science Quarterly, 2008, 53(1): 73-108.

[142] SINGH H, KRYSCYNSKI D, LI X, et al. Pipes, pools, and filters: how collaboration networks affect innovative performance[J]. Strategic Management Journal, 2016, 37(8): 1649-1666.

[143] SIRMON D G, HITT M A, IRELAND R D. Managing firm resources in dynamic environments to create value: looking inside the black box[J]. Academy of Management Review, 2007, 32(1): 273-292.

[144] SLANGEN A H. National cultural distance and initial foreign acquisition

performance:The moderating effect of integration[J]. Journal of World Business, 2006,41(2):161-170.

[145]Spencer J W. The impact of multinational enterprise strategy on indigenous enterprises:Horizontal spillovers and crowding out in developing countries[J]. Academy of Management Review,2008,33(2):341-361.

[146]SUN Y,DU D. Determinants of industrial innovation in China:Evidence from its recent economic census[J]. Technovation,2010,30(9):540-550.

[147]TEERIKANGAS S,VERY P. The culture-performance relationship in M&A:From yes/no to how[J]. British Journal of Management,2006,17(S1): S31-S48.

[148]VANY A D. Information,chance,and evolution:Alchian and the economics of self-organization[J]. Economic Inquiry,1996,34(3):427-443.

[149]VASUDEVA G,ZAHEER A,HERNANDEZ E. The embeddedness of networks:Institutions, structural holes, and innovativeness in the fuel cell industry [J]. Organization Science,2013,24(3):645-663.

[150]VEGA-REDONDO F. Building up social capital in a changing world [J]. Journal of Economic Dynamics and Control,2006,30(9):2305-2338.

[151]WAN W P,HOSKISSON R E. Home country environments,corporate diversification strategies,and firm performance[J]. Academy of Management Journal, 2003,46(1):27-45.

[152]WANG C,RODAN S,FRUIN M,et al. Knowledge networks,collaboration networks,and exploratory innovation[J]. Academy of Management Journal,2014,57 (2):484-514.

[153]WANG L,ZAJAC E J. Alliance or acquisition? a dyadic perspective on interfirm resource combinations[J]. Strategic Management Journal,2007,28(13): 1291-1317.

[154]WASSMER U,DUSSAUGE P. Value creation in alliance portfolios:the benefits and costs of network resource interdependencies[J]. European Management Review,2012,8(1):47-64.

[155]WEIGELT C,SARKAR M B. Learning from supply-side agents:The im-

pact of technology solution providers' experiential diversity on clients' innovation adoption[J]. Academy of Management Journal,2009,52(1):37-60.

[156] XU D,SHENKAR O. Note:Institutional distance and the multinational enterprise[J]. Academy of Management Review,2002,27(4):608-618.

[157] YAMANOI J,SAYAMA H. Post-merger cultural integration from a social network perspective:A computational modeling approach[J]. Computational and Mathematical Organization Theory,2013,19(4):516-537.

[158] YOON H,LEE J. Technology-acquiring cross-border M&As by emerging market firms:role of bilateral trade openness[J]. Technology Analysis & Strategic Management,2015,28(3):251-265.

[159]ZAHEER A,BELL G G. Benefiting from network position:firm capabilities,structural holes, and performance[J]. Strategic Management Journal,2005,26(9):809-825.

[160]ZAHEER A,CASTAÑER X,SOUDER D. Synergy sources,target autonomy,and integration in acquisitions[J]. Journal of Management, 2013, 39(3): 604-632.

[161]ZHANG Y,LI H Y. Innovation search of new ventures in a technology cluster:the role of ties with service intermediaries [J]. Strategic Management Journal,2010,31(1):88-109.

[162]ZHOU H,HU B,WU J,et al. Adaptation of cultural norms after merger and acquisition based on the heterogeneous agent-based relative-agreement model [J]. Simulations,2013,89(12):1523-1537.

[163] ZHOU J,CHEN Y J. Targeted information release in social networks [J]. Operations Research,2016,64(3):721-735.

[164]ZIRULIA L. The role of spillovers in R&D network formation[J]. Economics of Innovation & New Technology,2012,21(1):83-105.

[165]ZOLLO M,SINGH H. Deliberate learning in corporate acquisitions:Post-acquisition strategies and integration capability in US bank mergers[J]. Strategic Management Journal,2004,25(13):1233-1256.

三、其他文献

[166] KOSTOVA T. Country institutional profiles:Concept and measurement [C]//Academy of management proceedings. Briarcliff Manor,NY 10510:Academy of Management,1997.

[167] MANGEMATIN V. The simultaneous shaping of organization and technology within co-operative agreements[C]//COOMBS R,SAVIOTTI P,RICHARDS, et al. Networks and Technology Collaboration. London:Edward Elgar,1997.

附 录

附录 A1　第二章仿真程序源代码

globals [sum_p temp_j theta tech-innovation industry-spillover n_infected industry_tech]

turtles-own

[

  infected?　　　　　　　;;if true, the turtle is infectious

  resistant?　　　　　　　;;if true, the turtle can't be infected

  virus-check-timer　　;;number of ticks since this turtle's last virus-check

  tech

  tech_links

  p

  count-link-neighbors-0

]

to setup

  clear-all

  setup-nodes

  setup-spatially-clustered-network

  ask n-of initial-outbreak-size turtles with [xcor < max-pxcor * 0.85 and ycor <

max-pxcor * 0.85 and xcor > max-pxcor * 0.5 and ycor > max-pxcor * 0.5]
　　[become-thefirstpoint]
　ask links [set color white]
　reset-ticks
end

to setup-zero-point
create-turtles 1
　　[　　setxy(0)(0)
　　set shape "x"
　　set color white
　]
end

to setup-nodes
　set-default-shape turtles "circle"
　create-turtles number-of-nodes
　[
　　　;for visual reasons,we don't put any nodes * too * close to the edges
　　　setxy(random-xcor * 0.95)(random-ycor * 0.95)
　　　become-susceptible
　　　set virus-check-timer random virus-check-frequency
　]
end

to setup-spatially-clustered-network
　let num-links(average-node-degree * number-of-nodes)/ 2
　while [count links < num-links]
　　[

```
ask one-of turtles
[
    let choice( min-one-of( other turtles with [ not link-neighbor? myself ] )
            [ distance myself ] )
    if choice ! = nobody [ create-link-with choice ]
]
]
;make the network look a little prettier
repeat 10
[
    layout-spring turtles links 0. 3( world-width /( sqrt number-of-nodes ) )1
]
end


to go
  if n_infected < 20
    [
  ask turtles
  [
      set virus-check-timer virus-check-timer + 1
      if virus-check-timer >= virus-check-frequency
         [ set virus-check-timer 0
                    ]
  ]
  spread-virus
  set n_infected count turtles with [ infected? ]
  do-virus-checks
  tick


    ]
```

```
end

to become-thefirstpoint    ;;turtle procedure
    set infected? true
    set resistant? true
    set color red
     set theta( count link-neighbors)
end


to become-infected    ;;turtle procedure
    set infected? true
    set resistant? false
    set color green
end


to become-susceptible    ;;turtle procedure
    set infected? false
    set resistant? false
    set color blue
end


to become-resistant    ;;turtle procedure
    set infected? false
    set resistant? true
    set color gray
    ask my-links [ set color gray - 2 ]
end

to spread-virus
    ask turtles with [ infected?]
       [ ask link-neighbors with [not resistant?]
```

209

```
          [ if random-float 100 < virus-spread-chance
              [ become-infected ] ] ]
end


to do-virus-checks
   ask turtles with [ infected? and virus-check-timer = 0]
   [
       if random 100 < recovery-chance
       [
          ifelse random 100 < gain-resistance-chance
             [ become-resistant ]
             [ become-susceptible ]
       ]
   ]
end
to create-new-link-1
   target-tech-assignment
   acquirer-tech-assignment
   create-link-0
;    ask turtles [ set size sqrt( count link-neighbors)/ 1.5]
end


to target-tech-assignment

   ask turtles with [ infected?]
       [ set shape "circle"
           set tech( ( random-float 1.0)/ 2) ;set firm's initial technological knowl-
edge level
           ]
end
```

```
to acquirer-tech-assignment
    ask turtles with [not infected?]
          [set shape "circle"
             set tech((random-float 1.0)/ 2 + 0.5) ;set firm's initial technological
knowledge level
          ]
end
to create-link-0
    let choice-1 max-one-of turtles  with [not infected?] [count link-neighbors]
    ask choice-1 [set color yellow]
    let choice-2 one-of turtles with [infected? and resistant?]
    ask choice-2
    [set shape "person"
    set size size * 2]




;   repeat 30 [ layout-spring turtles links 0.2 5 1 ] ;;lays the nodes in a triangle
;       repeat 10
;   [
;       layout-spring turtles links 0.3(world-width /(sqrt number-of-nodes))1
;   ]
    reset-ticks
       ask choice-2
    [set theta(count link-neighbors)
      set tech-innovation tech_links
    ]
end

to create-link-1
    let choice-1 one-of turtles  with [color = red]
```

```
let choice-2 one-of turtles with [ color = yellow ]


ask choice-1 [ create-link-with choice-2
  set theta( count link-neighbors) ]


repeat 30 [ layout-spring turtles links 0. 2 5 1 ]  ; ;lays the nodes in a triangle
  repeat 10
[
  layout-spring turtles links 0. 3( world-width /( sqrt number-of-nodes) ) 1
]
reset-ticks
  ask choice-2
[ set theta( count link-neighbors)
  set tech-innovation tech_links
]
end

to create-lines
  let z 0
  ask turtles
  [ set count-link-neighbors-0 count link-neighbors]
  while [ z < loop-number]
  [
    set z z + 1
    create-new-link-2]
;    ask links
;    [ set color 9. 9]
  ask turtles with [ color = green]
  [
  set xcor xcor * 0. 95 ^( count link-neighbors - count-link-neighbors-0)
```

```
        set ycor ycor * 0.95 ^(count link-neighbors - count-link-neighbors-0)
    ]
        ask turtles with [color = red]
    [
    set xcor    xcor * 0.75 ^(count link-neighbors - count-link-neighbors-0)
    set ycor    ycor * 0.75 ^(count link-neighbors - count-link-neighbors-0)
    ]

;       repeat 10
;   [
;       layout-spring turtles links 0.3(world-width /(sqrt number-of-nodes))1
;   ]

end

to create-new-link-2

    let choice-1 one-of turtles with [color = yellow]
    let temp 0

    ask choice-1 [set temp tech]
    let choice-2 one-of turtles with [infected? and resistant?]
    ask choice-2 [set tech_links(count link-neighbors) * ((1 + beta) * (tech  + I
* temp)+ 0.5 * (count link-neighbors)-(1.2 - alpha + beta) * I * I * (temp -
tech))]
    ask choice-2 [set industry_tech    ((1 + beta) * (tech  + I * temp)+ 0.5 *
(count link-neighbors)) * 2]

    ask turtles with[not infected? or not resistant?]
    [
```

```
    set tech_links( count link-neighbors) * ( tech + 0.5 * ( count link-neighbors) )
  ]
  create-link-2

  ask choice-2
  [ set theta( count link-neighbors)
    set tech-innovation tech_links
  ]
  ask turtles
  [
    set industry-spillover( sum [ tech_links ] of turtles with [ infected? ] )
  ]
  tick
end


to create-link-2
     let choice-3 one-of turtles
   set sum_p 0

  ;give every turtle a probability number named p
   let k 0
   while [ k < number-of-nodes ]
   [
     ask turtle k
     [
     set sum_p sum_p + tech_links
     set p sum_p
     ]
     set k k + 1
   ]
```

```
let j 0
while [ j < number-of-nodes ]
[
   ask turtle j
   [
   ifelse(random sum_p)< p   [ set j j + 1 ]   [ set temp_j j
      stop ]


   ]
]
let choice-4 turtle temp_j
let choice-43 [ who ] of choice-4
let choice-34 [ who ] of choice-3
let choice-343 link choice-43 choice-34
ask choice-3 [ create-link-with choice-4 ]
end

to pretty1


   repeat 5
[
      layout-spring turtles links 0.075 ( world-width * 1.5 /( sqrt number-of-nodes) ) 1
   ]

end
```

```
to link-yellow-neighbour
   let choice-5 one-of turtles with [ color = yellow ]
   let choice-6 one-of turtles with [ link-neighbor? choice-5 ]
   let choice-7 one-of turtles with [ color = red ]
   let choice-67 [ who ] of choice-6
   let choice-76 [ who ] of choice-7
   let random_0 random-float 1. 0
   ask choice-7
   [ set count-link--neighbors-0 count link-neighbors ]
   ask choice-6   [ if random_0 <( alpha * I ) [ create-link-with one-of turtles with
[ color = red and( not link-neighbor? myself) ] ] ]
       if    random_0 <( alpha * I )    [ ask link choice-67 choice-76 [ set color
yellow ] ]
      ask choice-7
   [ set theta( count link-neighbors)
   set tech-innovation tech_links ]
     ask choice-7
   [ set xcor   xcor * 0. 75 ^( count link-neighbors - count-link-neighbors-0)
       set ycor   ycor * 0. 75 ^( count link-neighbors - count-link-neighbors-0)
    ]
    tick
end


to link-high-tech-blue
   let choice-8 one-of turtles with[ not infected? and( color ! = yellow) ] with-max
[ tech ]
   let choice-9 one-of turtles with [ infected? and resistant? ]
   let choice-89 [ who ] of choice-8
   let choice-98 [ who ] of choice-9
   let random_1 random-float 1. 0
```

ask choice-9

[set count-link-neighbors-0 count link-neighbors]

ask choice-8 [if random_1 <((1 - I) * beta)[create-link-with one-of turtles with [color = red and(not link-neighbor? myself)]]

if random_1 <((1 - I) * beta)   [ask link choice-89 choice-98 [set color pink]]

become-infected

   set color blue

]

ask choice-9

[set theta(count link-neighbors)

set tech-innovation tech_links]

ask choice-9

[set xcor xcor * 0.75 ^(count link-neighbors - count-link-neighbors-0)

set ycor ycor * 0.75 ^(count link-neighbors - count-link-neighbors-0)

]

end

附录 A2　第二章仿真初始网络世界数据

TURTLES

who	color	heading	xcor	ycor
0	55	329	17.05791567	6.941034946
1	55	133	14.57884281	11.92124926
2	105	229	-14.18117462	-19.03699186
3	105	90	8.737921209	-13.80043328
4	105	233	-18.61014469	-8.330925612

续表

who	color	heading	xcor	ycor
5	105	58	16.04064331	-15.92840593
6	105	29	18.82103856	-11.06878392
7	105	263	-14.28207967	-5.635453697
8	105	319	1.428065007	7.737373612
9	105	206	-8.599560035	4.850757941
10	105	331	-1.352630288	13.99803778
11	105	82	4.851822228	-7.678374845
12	55	260	19.81058717	10.62518858
13	55	207	17.15491663	12.74217007
14	55	245	19.14963144	20
15	105	331	-13.25953676	-13.15142899
16	105	3	-17.68201153	5.410134852
17	55	163	14.47000233	19.05370769
18	105	231	0.209440096	0.885146749
19	105	2	-6.414206046	-4.755121637
20	55	272	18.04731638	2.946005791
21	55	253	6.097196203	16.25045072
22	105	233	-7.307455014	15.75881554
23	105	123	-11.21958656	-11.58070187
24	105	236	-12.24491977	18.42365935
25	105	189	12.45920636	-4.633346253
26	105	293	2.542696085	-11.61602992
27	105	355	11.28189082	-14.2575726
28	105	160	-10.92453554	-3.846863344
29	105	219	-16.85512352	19.08081514
30	105	118	-7.213706054	-14.79606
31	55	141	14.18201138	8.722636178

续表

who	color	heading	xcor	ycor
32	55	211	8.903694051	20
33	105	25	−20	−12.43077252
34	105	302	−2.28253534	−1.438656221
35	105	287	16.6500314	−3.817341779
36	105	206	−16.19597717	−1.754344116
37	45	304	2.184250811	0.296638334
38	105	38	10.75271161	−17.51308569
39	105	52	−5.166895435	−2.755689867
40	105	55	6.544653381	−11.39012689
41	105	218	−8.371442685	−0.263613863
42	55	268	7.31958774	12.03662704
43	105	314	−18.24433642	−16.95155387
44	105	14	−14.56389001	−8.339046436
45	105	201	16.00081374	−7.478018322
46	105	23	−10.50477389	15.08664094
47	105	252	−13.00038858	−1.921368868
48	55	328	19.42381545	15.84208211
49	105	118	−15.43130966	7.2114854
50	105	357	14.82606208	−12.37783531
51	105	109	−11.17192475	−8.343537849
52	105	1	5.916985377	−16.66331039
53	105	177	−16.03596046	−16.18781453
54	55	347	11.56233824	15.15761642
55	105	16	−12.68060195	5.709696065
56	15	104	11.10354307	10.82908658
57	105	263	−5.701771745	0.662630648
58	105	161	2.357137046	−19.15633238

续表

who	color	heading	xcor	ycor
59	105	183	-3.76363727	9.653045699
60	55	88	17.06196458	17.57321864
61	105	110	-14.98667823	1.459160319
62	105	197	-14.54826672	15.57088774
63	105	205	12.69214661	3.020765931
64	105	286	-5.743202729	3.371153525
65	105	170	6.255901257	-14.73643286
66	105	277	7.64954819	-1.481520781
67	105	334	-11.38675973	1.430217442
68	105	34	6.484380079	-19.19292995
69	55	76	17.79068943	9.384156238
70	55	254	9.11929792	16.36835012
71	105	334	8.954480491	3.7583541
72	105	237	-11.62982988	-16.39850001
73	105	40	5.254407426	3.754278446
74	105	212	1.558682591	-15.91565786
75	105	17	-16.50471925	-11.92513136
76	105	356	-0.899430766	11.41340688
77	105	95	-9.006887727	11.25333936
78	105	280	-5.603901949	12.16266251
79	105	297	-3.596719718	14.60575968
80	105	159	2.648508069	1.907130515
81	105	143	1.138421149	-2.469679372
82	105	152	4.247432297	-3.453211385
83	55	312	14.33827149	4.750227614
84	105	134	-1.177374723	4.160769743
85	105	97	12.40088635	-8.875299209

续表

who	color	heading	xcor	ycor
86	105	195	−8.832353202	20
87	105	264	11.34277938	−0.467680773
88	55	151	17.80788526	−0.960892989
89	105	314	−14.4680463	10.24905949
90	55	245	14.98061875	15.55730921
91	105	151	−11.4948342	12.27761204
92	105	255	8.204121706	−5.310242151
93	105	256	−14.64474186	−15.18851914
94	105	356	5.446418277	0.200809919
95	105	283	−1.475498908	8.992348821
96	105	201	4.009569625	−15.15389786
97	105	42	−2.152837611	1.676860504
98	105	203	19.58168764	−5.952528466
99	105	17	3.821459033	5.446546874